普通高等院校“十四五”计算机基础系列教材

大学信息素养导论实验教程

李　季　刘爱红　骆斯文◎编著

万常选◎主审

中国铁道出版社有限公司
CHINA RAILWAY PUBLISHING HOUSE CO., LTD.

内 容 简 介

本书是普通高等院校"十四五"计算机基础系列教材之一，根据教育部高等学校大学计算机课程教学指导委员会发布的《新时代大学计算机基础课程教学基本要求》编写。本书作为大学生信息素养实践类教材，可与《大学信息素养导论》（骆斯文等编著，中国铁道出版社有限公司出版）主教材配套使用。本书安排了10个实验，主要包括Windows系统基础操作、WPS文字处理排版基础与高级排版、WPS表格基础操作及分析应用、WPS演示基本操作、信息检索基本操作及综合应用等内容。每个实验的课后实验任务是在课内实验内容基础上的巩固训练和综合提高，最后的综合实验则是训练学生的信息获取、利用并与办公软件相结合的综合运用能力。

本书根据普通高等学校非计算机专业学生的认知特点，从计算机最基本的操作入手，引导读者循序渐进地学习，内容丰富全面，实用性和可操作性强，适合作为普通高等院校开展新时代创新型人才信息素养教育的实验教材，也可作为计算机操作相关的培训教材和教学参考书。

图书在版编目（CIP）数据

大学信息素养导论实验教程 / 李季，刘爱红，骆斯文编著. -- 北京 : 中国铁道出版社有限公司，2024. 9 （2025. 9 重印）. （普通高等院校"十四五"计算机基础系列教材）.
ISBN 978-7-113-31590-0

Ⅰ. G254.97

中国国家版本馆CIP数据核字第2024KE4182号

书　　名：**大学信息素养导论实验教程**
作　　者：李　季　刘爱红　骆斯文

策　　划：曹莉群　　　　编辑部电话：（010）63549501
责任编辑：贾　星　贾淑媛
封面设计：刘　颖
责任校对：苗　丹
责任印制：赵星辰

出版发行：中国铁道出版社有限公司（100054，北京市西城区右安门西街8号）
网　　址：https://www.tdpress.com/51eds
印　　刷：河北宝昌佳彩印刷有限公司
版　　次：2024年9月第1版　2025年9月第2次印刷
开　　本：787 mm×1 092 mm 1/16　印张：12.25　字数：303千
书　　号：ISBN 978-7-113-31590-0
定　　价：38.00元

前　言

信息技术的迅速发展将人类社会带入了数智时代，在校大学生的知识结构和能力要求也需与时俱进。大学计算机类基础课应以树立信息意识、培养计算思维、发展信息能力、提升信息安全和伦理道德水平为目标，为培育社会发展所需要的创新人才奠定基础。编者根据教育部高等学校大学计算机课程教学指导委员会发布的《新时代大学计算机基础课程教学基本要求》，以信息素养培养为本、以应用能力训练为纲，针对非计算机类尤其是文科类专业的信息素养实践教学需要编写了本书。本书注重培养现代大学生应掌握的信息基础应用能力，使学生具备应用典型办公软件和检索工具进行学习、工作和解决各种实际应用问题的能力。

本书在编写时注重实用性和可操作性，注意从学生日常学习和生活的需要出发选取实验任务。全书包括 Windows 系统基础操作、WPS Office 系列办公软件、信息检索以及综合应用等内容，共安排了 10 个实验。每个实验在内容组织上按实验目的、预备知识、实验任务、实验指导和课后任务五个环节逐步展开，教学人员可有针对性地进行教学设计，力求每次实验学有所成、循序渐进、达成目标。特别地，本书在最后安排了一个有挑战性的综合实验任务，以训练实验人员将信息检索技术、应用办公软件综合起来，用于解决工作和学习中各种信息应用问题，以达到学以致用、提升信息素养的目的。在使用中需要注意的是：建议学习本书时，配套参考《大学信息素养导论》（骆斯文等编著，中国铁道出版社有限公司出版），以达到理论联系实际、相互促进、融会贯通的效果；同时，为了直观显示实验操作结果，本书部分实验中采用了虚拟身份证号及相关信息，在此一并说明。

本书由李季、刘爱红、骆斯文编著。具体分工如下：实验 1、实验 8 ~ 实验 10 由李季编著，实验 2 ~ 实验 4 由骆斯文编著，实验 5 ~ 实验 7 由刘爱红编著，全书由李季负责统稿。全书所有涉及 WPS 文字、WPS 表格和 WPS 演示的操作均基于 WPS 365 教育版（更新于 2023 年秋季，内部版本号为 14252）。

本书的编写得到了江西财经大学信息管理学院的领导和同仁的支持和帮助，万常选教授对本书的整体构思、内容安排等进行了指导，并对全书进行了审阅，在此表示衷心的感谢。

由于时间紧迫以及编著者水平有限，书中难免有不足之处，恳请读者批评指正。

编著者

2024 年 6 月

目　录

实验 1　Windows 系统基础操作 1

1.1　实验目的 1

1.2　预备知识 1

1.2.1　认识键盘和鼠标 1

1.2.2　Windows 系统简介 3

1.2.3　Windows 系统工作界面 5

1.2.4　文件管理基础概念 8

1.2.5　Windows 系统管理工具 10

1.3　实验任务 11

1.4　实验指导 12

1.4.1　Windows 系统桌面管理操作 12

1.4.2　Windows 系统文件管理操作 13

1.4.3　Windows 系统常用管理操作 15

1.5　课后任务 21

实验 2　WPS 文字排版基础 22

2.1　实验目的 22

2.2　预备知识 22

2.2.1　WPS 发展简介 22

2.2.2　WPS 文字的工作界面 23

2.2.3　常见控制字符及其对应的按键 26

2.2.4　WPS 文字处理软件的基本操作 27

2.3　实验任务 37

2.4　实验指导 37

2.4.1　WPS 工作界面整理和使用 37

2.4.2　字体格式属性设置练习 38

2.4.3　段落格式属性设置练习 39

2.4.4　查找、替换和格式刷练习 39

2.4.5　预设样式应用及创建新样式练习 41

2.4.6　页面布局设置练习 41

2.5　课后任务 42

实验 3　WPS 文字文档中多种写作对象的混合编排 44

3.1　实验目的 44

3.2 预备知识 44
3.2.1 WPS 文字中图片对象 44
3.2.2 WPS 文字中形状对象 47
3.2.3 WPS 文字中文本框和艺术字对象 48
3.2.4 WPS 文字中表格对象 48
3.2.5 WPS 文字中公式对象 52
3.2.6 键盘未含符号的插入 54
3.3 实验任务 55
3.4 实验指导 55
3.4.1 图片插入与编辑 55
3.4.2 形状、文本框和艺术字的插入与编辑 56
3.4.3 表格的插入及编辑 57
3.4.4 公式的插入及编辑 58
3.5 课后任务 58
实验 4 WPS 文字中长文档排版 59
4.1 实验目的 59
4.2 预备知识 59
4.2.1 分页符、分节符的使用及分栏操作 59
4.2.2 在文档不同页面插入不同的页眉、页脚 60
4.2.3 脚注和尾注的插入 63
4.2.4 题注和交叉引用的应用 64
4.2.5 多级编号的设置 64
4.2.6 大纲视图下的相关操作 66
4.2.7 基于标题样式创建目录的操作 68
4.2.8 基于大纲级别创建目录 68
4.3 实验任务 69
4.4 实验指导 69
4.4.1 新建一份文档并进行基础设置与排版 69
4.4.2 为文档配图、插入题注并进行交叉引用 73
4.4.3 大纲视图下调整文档内容 74
4.4.4 基于标题样式生成目录 74
4.5 课后任务 74
实验 5 WPS 表格的数据编辑基础 79
5.1 实验目的 79
5.2 预备知识 79
5.2.1 WPS 表格的工作界面 79
5.2.2 WPS 表格的名词与概念 81
5.2.3 WPS 表格的基本操作 83

5.2.4 WPS 表格参数表、源数据表、汇总表处理的工作流程 88
5.2.5 WPS 表格数据录入及有效性 88
5.2.6 WPS 表格的美化 92
5.3 实验任务 94
5.4 实验指导 95
5.5 课后任务 101

实验 6 WPS 表格的数据计算与保护 102
6.1 实验目的 102
6.2 预备知识 102
6.2.1 公式和函数的概念 102
6.2.2 公式的计算规则 103
6.2.3 常用函数 106
6.2.4 表格的保护 110
6.3 实验任务 111
6.4 实验指导 112
6.5 课后任务 116

实验 7 WPS 表格的数据处理与分析 118
7.1 实验目的 118
7.2 预备知识 118
7.2.1 排序 118
7.2.2 筛选 119
7.2.3 数据查找与替换 121
7.2.4 分类汇总 124
7.2.5 图表 125
7.2.6 数据透视表与数据透视图 126
7.3 实验任务 128
7.4 实验指导 129
7.5 课后任务 134

实验 8 WPS 演示文稿编辑基础 135
8.1 实验目的 135
8.2 预备知识 135
8.2.1 WPS 演示的工作界面 135
8.2.2 WPS 演示的基础概念 138
8.2.3 WPS 演示的基本操作 140
8.2.4 WPS 演示设计注意事项 151
8.3 实验任务 153
8.4 实验指导 155
8.4.1 创建空白演示文稿 155

8.4.2 编辑演示文稿 155
8.4.3 幻灯片外观设计 157
8.4.4 幻灯片动画设计 158
8.4.5 幻灯片导航设计 160
8.4.6 添加背景音乐 160
8.4.7 幻灯片页眉和页脚设置 160
8.4.8 幻灯片放映和打印 161
8.5 课后任务 161
实验 9 信息检索工具 163
9.1 实验目的 163
9.2 预备知识 163
9.2.1 信息检索基础概念 163
9.2.2 使用信息检索系统 167
9.3 实验任务 173
9.4 实验指导 174
9.4.1 检索“人工智能的基础概念” 174
9.4.2 检索“人工智能发展的意义” 176
9.4.3 检索“人工智能与日常生活的关系” 177
9.4.4 检索“人工智能与专业的关系” 177
9.4.5 检索“人工智能面临的挑战和解决的途径” 178
9.4.6 文献下载与追溯 179
9.5 课后实验 179
实验 10 综合应用 180
10.1 实验目的 180
10.2 实验任务 180
10.2.1 总体要求 180
10.2.2 实验形式 180
10.2.3 实验组织 180
10.3 案例展示 181
10.3.1 项目策划书 181
10.3.2 费用预算表 184
10.3.3 项目演示文稿 185
10.4 参考任务 186
参考文献 187

实验1 Windows系统基础操作

1.1 实验目的

- 了解Windows系统。
- 认识Windows系统工作界面。
- 掌握Windows系统一般文件管理操作。
- 掌握Windows系统日常管理操作。

1.2 预备知识

1.2.1 认识键盘和鼠标

键盘和鼠标是当前计算机系统中几乎必配的两种标准输入设备。了解它们的结构外观和基本操作功能可以帮助用户更有效地使用计算机。

1. 键盘布局和特殊按键

（1）台式机键盘

一般台式计算机整个键盘分为五个小区：上面一行是功能键区和状态指示区；下面的五行是主键盘区、编辑键区和辅助键区，如图1-1所示。以下说明台式机键盘上的一些特殊按键的用法。

台式机键盘辅助键区（小键盘区）有9个数字键和算术运算符，当未按下【Num Lock】键（Num Lock指示灯不亮），则使用键上所标示的下挡（和编辑区的按键作用相近）。当【Num Lock】键被锁定（Num Lock指示灯亮），使用键上所标示的上挡，主要使用其数字键，适宜于数字的连续输入，如银行、财务数据的输入。

功能键用于执行特定任务。功能键标记为【F1】、【F2】、【F3】等，一直到【F12】。这些键的功能因程序而有所不同。

主键盘区还有两个换挡键【CapsLock】和【Shift】。【CapsLock】键用于切换主键盘区上大小写字母的输入；【Shift】键用于切换主键盘区字母键、数字键、符号键的两种输入状态。

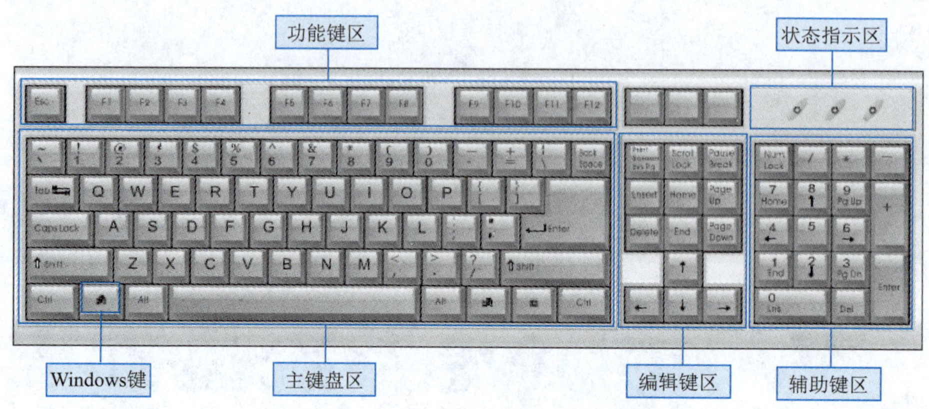

图 1-1　典型的台式计算机键盘布局

主键盘区的【Ctrl】、【Alt】和【Shift】常用作组合键——与其他物理按键或鼠标一起同时按下形成组合操作。例如，如果需要复制一个对象，选定对象后，按【Ctrl+C】组合键即可复制该对象。【Ctrl+C】表示先按住【Ctrl】键不放，再按下【C】键，然后一起释放即可。

主键盘区的【Windows】键（标有Windows徽标或其他标识符的按键）位于键盘的底部的【Ctrl】键和【Alt】键之间。【Windows】键主要在Windows系统中起作用，与其他按键组合使用，形成所谓的"Windows快捷键组合"，用于快速执行各种系统管理操作，以提高使用Windows系统时的操作效率。

（2）笔记本计算机键盘

与台式机不同，紧凑型笔记本计算机的键盘一般取消了辅助键区，编辑区也融合到键盘其他区域，如图1-2所示。另外，笔记本计算机上功能区的每个键一般有两个功能定义，在使用时需要用功能切换键【Fn】进行切换，其他操作基本与台式机键盘相同。

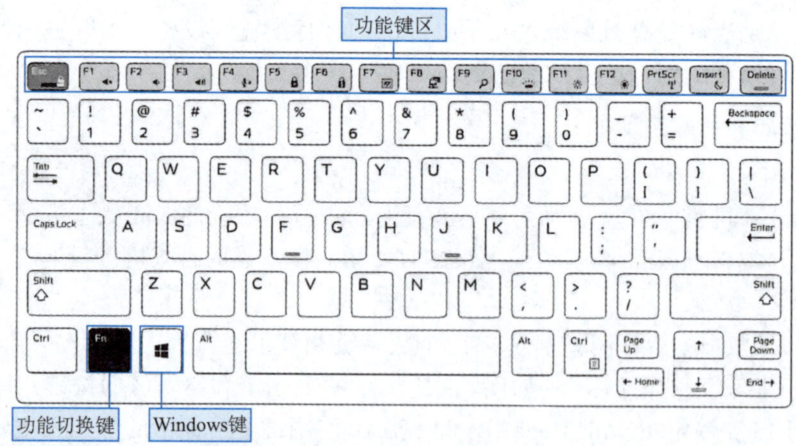

图 1-2　典型的笔记本电脑键盘布局

2. 鼠标基本操作

用户通过在平坦的表面上移动鼠标来控制计算机屏幕上的光标，并可单击按键发出操作指令。鼠标主要分为无线鼠标和有线鼠标两种，除了连接方式不同之外，它们在外观和功能

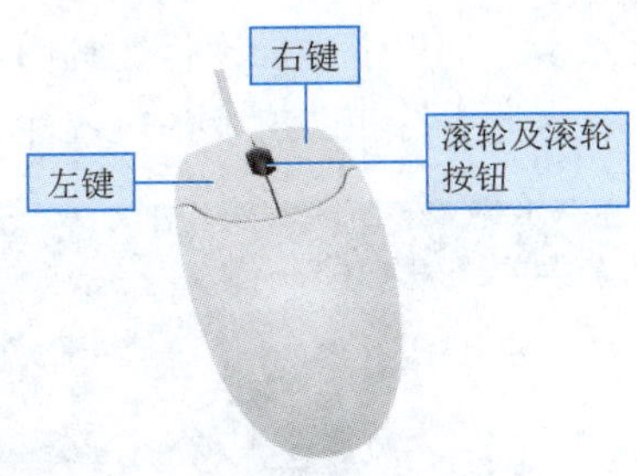

图 1-3　鼠标外观结构示意

上基本一致。如图1-3所示，鼠标的基本组成部分有：

- 左键：通常用于选择对象、单击按钮（或链接）。
- 右键：通常用于打开右键快捷菜单。
- 滚轮：通常用于滚动文档或图片。
- 滚轮按钮：在多数鼠标上，滚轮本身也可以被按下，用作第三个按键。

鼠标的基本操作包括单击、双击、右击、拖放、滚动等，利用这些动作，用户可以与图形用户界面上的各类控件对象进行交互。

- 单击：快速按下并释放鼠标左键，通常用于选择对象或执行命令。
- 双击：快速连续两次单击鼠标左键，通常用于打开文件或应用。
- 右击：按下并释放鼠标右键，用于打开右键快捷菜单（又称右键弹出菜单）。
- 拖放：按住鼠标左键并移动鼠标，用于移动对象或选择文本。
- 滚动：使用鼠标滚轮上下滚动，用于在文档或网页中滚动内容。

1.2.2　Windows系统简介

Windows系统的发展见证了个人计算机操作系统技术的发展和创新。1985年微软公司推出Windows 1.0，代表该公司操作系统产品全面向图形化用户界面（graphical user interface, GUI）转变。迄今为止，微软公司已向家庭和企业市场推出了十几个版本的Windows系统，目前最新版为Windows 11。这些版本中比较有代表性的有Windows 95、Windows XP、Windows 7和Windows 10，操作界面分别如图1-4～图1-7所示。根据StatCounter的数据，截至2023年12月底，全球桌面操作系统市场中，Windows系统家族占据了近72.72%的市场份额。其中，Windows 10的份额为67.42%，而Windows 11的份额为26.54%。不失一般性，本章在介绍Windows系统中的各项基本操作时，均基于现行主流的Windows 10版本。

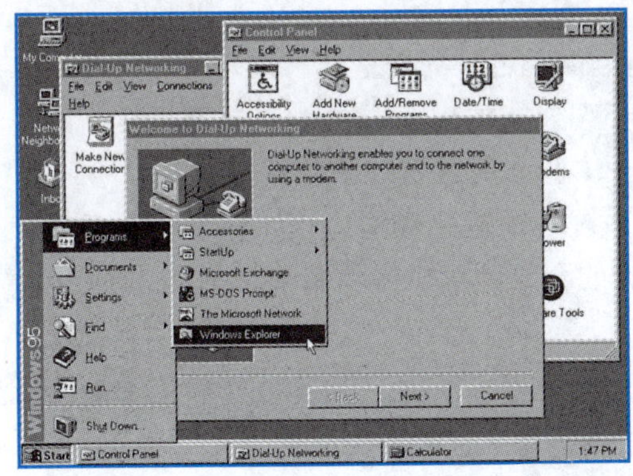

图 1-4　Windows 95 操作界面

图 1-5　Windows XP 操作界面

1. Windows系统发展史

1990年发布的Windows 3.0，支持32位应用程序，推出了全新用户界面和完整的初版Microsoft Office套件，标志着Windows开始成为主流操作系统。1995年推出的Windows 95系统被认为是Windows家族的重大突破。它引入了“开始”菜单、任务栏和桌面图标等经典界面元素，提供了更加现代化的图形操作界面。1998年，微软发布了Windows 98，提供了更好的多媒体支持和USB设备兼容性。

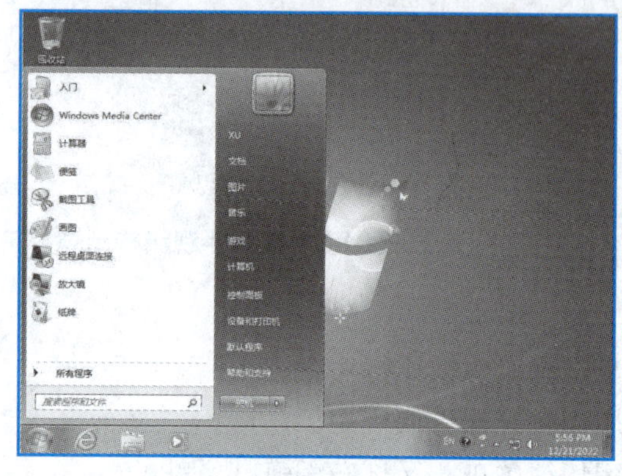

图 1-6　Windows 7 操作界面

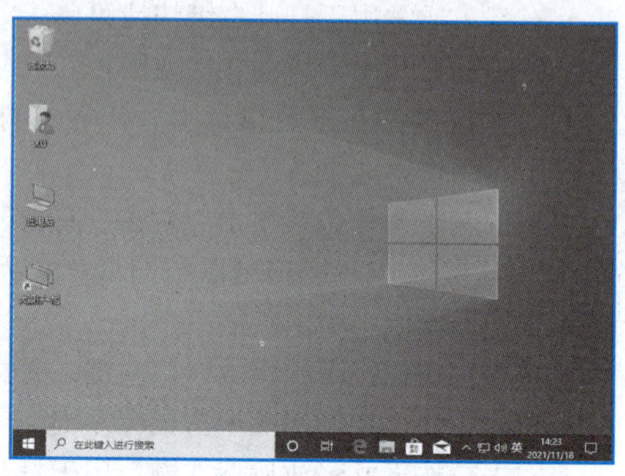

图 1-7　Windows 10 操作界面

进入21世纪，微软公司在2001年推出了Windows XP。Windows XP是Windows系统的里程碑版本之一。Windows XP引入了全新的用户界面，包括任务栏、“开始”菜单和控制面板等，推出了“恢复控制台”和“系统还原”等功能，帮助用户更容易地解决问题。凭借稳定性和易用性，Windows XP赢得了广泛的用户喜爱，成为当时最流行的操作系统之一。2006年推出的Windows Vista是一个具有全新用户界面的重大更新版本，引入了Windows Aero效果、侧边栏和Windows搜索功能，但在发布后，它并未获得预期中的广泛好评。

2009年，微软发布了Windows 7。Windows 7也是第一个支持触摸屏的Windows版本，增强了触摸和手势控制操作，为触摸设备提供了更友好的用户体验，从而获得了众多用户的好评，成为继Windows XP之后最成功的操作系统。2012年，微软推出了Windows 8。Windows 8带来了全新的名为“Metro”的用户界面，然而Windows 8移除了一些经典界面元素，导致用户体验褒贬不一。

微软在2015年推出了Windows 10，恢复了Windows 7的“开始”菜单，并引入了Cortana语音助手和Microsoft Edge浏览器等新功能。它还提供了更好的安全性、稳定性和兼容性，成为广大用户乐于接受和喜爱的版本。2021年微软公司发布的Windows 11，带来了全新的美学设计，增强了多任务处理能力，并引入了新的游戏体验和更紧密的微软商店整合。

Windows系统的发展史就是个人计算机操作系统不断进化和适应用户需求的历史。正是通过不断迭代和创新，Windows系统成为全球主流的个人计算机操作系统之一。

2. Windows系统的共同特点

虽然不同版本的Windows系统在视觉外观和功能特性上有所不同，但它们大多数版本均保留了一些共同的特点。

① 图形化用户界面：Windows操作系统以图形化的方式呈现给用户。用户可以通过鼠标点击或键盘输入来操作界面，比如打开文件、运行程序、调整系统设置等，这极大地提高了人机交互的便利性。这种直观的界面设计使得计算机操作更加简便，即使是非技术用户也能快速上手。自Windows 95以来，Windows系统在界面上始终保留了“开始”菜单、任务栏、桌面图标、窗口等经典元素，培养了用户操作习惯，提高了向后兼容性，降低了换版难度。

② 多用户支持：Windows操作系统支持多用户登录和独立工作环境，允许多个用户各自

拥有不同的设置、文件和偏好，同时共享计算机软硬件资源。

③ 多任务处理能力：Windows提供了多任务处理能力，允许用户同时运行多个应用程序，或在一个程序中执行多个任务。系统通过将每个程序分配给不同的内存区域来确保它们可以共存，且互不干扰。

④ 良好的网络支持：Windows操作系统内置了强大的网络功能，支持局域网（local area network, LAN）和广域网（wide area network, WAN）连接，以及互联网接入。用户可以轻松地分享资源、打印机和互联网连接。

⑤ 多媒体功能：Windows对多媒体的支持非常出色，包括音频、视频和图像处理。它提供了丰富的多媒体应用软件，使用户能够轻松处理和享受多媒体内容。

⑥ 硬件兼容性：Windows操作系统广泛支持各种硬件设备，如打印机、扫描仪、摄像头等，这得益于微软不断更新驱动程序和系统兼容性列表。

⑦ 应用程序丰富：由于Windows用户基数巨大，它吸引了大量第三方软件开发者为这个平台开发应用程序，从办公软件到娱乐软件，种类繁多，选择丰富。

⑧ 系统稳定性与安全性：微软不断推出更新和安全补丁来修复已知的问题和漏洞，不断提高和巩固Windows操作系统的稳定性和安全性。

⑨ 易用性与可定制性：Windows操作系统提供了许多个性化设置选项，用户可以根据自己的需求和习惯调整系统界面和功能。

Windows操作系统的这些共同特点使其成为了全球受欢迎和广泛使用的个人计算机操作系统。随着技术的不断发展，Windows仍在不断更新迭代，以满足用户的新需求和挑战。

1.2.3　Windows系统工作界面

Windows系统开机后的工作界面称为桌面，主要由桌面图标、任务栏、“开始”菜单等元素构成。当用户启动应用程序开展工作时，面对的通常是标准的Windows窗口和对话框。标准的Windows窗口由标题栏、菜单栏、工具栏、程序工作区和状态栏组成；而对话框则是一种简化的Windows窗口，主要由与用户进行交互的各种控件组成。

1. Windows系统桌面

Windows系统桌面是指在打开计算机并登录到Windows操作系统之后看到的主屏幕区域。它是系统与用户直接进行交互的工作界面。如图1-8所示，Windows 10的桌面通常都是由任务栏和各类桌面图标组成，以向用户提供快速访问常用程序、文件和系统功能的操作入口。任务栏从左到右由Windows“开始”按钮、搜索框、快捷启动栏、程序运行窗口图标、驻留程序通知区、通知中心和显示桌面按钮等几个部分组成。桌面上的图标主要分为三类，分别代表系统某项管理功能入口的系统图标（例如进行文件管理、网络管理等）、代表应用程序启动入口的快捷图标（又称快捷方式）、存放在桌面上的文件（夹）图标。用户可以通过单击这些图标来打开程序、文件（夹）或者进行管理操作。

在Windows系统中，桌面管理包括对桌面图标、桌面背景、屏幕分辨率、系统主题以及“开始”菜单和任务栏的个性化设置。用户可以根据个人喜好和工作需求来调整这些设置。此外，Windows系统还提供了多种桌面管理工具，如任务管理器、文件资源管理器等，以帮助用户更有效地组织工作和文件。

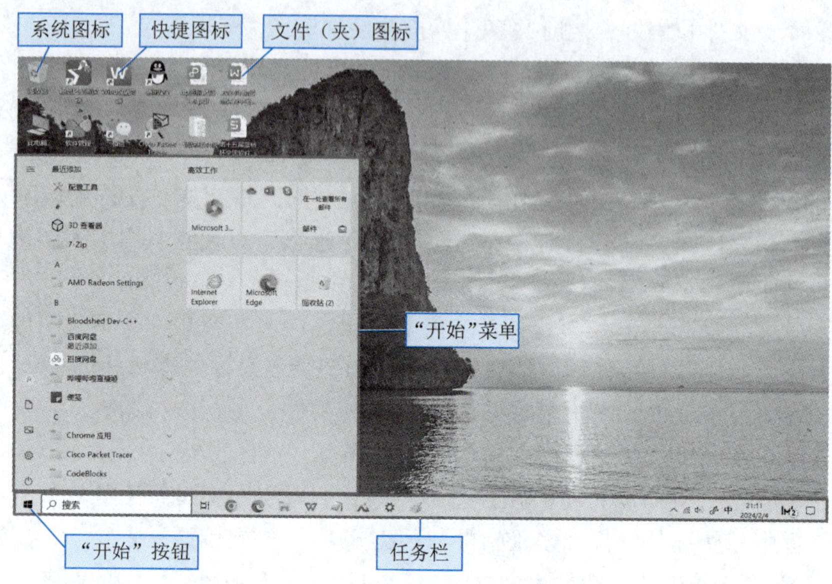

图 1-8　Windows10 桌面组成

2. Windows窗口及其组成

为了便于描述实验中的具体操作对象，此处简要介绍Windows窗口的结构以及出现在窗口中的常用控件对象。

① 窗口：当程序、文件或文件夹被打开时，都会在屏幕上称为窗口的框架中显示相关的内容。虽然每个窗口的内容各不相同，但所有窗口都有相同的结构。如图1-9和图1-10所示，在Windows 10上程序运行后生成的窗口从上到下分别由标题栏、菜单栏、工具栏（又称选项卡功能区）、工作区以及状态栏等几个部分组成。

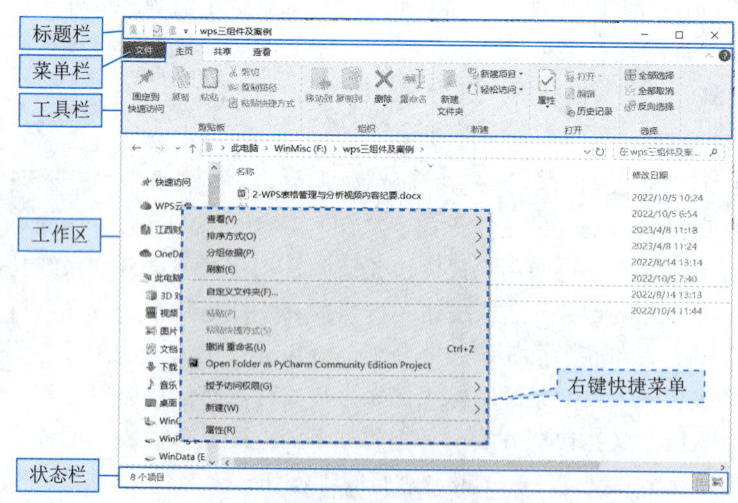

图 1-9　"文件资源管理器"窗口和右键快捷菜单

② 菜单：大多数程序包含几十个甚至几百个与程序运行相关的操作命令，很多这些命令是组织在菜单栏或右键快捷菜单下面。就像饭馆的菜单一样，程序菜单显示选择列表，如图1-9和图1-10所示。

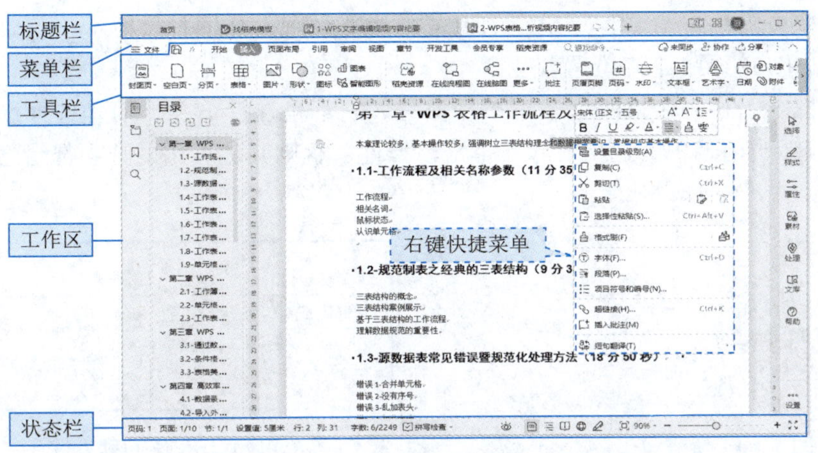

图 1-10　WPS 运行窗口和右键快捷菜单

③ 对话框：对话框是特殊类型的窗口，可以接收用户输入的数据或选择的选项来执行相应的任务。当程序或Windows系统需要用户的响应以继续时，经常会看到对话框，如图1-11所示。对话框通常没有菜单栏，而且不可以调整窗口大小；复杂的对话框往往集成有大量控件对象与用户进行交互。

④ 命令按钮：单击命令按钮会执行一个命令（执行某操作）。在对话框中会经常看到命令按钮，如图1-11中的“是”和“否”。

⑤ 单选按钮：单选按钮经常出现在对话框中，它用于让用户在多个选项中选择一个。图1-12显示三个单选按钮，其中“垂直翻转”选项被选中。

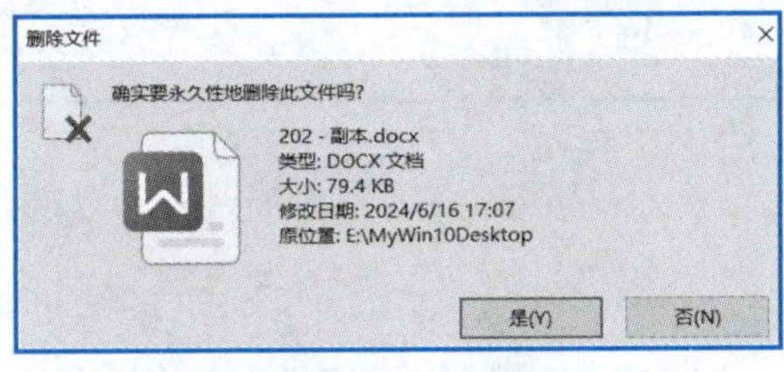

图 1-11　对话框

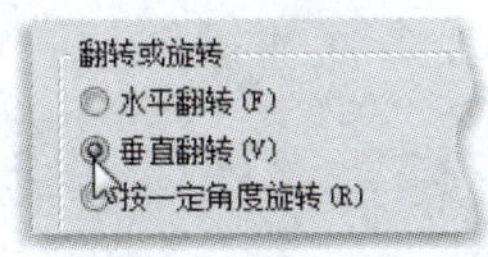

图 1-12　单选按钮

⑥ 复选框：复选框可让用户选择一个或多个独立选项。与单选按钮不同的是，复选框可以同时选择多个选项，如图1-13所示。

⑦ 滚动条：当文档、网页或图片超出窗口大小时，会出现滚动条，可用于查看当前处于视图之外的信息。

⑧ 文本框：文本框可让用户输入信息，如搜索条件或密码。图1-14显示包含文本框的对话框。文本框中已经输入了“跨设备”。

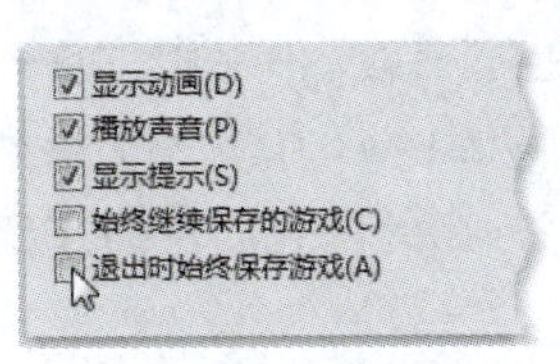

图 1-13　复选框

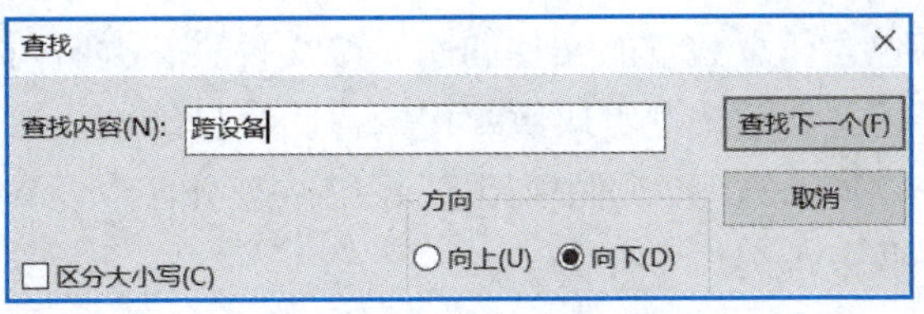

图 1-14　文本框

⑨ 滑块：滑块可让用户沿着程序设定的值范围调整设置，如图1-15所示。若要操作滑块，将滑块拖动到用户想要的值（位置）上。

⑩ 下拉列表框：下拉列表框类似于菜单。但是，它不是选择命令，而是选择选项。下拉列表关闭后只显示当前选中的选项。除非单击该控件，否则其他可用的选项都会隐藏，如图1-16所示。

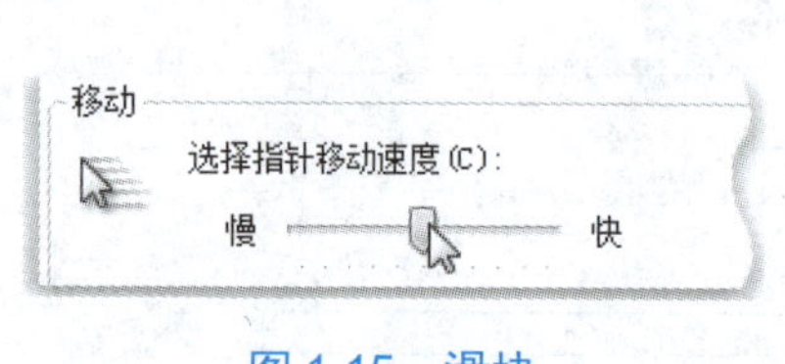

图 1-15　滑块

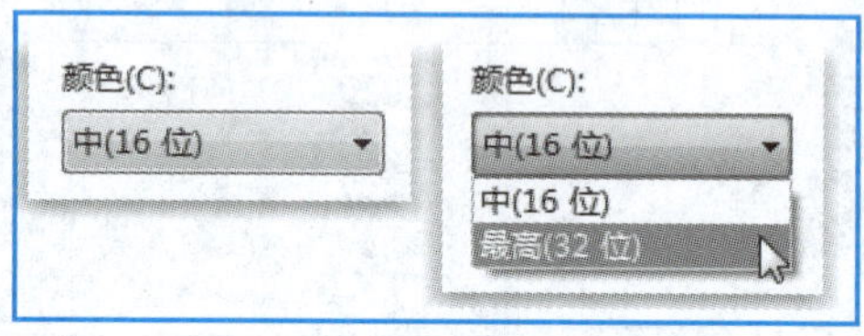

图 1-16　下拉列表框

⑪ 列表框：列表框显示可以从中选择的选项列表。与下拉列表框不同的是，无须打开列表就可以看到某些或所有选项，如图1-17所示。

⑫ 选项卡：在一些对话框中，当设置选项过多时，可分为两个或多个选项卡，一次只能查看一个选项卡或一组选项，若要切换到其他选项卡，可单击该选项卡，如图1-18所示。

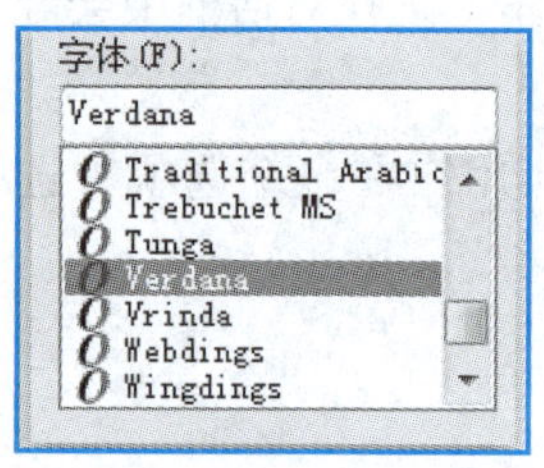

图 1-17　列表框

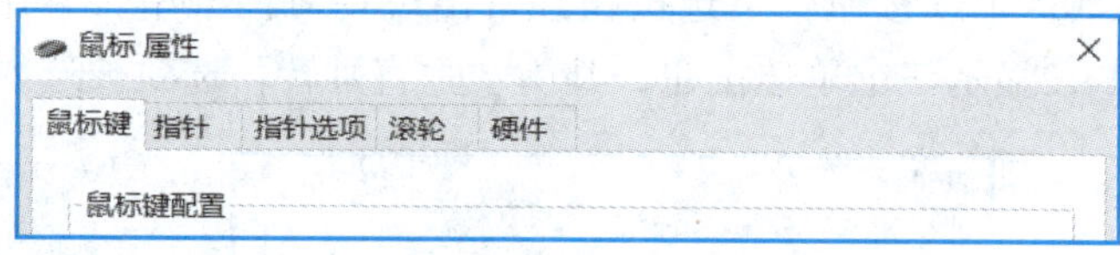

图 1-18　选项卡

1.2.4　文件管理基础概念

文件管理是Windows系统的基本功能之一。掌握Windows系统文件管理操作之前，先要理解文件、文件夹、文件路径等基础概念。

1. 文件与文件夹

计算机中的文件是指存放在存储设备中的二进制数据集合，以某种方式组织和命名，以便于操作系统识别和处理。文件中的数据，用于表示数值、文本、程序代码、音频、视频或图片等各类信息。每个文件在系统中都有一个由文件名和扩展名组合而成的唯一文件标识；标识中的扩展名用于显示区分文件的类型，以方便系统识别并打开相应程序进行处理。

计算机中的文件夹是一种用于组织和存储文件及其他文件夹的虚拟容器。一个文件夹可以包含任意数量的文件和次一级文件夹，并且可以嵌套在更高一级文件夹中，从而形成一个描述文件系统逻辑层次结构的树状目录结构。图1-19所示是Windows 10下一个典型的树状目录结构示意图。图中列出了系统磁盘分区以及Windows系统所在分区（假定为“C:”）下的一些必备文件（夹）。

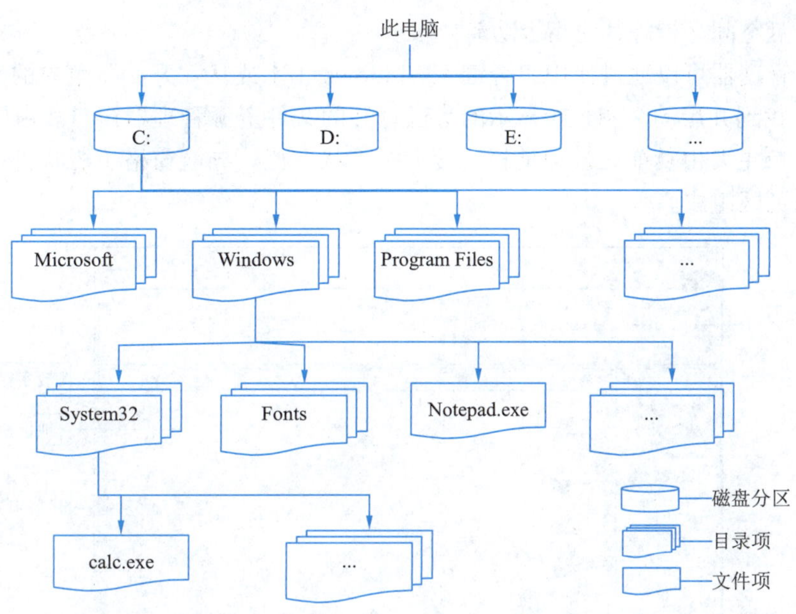

图 1-19　Windows10 下文件系统树状目录结构示意

2. 树状目录结构与文件路径

Windows系统采用树状目录结构来组织文件和文件夹，通过树状结构表示出文件和文件夹之间的层次关系。在树状目录结构中，每个磁盘分区顶层用于存储文件或文件夹的位置被称为根目录；同时在此结构中每个文件夹表示为一个目录项（包含文件夹的名称、创建时间、所有人、访问权限等信息），而文件夹中的文件则表示为一个文件项（包含有文件的标识、大小、创建时间、所有人、访问权限等属性）。

通过文件夹和树状目录结构，用户得以用一种有逻辑的方式管理系统中的各类数据文件，使文件管理操作变得简单。

计算机中的文件路径是指用来描述目标文件或文件夹在文件系统中所处逻辑位置的字符串。在树状目录结构下，文件路径由分区根目录、沿树状图分支到达目标位置时经过的文件夹和必要的分隔符串联组成。文件路径实际上描述了逐级进入并最终找到目的文件（夹）所在位置的操作路径，方便用户按此逻辑快速访问到目标文件（夹）。

由图1-19可知，计算器程序文件“calc.exe”在文件系统中对应的完整文件路径为“C:\Windows\System32\calc.exe”。这意味着在文件资源管理器中找到计算器程序文件的一种操作方法是：先单击选择根目录“C:”，找到并打开其下文件夹“Windows”，继续找到并打开文件夹“Windows”下的子文件夹“System32”，在文件夹“System32”下可以通过浏览找到程序文件calc.exe。

3. 文件资源管理器

文件资源管理器是自Windows 2.0开始就自带的一个重要系统工具，它允许用户直观地浏览文件系统，以及查看、管理和操作计算机上的文件、文件夹和存储设备等对象。文件资源管理器窗口左边导航窗格里显示的是树状目录结构，右边区域则用于内容浏览。内容浏览区支持多种文件视图模式，如详细信息、平铺、图标和大纲等，以满足不同用户的浏览习惯。此外，它还提供了搜索功能（允许用户快速查找文件和文件夹），以及文件属性查看、文件权限设置和磁盘空间分析等其他高级功能。

文件资源管理器可以通过使用组合键【Windows+E】或从“开始”菜单的“Windows系统”菜单项下找到并启动。图1-20显示的是已打开的文件资源管理器窗口。由图可知，文件资源管理器窗口主要由功能区、地址栏、搜索栏、状态栏、导航窗格（树状目录结构）以及右侧的内容浏览区组成。

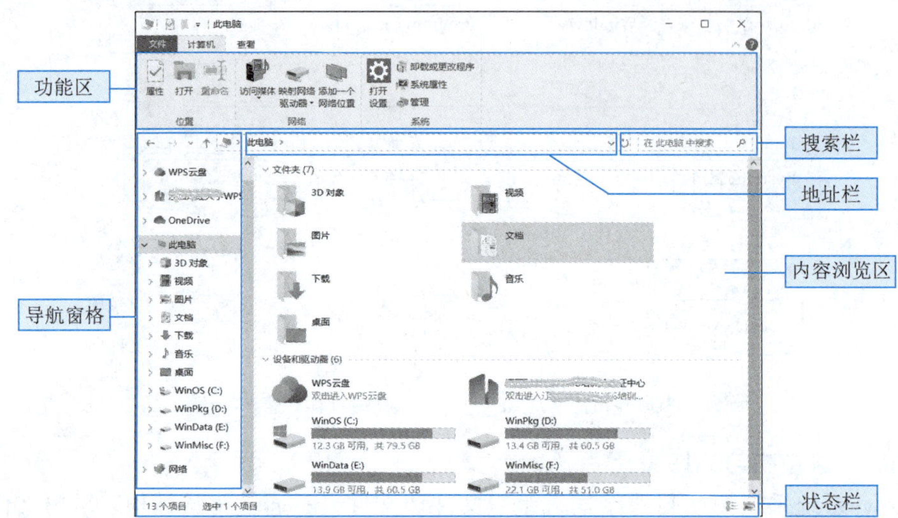

图 1-20　文件资源管理器窗口

1.2.5　Windows 系统管理工具

用户想要更好地使用Windows系统，往往需根据个人要求去调整系统的运行参数和软硬件资源的配置，这就需要进一步深入了解相关的系统设置和管理工具。

1．控制面板

Windows系统中的控制面板是一个集中了多种系统管理功能和设置选项的系统工具，它允许用户查看和更改操作系统的各种配置。如图1-21所示，控制面板使得用户可以轻松地浏览和修改各种系统设置，系统管理功能列表可选择“类别”、“大图标”或“小图标”等不同方式查看。通过控制面板，用户可以管理硬件设备、添加或删除应用程序、设置系统安全、调整区域语言及日期时间、改变网络连接和互联网选项、调整用户账户、更改系统外观和个性化设置等。

要在Windows 10中打开控制面板，可以通过以下几种方式：

- 在任务栏的搜索框中输入“控制面板”，然后单击搜索结果中的“控制面板”。
- 先找到“开始”菜单中的“Windows系统”，在“Windows系统”下找到“控制面板”并单击它。
- 在“命令提示符（CMD）”窗口中输入“control”命令并按回车键。

2．Windows设置

如图1-22所示，微软公司在Windows 10中引入了新的“设置”应用。它提供了许多与控制面板相同的管理和设置功能，并且在界面风格上与Windows 10外观保持一致。随着时间的推移，“设置”应用将逐渐取代控制面板的上各种系统管理功能，但控制面板仍然是一个有用的工具，特别是在需要访问某些高级或遗留设置时。一般来说，Windows的“设置”应用提供了一个更加现代和用户友好的体验，适合大多数用户进行日常的设置调整。而Windows“控制面板”则提供了更全面和深入的设置选项，适合有特殊需求或更高级的用户。

图 1-21　传统的 Windows 控制面板

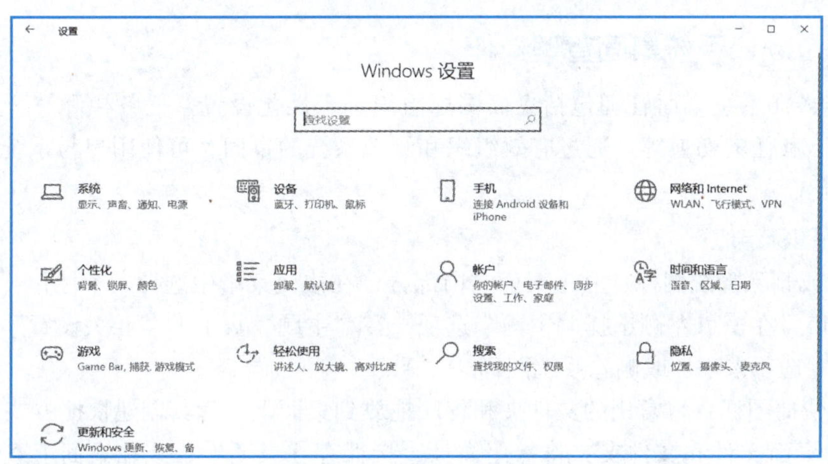

图 1-22　Windows 10 设置

要在Windows 10中打开“设置”应用，可以通过以下几种方式：

- 单击屏幕左下角的“开始”按钮，在打开的“开始”菜单左侧找到齿轮形状的“设置”图标，单击启动。
- 按组合键【Windows+I】，将直接打开“设置”应用。
- 在任务栏搜索框中输入“设置”，在搜索结果中，单击“设置”应用打开。

1.3　实验任务

① 观察个人计算机的键盘和鼠标外观结构，练习鼠标和键盘基本操作。

② 观察Windows桌面的组成，练习Windows系统的桌面管理操作，包括：Windows操作系统的启动、关闭；桌面图标管理操作；系统外观个性化设置；“开始”菜单管理操作；任务栏设置操作；程序窗口切换操作。

③ 练习文件（夹）管理操作，包括：文件与文件夹的创建；文件打开与保存；文件属性查看与修改；文件与文件夹的复制、移动、重命名、删除与恢复；文件与文件夹的搜索；快捷方式的建立；回收站的管理。

④ 利用控制面板或“设置”应用进行Windows系统设置，包括：查看系统基本信息；屏幕显示分辨率设置；系统声音设置；查看计算机的硬件信息并尝试配置打印机；Windows系统更新策略设置等。

⑤ 利用控制面板或“设置”应用进行软件的安装与卸载。

⑥ 利用控制面板或“设置”应用进行磁盘优化和分区管理，包括：磁盘分区、磁盘格式化、磁盘碎片整理、磁盘清理。

⑦ 利用控制面板或“设置”应用设置虚拟内存，包括：更改虚拟内存的大小、存储位置和管理策略。

1.4 实验指导

1.4.1 Windows系统桌面管理操作

Windows 10系统桌面管理包括桌面图标组织、个性化设置、任务栏和“开始”菜单管理、桌面显示和任务切换等。通过有效组织和管理系统的桌面，可使用户与系统的交互更加高效和个性化。

1. 桌面图标组织

① 添加或删除系统图标：右击桌面空白部分，在快捷菜单中选择“个性化”命令，打开“设置”窗口，在窗口左侧选择“主题”选项，在“主题”页下的“相关设置”中单击“桌面图标设置”选项来添加或删除系统图标。

② 创建快捷图标：将常用的文件夹和程序拖放到桌面上，为其创建快捷方式。

③ 整理桌面文件和文件夹：将常用文件直接保存在桌面上；或在桌面上直接创建文件夹，再把常用文件存入文件夹以保持桌面整洁；定期删除不用的文件和文件夹，以释放桌面占用的存储空间。

2. 个性化设置

通过该设置，用户可以更改Windows的桌面背景、主题、颜色、字体、“开始”菜单和任务栏布局等。

① 设置桌面背景、主题、字体等：右击桌面空白部分，在弹出的快捷菜单中选择“个性化”命令来更改桌面背景、主题、颜色、声音和鼠标光标等。

② 显示设置：右击桌面空白部分，在弹出的快捷菜单中选择“显示设置”命令来调整分辨率和缩放比例，以提高视觉舒适度。

3. 任务栏和“开始”菜单管理

① 设置任务栏位置：右击任务栏空白部分，在弹出的快捷菜单中选择“任务栏设置”命令，改变任务栏有关选项，可以将任务栏移动到屏幕的顶部、左侧或右侧。

② 调整“开始”菜单布局：右击任务栏空白部分，在弹出的快捷菜单中选择“任务栏设置”命令，改变“开始”菜单有关选项。还通过直接拖放或右击来重新排列“开始”菜单中的磁贴。

③ 使用搜索框：使用搜索框可以快速查找文件、系统设置入口和应用程序。

4. 显示桌面

程序在桌面上运行时，其窗口经常会部分隐藏或完全隐藏桌面。若要查看整个桌面而不关闭任何打开的程序窗口，可单击桌面右下角的“显示桌面”按钮。再次单击该按钮可将所有窗口还原为原来的样子。或者使用键盘热键显示桌面：按【Windows+D】组合键进行快速控制。

5. 任务切换

当多个程序同时运行时，任务栏的中间会出现各个程序窗口按钮，直接单击程序窗口按钮可在不同任务间切换；或者按住【Alt】键不放，并重复按【Tab】键，在多个任务（窗口）之间进行循环切换，释放【Alt】键则显示当前所选窗口；也可以单击任务栏上的“任务视图”按钮实现切换。

1.4.2 Windows系统文件管理操作

用户可以直观地在Windows文件资源管理器下浏览、创建、删除、移动、复制和重命名文件和文件夹，以及执行其他与文件相关的任务。

1. 新建文件（夹）

如果要在某分区根目录下（例如“D:”）或者某个文件夹（例如“D:\tools”）下新建文件或文件夹，打开文件资源管理器窗口，在左侧的树状目录结构中找到相应的位置（例如“D:”或“D:\tools”），在右侧浏览区的空白位置右击，让鼠标指针悬停在右键快捷菜单的“新建”选项上，可观察到可以新建的各个子项目，包括“文件夹”、“快捷方式”，以及各类当前系统支持的文档，例如DOC文档、DOCX文档等。

2. 选定文件（夹）

在Windows系统中，对文件或文件夹进行操作之前，必须先选定该文件或文件夹。单击文件或文件夹能够选定该对象。如果需要选定多个连续的对象，先单击第一个对象，然后按住【Shift】键不放，再单击最后一个对象。如果需要选定多个不连续的对象，可以先按住【Ctrl】键，依次单击待选定的对象。如果要选定全部对象，可以用【Ctrl+A】组合键。单击所选定对象之外的空白处即可取消选定。

3. 查看与修改文件（夹）属性

文件（夹）的属性包括名称、创建者，创建时间、修改时间、在计算机中的位置、占用空间的大小、读写权限、是否隐藏等。选定文件（夹），右击，从弹出的快捷菜单中选择“属性”命令即可查看。同样地，从该弹出的快捷菜单中还可以选择“重命名”“剪切”“复制”“删除”等常用操作。如果安装了压缩软件，还可以选择压缩相关的操作。

任何时候，如果需要对一个对象（例如文件、文件夹、快捷图标、磁盘分区等）进行管理操作，都可以试试右击该对象；一般常用的操作命令都可以通过右键快捷菜单执行。

对于设置了“隐藏”属性的文件（夹），Windows 10下可通过以下步骤控制是否在浏览时隐藏该文件（夹）：在文件资源管理器“文件”菜单下选择“更改文件夹和搜索选项”命令，打开“文件夹选项”对话框；选择“查看”选项卡，找到“隐藏文件和文件夹”选项组，选定“不显示隐藏的文件、文件夹和驱动器”或者“显示隐藏的文件、文件夹和驱动器”。同样在“查看”选项卡下，还可找到“隐藏已知文件类型的扩展名”选项，取消选择该复选框，则在浏览文件时可查看到文件的扩展名。

4. 复制、移动文件（夹）

右击选定的文件（夹），在弹出的快捷菜单中选择“复制”（或“剪切”）选项，然后打开目标文件夹，在显示区的空白处右击，并在弹出的快捷菜单中选择“粘贴”选项，可以复制（或移动）文件（夹）。

也可以用“拖放”的方法复制（或移动）文件（夹）。首先在两个不同的文件浏览器窗口中分别打开待复制（或移动）对象所在的源文件夹和目标文件夹，将两个窗口都置于桌面上，以便同时查看内容。接着，从源文件夹将文件或文件夹拖到目标文件夹实现复制（或移动）。

注意：默认情况下进行拖放操作时，若源文件夹和目标文件夹位于同一个磁盘分区下，拖动操作实现的是移动；否则拖动操作实现的是复制。拖动时可结合相应的键盘功能键改变默认情况，通常Windows系统下拖动操作同时按下【Ctrl】键实现的是复制、拖动操作同时按下【Alt】键实现的是移动。

5. 删除文件（夹）

选定待删除的文件（夹），按下键盘上的【Delete】键，或者右击待删除的文件（夹），在弹出的快捷菜单中选择“删除”选项。

采用这两种方法删除的文件和文件夹都被暂时存放在系统“回收站”中，“回收站”中的对象都可以被“还原”到原来存放位置。如果需要彻底永久删除文件对象，则需要在回收站中再次进行删除操作或直接执行清空回收站操作。另外，若要直接执行彻底删除操作，则在选定文件（夹）对象后，按【Shift+Delete】组合键，即可将文件（夹）从计算机中进行彻底删除而不是暂存在回收站中。

注意：即使是对文件对象进行了彻底删除操作，在一定条件下通过专业软件还是有可能恢复部分或全部文件内容的。

6. 搜索文件（夹）

当只知道文件或文件夹的部分信息，如文件的名称、大小、类型或修改日期等，而不知道其在文件系统中存放的具体位置时，可利用搜索功能进行查找。单击文件资源管理器窗口工作区右上方的搜索框后，程序功能区将自动显示“搜索”工具栏，用户可利用搜索框和搜索工具栏实现基于目标名称信息的基本搜索和基于多项属性信息（包括文件名在内）结合的高级搜索。通常在搜索框中输入待搜对象的名称信息（可以只是文件名或文件夹名的一部分），实现按文件名的基本搜索；在“搜索”工具栏上可进一步选择目标的“类型”、“修改日期”或“大小”，实现基于文件名和多项其他属性信息相结合的高级搜索。

7. 设置文件（夹）查看方式

在Windows 10文件资源管理器窗口功能区的顶部，单击“查看”菜单可打开查看功能选项卡。在这里用户可以改变窗口布局；可以选择浏览区视图模式——在列表、详细信息、大图标、中图标、小图标等模式中进行切换；可以选择排序方式改变浏览区文件等对象的显示顺序；可以控制显示及隐藏等选项。

1.4.3　Windows系统常用管理操作

下面介绍的Windows系统管理操作，均约定Windows 10系统上通过控制面板或“设置”应用实现。

1. 查看系统常规信息

在控制面板中，选择“系统和安全”类别，从打开的“系统和安全”窗口右侧列表中再选择“系统”选项来打开“系统”窗口，可以查看计算机的CPU型号、内存容量，以及所安装的操作系统版本等规格信息。

2. 设置系统自动更新方式

在Windows系统中设置系统自动更新是非常重要的，因为系统更新是确保Windows系统保持最新、最安全、最稳定和最兼容的有效方式。建议用户定期或不定期对系统进行更新升级。

在Windows 10中，系统更新与安全有关的设置已经从控制面板转移到“设置”应用。要打开系统更新，先打开“设置”应用，在“设置”应用中，单击“更新与安全”选项；在“更新与安全”窗口中，单击左侧的“Windows更新”；继续单击右侧的“检查更新”按钮，Windows将开始检查最新的更新。如果有可用的更新，Windows将显示它们，由用户选择是否安装更新。

3. 设置鼠标属性

在控制面板中选择“硬件和声音”选项，打开“硬件和声音”窗口，在“设备和打印机”类别下选择“鼠标”选项，打开“鼠标属性”窗口。用户可根据自身习惯对鼠标进行设置，如设置“鼠标键配置”以适合左手使用、设置“双击的速度”、设置“指针”|“方案”以改变指针的形状等。

4. 系统声音与显示设置

系统声音与显示设置都在“系统”设置窗口中。如前面所述一样，可先通过控制面板的“系统和安全”|“系统”打开“系统”设置窗口。

在系统设置窗口左侧导航下，单击“屏幕”选项进入显示设置。在这里用户可以改变屏幕的亮度和颜色、屏幕字体缩放比例、屏幕分辨率以及进行多显示器设置等。

在系统设置窗口左侧导航下，单击“声音”选项进入声音设置。在这里用户可以设置输出设备（例如扬声器）和输入设备（例如麦克风）的音量大小并管理对应的声音设备，还可以打开相关设置中的“声音控制面板”进一步深入设置各类播放、录制设备参数及Windows系统音效等。

5. 管理系统设备

在控制面板中，选择“硬件与声音”类别，从打开的“硬件与声音”窗口右侧的“设备和打印机”子类下选择“设备管理器”选项，打开“设备管理器”窗口，用户可以查看设备的工作状态、更新驱动程序、禁用或启用设备、解决设备冲突以及进行其他硬件相关的任务。

6. 安装打印机

通常新安装了Windows系统的计算机不能直接完成打印任务，必须通过“安装打印机”的方式安装打印机的驱动程序。打印机驱动程序是计算机程序与打印机进行通信的软件，它将计算机发送的信息翻译为打印机可以理解的命令。

安装打印机的方法有两种：其一是通过运行购买打印机时厂商随打印机附送的驱动程序光盘来完成；其二是通过控制面板中的“添加打印机”来完成。这里用第二种方法，具体方法是：将打印机的数据线连接到计算机上，接通打印机电源并打开打印机开关；然后通过控制面板中的“硬件和声音”，在打开的“硬件与声音”窗口右侧单击“设备和打印机”，打开“设备和打印机”窗口；最后打开“添加打印机”向导，根据该向导添加打印机。需要注意的是，大部分打印机Windows系统会自动安装其自带的驱动程序；如果有必要，用户可以自己提供驱动程序（一般打印机厂商会提供驱动程序副本或下载方式）进行安装。

7. 安装与卸载应用程序

（1）安装应用程序

首先要从软件官方网站或可信任的下载源下载安装文件。通常，这些文件具有.exe扩展名。

然后找到下载的安装文件，双击它来运行安装程序。安装程序通常会提供一个安装向导，指导用户逐步完成安装过程。此时用户遵循安装向导完成必要操作即可，这包括接受许可协议、选择安装路径、选择要安装的组件等。最后等待向导提示完成安装即可。有些软件安装完成后可能需要重启计算机才能使用。

图1-23所示的是下载并安装“金山打字通”指法练习软件的过程。

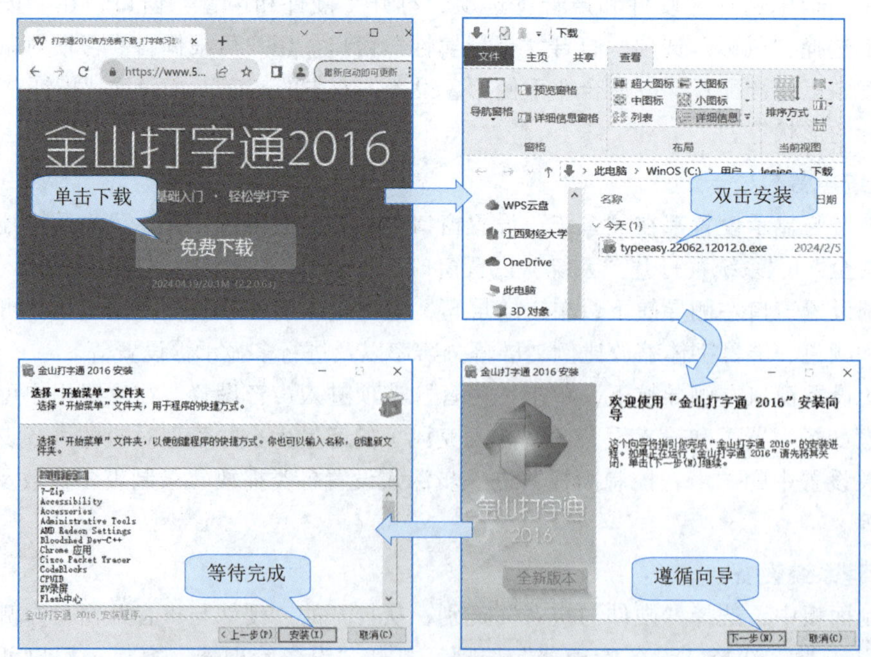

图 1-23　金山打字通安装过程

（2）卸载应用程序

大部分软件在安装后，会在“开始”菜单中有卸载该软件的选项，可以通过“开始”菜单将对应的程序卸载。

有时软件在“开始”菜单中没有提供卸载选项，此时，需要通过控制面板或“设置”应用来卸载。具体方法是：在控制面板中找到并单击“卸载程序”选项，打开“卸载或更改程序”窗口，从程序列表中找到并单击待卸载的程序后，再选择“卸载”命令即可启动卸载过程。或者在“设置”应用中找到并选择“应用”类别，打开“应用和功能”设置页，从应用搜索框中根据程序名称搜索到需要卸载的程序，选择后，再单击“卸载”按钮即可启动卸载过程。

图1-24所示的是卸载“金山打字通”指法练习软件的操作。

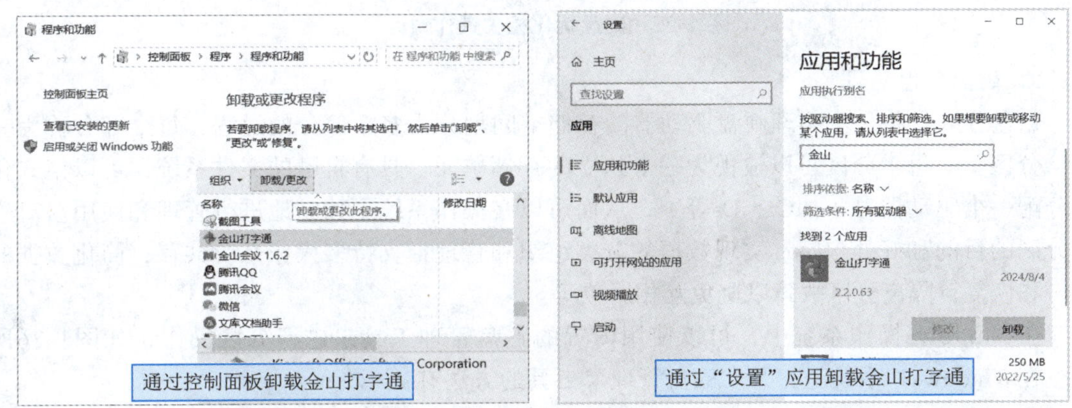

图 1-24　卸载应用程序示例

8. 磁盘优化管理

磁盘优化管理分为两种：一种是磁盘清理，另一种是进行磁盘碎片整理。计算机在使用一段时间后，由于频繁的读写操作，磁盘上会残留许多临时文件或安装文件等无用的文件，为了释放硬盘空间，就需要进行磁盘清理。另一方面，随着文件不断创建与删除，硬盘空闲空间会逐渐碎片化，后面存入的文件将被分散存储，引起文件读写速度的降低。通过磁盘碎片整理，就可将文件碎片重新组合到连续空间上存放，以改善磁盘读写效率。

磁盘清理的具体方法是：打开文件资源管理器，右击需要清理的磁盘分区，在弹出的快捷菜单中选择“属性”命令，打开磁盘属性对话框，如图1-25中左图所示；选择对话框中的“常规”选项卡，单击“磁盘清理”按钮，出现“磁盘清理”对话框，在“要删除的文件”列表中选择要删除的对象进行清理即可。

磁盘碎片整理的具体方法是：打开文件资源管理器窗口，右击需要进行磁盘清理的驱动器，在弹出菜单中选择“属性”命令，打开磁盘属性对话框，如图1-25中右图所示；继续选择对话框中的“工具”选项卡，单击“对驱动器进行优化和碎片整理”组合框中的“优化”按钮，可打开“优化驱动器”对话框，从中选择相应的分区，再次单击下方“优化”按钮即可开始碎片整理。

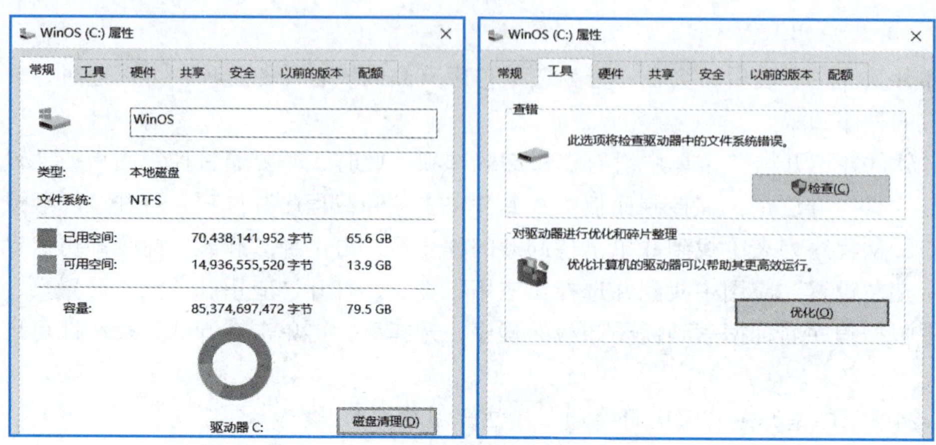

图 1-25 磁盘优化相关操作对话框

9. 磁盘分区管理

磁盘分区是将一个物理硬盘驱动器的存储空间划分为多个部分的过程，每个部分称为一个“分区”。每个分区可以被视为一个独立的存储单元，具有自己的文件系统，可以格式化并分配一个驱动器号（如C:、D:等），从而可以在操作系统中独立地进行管理和使用。对磁盘分区的目的和好处包括：实现数据的分类组织和管理；支持多操作系统共存；简化数据的备份和恢复；隔离分区故障以避免互相影响等。

在Windows操作系统中，可以使用内置的磁盘管理工具来进行分区操作，如图1-26所示。在Windows10系统上打开“磁盘管理”工具的方法有：

① 通过桌面上的“此电脑”系统图标打开。右击“此电脑”图标，在弹出的快捷菜单中选择“管理”选项。这时就会打开“计算机管理”窗口，在窗口中单击左侧边栏的“磁盘管理”选项。这时在右侧的窗口中就会打开磁盘管理窗口了。

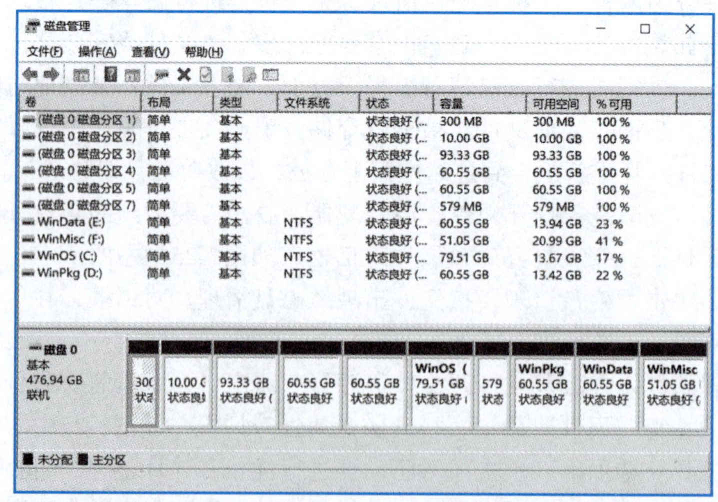

图 1-26 磁盘管理工具运行窗口

② 通过搜索框打开。在控制面板窗口右上角的搜索框中输入关键词“磁盘管理”进行搜索，然后单击搜索结果中的“创建并格式化硬盘分区”超链接，这样也可以打开磁盘管理窗口。

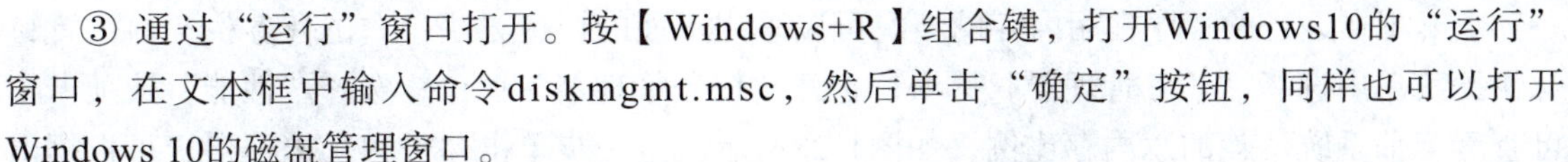

③ 通过“运行”窗口打开。按【Windows+R】组合键，打开Windows10的“运行”窗口，在文本框中输入命令diskmgmt.msc，然后单击“确定”按钮，同样也可以打开Windows 10的磁盘管理窗口。

注意： 对硬盘进行重新分区或对分区进行格式化都会破坏该磁盘或分区上所有数据，因此，分区或格式化之前有必要备份相关磁盘或分区上有用的数据。

10. 系统性能设置

如图1-27所示，通过控制面板打开“系统”窗口后，在“系统”窗口左侧单击“关于”项目后，在右边“相关设置”子类中，单击“高级系统设置”项打开“系统属性”窗口，进一步单击“高级”选项卡，单击“性能”组合框中的“设置”按钮，在弹出的“性能选项”对话框中选择“视觉效果”选项卡，可以选择“调整为最佳性能”或“调整为最佳外观”单选按钮。可以通过对比两个选项的显示效果，来体会它们之间的差异。在“性能选项”对话框“高级”选项卡中还可以调整处理器优先策略和虚拟内存的大小及位置。

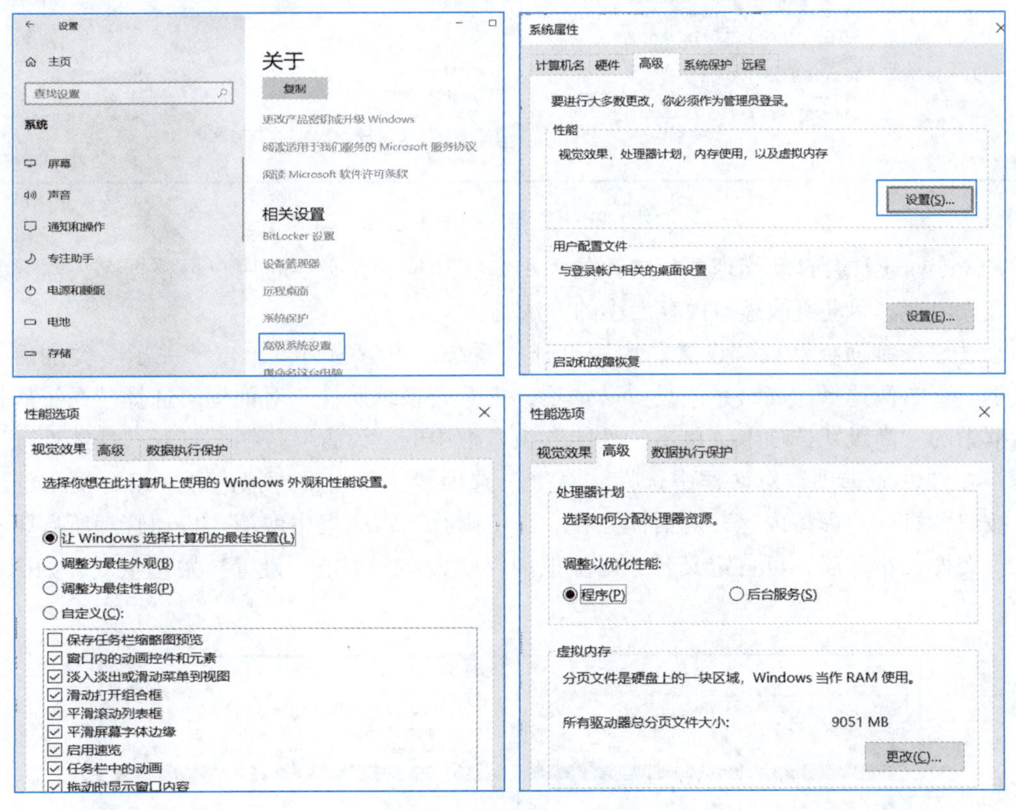

图 1-27　系统性能设置

11. 虚拟内存管理

内存（如随机存取存储器RAM）是用来临时保存正在运行中的程序和处理数据的。当计算机物理内存不足时，程序将无法运行。Windows系统支持借用硬盘闲置空间作为虚拟内存进行补偿，以支持更多程序同时运行。由于虚拟内存就是在硬盘上存储的特殊文件，相比物理内存，虚拟内存的读写速度要慢得多，因此一个应用程序依赖虚拟内存才能运行时，其响应速度相对较慢。

了解正在运行的程序占用内存的情况可以采用下面的快捷方法：右击任务栏空白位置，从快捷菜单中选择“任务管理器”选项，打开“任务管理器”窗口，选择“性能”选项卡，可查看当前系统消耗的总内存比例，如图1-28所示。进一步单击“进程”选项卡，可根据内存占用的大小对正在运行的进程排序。图1-28显示了编著者正在使用的计算机中，WPS Office消耗的内存资源最多，而且不止一个进程，仅显示出来的WPS各进程的内存消耗超过1 GB。

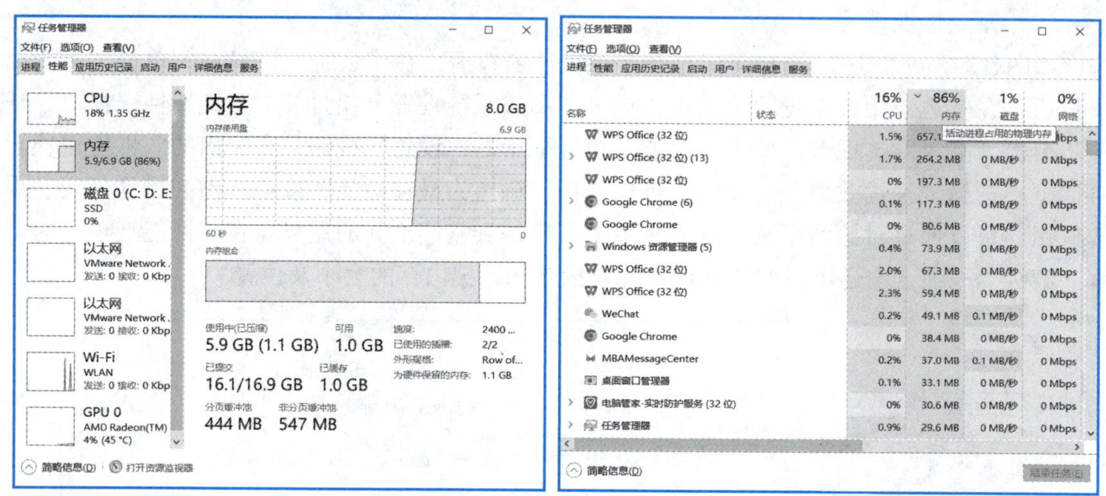

图 1-28　查看内存使用情况

Windows通常会自动管理虚拟内存的大小和实际位置，必要时用户可根据个人需要手动设置虚拟内存。手动更改虚拟内存大小的方法是：

通过“控制面板”或“设置”应用打开“系统”设置窗口。单击“关于”类别后，在“关于”页右侧选择“高级系统设置”选项，打开“系统属性”对话框。选择“系统属性”对话框中的“高级”选项卡，单击“性能”组合框中的“设置”按钮，打开“性能选项”对话框。在“性能选项”对话框中选择“高级”选项卡，单击“虚拟内存”组合框中的“更改”按钮，打开“虚拟内存”对话框。在“虚拟内存”对话框中取消“自动管理所有驱动器的分页文件大小”后，可自定义各分区虚拟内存的大小，单击“设置”按钮生效，如图1-29所示。

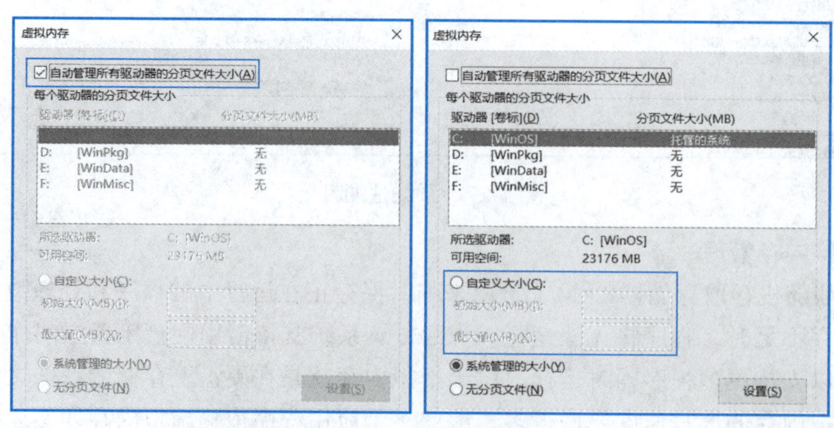

图 1-29　自定义虚拟内存大小

1.5　课后任务

① 为应用程序“计算器”添加桌面快捷方式。

② 打开附件中的画图程序和计算器程序，在不关闭这些程序的情况下显示桌面。

③ 搜索文件“notepad.exe”（记事本程序），指出其完整文件路径并为其建立桌面快捷方式。

④ 查看计算机系统基本信息，包括计算机名、CPU型号、内存容量，了解各个硬件设备工作是否正常，将计算机名设置为实验者的姓名（拼音）。

⑤ 将Windows的视觉效果调整为“最佳外观”。

⑥ 将屏幕分辨率设置为1 024×768，刷新频率设置为最高。

⑦ 对计算机上的磁盘进行清理，删除临时文件和垃圾文件。

⑧ 对各分区进行磁盘碎片整理。

⑨ 将虚拟内存在原来基础上增加500 MB。

⑩尝试安装Windows操作系统。建议在虚拟机软件创建的虚拟机上进行。安装时重新组织自己的硬盘分区，至少包括以下四个分区：C区用于存放操作系统、D区用于存放和安装个人需要的应用程序和工具软件等、E区用于存放重要文档和数据、F区用于存放歌曲电影等娱乐数据。（本题选做）

实验2
WPS文字排版基础

2.1 实验目的

- 了解WPS发展史，熟悉WPS文字的基本操作界面。
- 了解WPS文字的工作界面参数设置。
- 掌握WPS文字中打开、新建、编辑和保存文档操作。
- 掌握WPS文字中字符格式设置操作。
- 掌握WPS文字中段落基本格式设置操作。
- 了解WPS文字中给段落设置项目符号或进行编号。
- 掌握WPS文字中格式刷的操作方法。
- 掌握WPS文字中样式的应用、样式编辑和管理。
- 掌握WPS文字中页面布局设置操作。
- 掌握WPS文字中的查找与替换操作。

2.2 预备知识

2.2.1 WPS发展简介

WPS（word processing system）是中国金山软件公司开发的一款办公软件套件，其发展历史可以追溯到20世纪80年代末期。1988年，求伯君（曾被誉为“中国第一程序员”）开始独立开发中文文字处理系统，经过17个月的努力，于1989年推出了第一版WPS 1.0，成为当时中国市场上首款流行的文字处理软件。在推出之后，WPS迅速占领市场，成为国内主流的办公软件之一。但在随后的1996—2005年期间，由于微软的Office进入中国市场，对WPS形成了巨大挑战。在这一时期，WPS进行了重大改版，引入了更多的本地化特色功能以吸引用户。直到2005年WPS Office 2005发布，完成了用户环境向现代图形界面全面转型，开始提供更加贴近国内用户习惯的功能设计和服务。2009年以后，WPS持续优化用户体验，不仅支持Windows平台，还逐步推出Linux、Mac OS以及移动版本（Android和iOS），实现了多平台覆盖。

近几年来为了扩大市场份额，WPS的营销策略也不断进行调整，如采用了基础功能免费+增值服务收费的商业模式，吸引了大量个人用户及中小企业用户；加强了与政府机关、企事业单位的合作，逐渐成为中国本土办公软件的重要选择；整合云服务功能，随着云计算技术的发展，WPS也积极融入云端服务，提供在线文档编辑、协同办公等功能，满足日益增长的远程协作需求。

历经多次迭代升级，WPS已经成为一个集文字处理、电子表格、演示文稿、PDF阅读与编辑等多种功能于一体的综合办公软件套装，在国内外市场中占据重要地位。

本书均以“WPS365云办公服务专版”为例进行操作讲解。

2.2.2　WPS文字的工作界面

在WPS文字中打开一个文档后，其界面如图2-1所示。

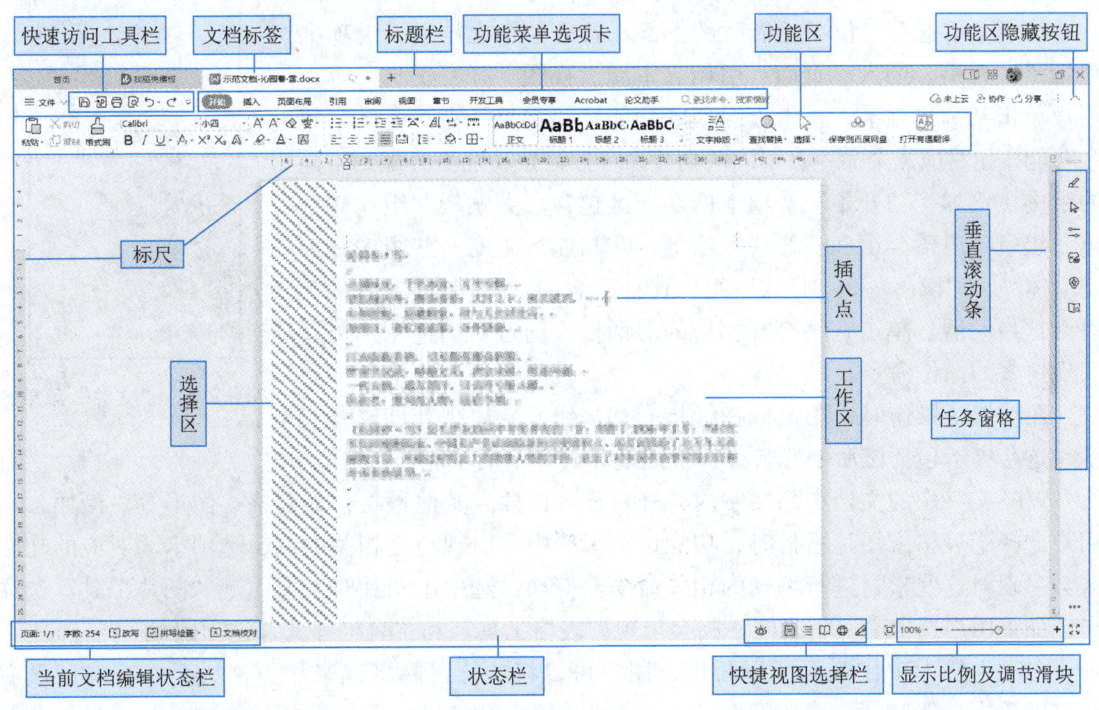

图 2-1　WPS 文字界面

1. 文档标签

“文档标签”位于窗口的顶端，用来显示当前打开文档名称和扩展名。如果在WPS中打开了多个文档，可以通过单击标签来选择要编辑的文档。窗口的右上角有3个按钮，分别用来控制窗口的最小化、最大化/还原和关闭应用程序。

2. 文件按钮和快速访问工具栏

当单击“文件”按钮，会展开对文档文件操作的菜单，如图2-2所示。它包含“新建”“打开”“保存”“另存为”等众多命令。

在快速访问工具栏中包含一些常用的命令按钮，多数操作时只需单击一下“快速访问工具栏”中的按钮即可实现相关的功能。默认的“快速访问工具栏”包括：“保存”、“打印”、“打印预览”、“撤销”和“恢复”按钮。用户可以单击该栏旁边的 ▿ 按钮展开“自定义快速访问工具栏”菜单，单击需要出现（前面没有✓的）在“快速访问工具栏”中的命令，就可以将该命令对应的按钮包含到该工具栏；对已经出现（前面有✓的）在快速访问工具栏的，该操作是将命令按钮从该工具栏删除；通过该菜单用户还可以选择“其他命令”，打开“选项”对话框，进行更多的自定义快速访问工具栏的相关操作；用户也可在该菜单下设置“快速访问工具栏”存放的位置。

WPS文字处理软件在保存文档时默认的文档扩展名为*.wps，另外，它还兼容微软Word软件的文件格式，同时还支持将文件存为PDF文件等格式。

3. 功能菜单选项卡和功能区构成

功能菜单选项卡位于功能区的上部。打开一个文档后，选项卡包括了“开始、插入、页面、引用、审阅、视图、开发工具”等，用户单击某个选项卡，该卡上对应的功能按钮将显示在功能区。每个功能按钮对应一个命令，不同的功能命令按钮按功能被分配到不同的组中。例如，“开始”选项卡的功能区包含“剪贴板”组、“字体”组、“段落”组和“样式”组等。在功能区中的一些组中，如“字体”、“段落”和“样式”组，其右下角有一个小图标⌟，称为对话框启动器。单击它将打开相应的对话框，通过对话框用户可以实现更多的操作命令。

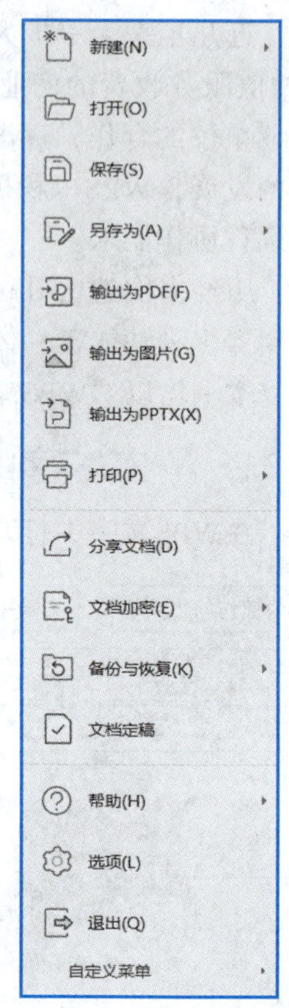

图 2-2 “文件”菜单

在功能区操作时，用鼠标指针指向某按钮，会出现智能屏幕提示，这些提示包括该命令的名称、快捷键和其详细的功能描述等。

WPS文字中的文档中除文字内容外，还可以插入其他素材，如表格、图形等。例如，当用户选择了表格或图片素材时，功能选项卡栏中会出现与之相关的编辑选项卡。对应的功能区会呈现对这些素材进行编辑的相关命令。例如：选中了图片时，会出现“图片工具”选项卡；如果用户选中了一个表格，则会出现“表格工具”和“表格样式”选项卡。

有时为扩大工作区的可视面积，用户可以将功能区隐藏起来，方法为：在功能区最右侧位置单击功能区“隐藏按钮”（︿），可以隐藏功能区，此时，原按钮变换为“显示功能区”按钮（﹀），单击它又可以将功能区恢复显示。

4. 工作区和文档视图切换

工作区是输入写作材料的区域，它占据大部分WPS的工作界面，在工作区可以对文档进行编辑和格式设置等操作。

在工作过程中用户可以选用WPS文字处理软件的不同视图，来适应不同的工作场景。图2-3所示给出了“视图”选项卡中的文档视图按钮。

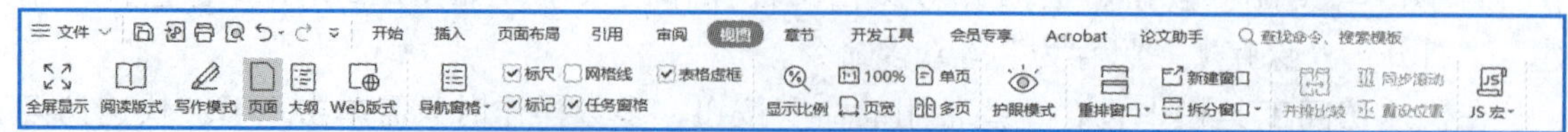

图 2-3 “视图”选项卡下对应的功能区

以下是一些主要的视图模式介绍：

① 页面视图：页面视图是WPS文字中默认的一种视图方式，它模拟了文档打印出来的效果，包括页眉、页脚、图形对象、分栏设置、页面边距等元素。在这个模式下，用户可以看到实际的页面布局，并进行精确排版。

② 全屏显示：全屏显示模式隐藏了工具栏和菜单栏等界面元素，将整个屏幕空间用于显示文档内容，有助于减少干扰，专注于阅读或写作。可以通过组合键【Ctrl+Alt+F】快速切换到该模式。

③ 阅读版式：阅读版式是为方便用户阅读而设计，提供类似电子书阅读器的体验，默认情况下呈现两栏布局，可通过键盘光标键（或显示在页面左右的虚拟翻页键）进行翻页，并且通常禁用编辑功能，便于实现沉浸式阅读。

④ 大纲视图：大纲视图展示了文档的大纲结构，允许用户集中查看并编辑文档的层次结构，如标题级别、子标题等。此视图尤其适用于组织长篇文档的结构，可以快速折叠或展开文档各部分文字性内容。

⑤ Web版式视图：Web版式视图模拟网页显示的效果，文本自动换行以适应窗口大小，适合于准备发布到Web上的文档或者电子邮件内容，便于预览在网页环境下的表现。

⑥ 写作模式：写作模式是一个专注创作的环境，进一步简化界面，仅保留最基本的编辑工具，尽可能减少视觉干扰，帮助作者更高效地专注于文字输入。

通过上述不同视图模式的选择和切换（在工作区的右下方有“快捷视图选择栏”，可以通过单击其中的按钮进行选择），用户可以根据当前任务的需求，从编辑、排版、审阅到纯粹阅读等多种目的来优化对文档的处理方式。

5. 状态栏

状态栏位于WPS窗口底部，其左侧显示当前文档编辑的状态信息，右侧有快捷视图选择栏和工作区显示比例及调节滑块。

拖动“显示比例”调节滑块可改变文档在屏幕上的显示大小，也可通过按住【Ctrl】键并同时滚动鼠标中键方式操作。其最小可以缩为10%，最大可以放大到500%。在页面视图下，较小的显示比例可以看到文档排版的整体效果，较大的显示比例则可以查看局部细节。

6. 选择区及文字选中方法

鼠标指针在工作区内部移动时，其指针形状为I，当指针进入页面左侧的选择区时，其指针形状变为↗。此时，单击将选中一行，双击将选中一个段落，三击将选中整篇文章。除了使用鼠标选中文字外，还可以使用键盘选中文字。

7. 移动插入点位置和用户操作的撤销

工作区中闪烁的一条黑色的竖线是光标，也称插入点。用户如需要将插入点重新定位，可通过表2-1所示的方法进行移动。

表 2-1　插入点的移动方法

键盘或鼠标操作	插入点移动效果
指针移动到目标位置后再单击	插入点就出现在单击处
键盘向上移动键（↑）	插入点向上移动一行
键盘向下移动键（↓）	插入点向下移动一行

续表

键盘或鼠标操作	插入点移动效果
键盘向左移动键（←）	插入点向左移动一个字符
键盘向右移动键（→）	插入点向右移动一个字符
键盘 PageUp 键	插入点向上移动一页
键盘 PageDown 键	插入点向下移动一页
键盘 Home 键	插入点移动到行的最左侧（头部）
键盘 End 键	插入点移动到行的最右侧（尾部）
键盘 Ctrl+Home	插入点移动到整篇文档的头部
键盘 Ctrl+End	插入点移动到整篇文档的尾部

定位插入点后，用户所有输入的内容将会出现在插入点处。在输入文字时如果状态栏改写显示为☒改写，则输入的文字内容不会覆盖插入点后面的内容。当用户按【Insert】键或单击状态栏上的“改写”按钮，则会变为☑改写状态，光标也变为一个闪烁的黑色方块。此时，输入文字会覆盖插入点后面的文字。

撤销操作用来撤销不正确的录入或格式化操作。其方法是按【Ctrl+Z】组合键（或单击快捷按钮↶）来撤销前一次的操作。连续按【Ctrl+Z】组合键则可以撤销前面的多次操作。如要恢复操作按组合键【Ctrl+Y】即可（或单击快捷按钮↷）。

按键盘上退格键（【Backspace】）用于删除插入点前面的字符，删除键（【Delete】）用于删除插入点后面的字符。

8. WPS编辑环境设置

用户在工作前应先掌握WPS文字处理软件工作界面的参数（标尺、标记、网格线、表格虚框、导航及任务窗格等）设置方法。通常进行的设置有：

① 双击标题栏使窗口最大化。

② 在“视图”选项卡中进行设置：单击“导航窗格”按钮，打开导航窗格；勾选“任务窗格”复选框，打开任务窗格；单击“显示比例”按钮，将工作区调整为合适比例；勾选“标尺”复选框，将标尺打开；单击“页面”按钮，选择页面视图。

单击“开始”选项卡，找到⇆按钮旁边下拉按钮，并勾选“显示/隐藏段落标记”及“显示/隐藏段落布局”复选框。

以上大部分设置还可以通过依次单击“文件”|“选项”|“视图”，在对话框中对选项进行勾选设置。

2.2.3 常见控制字符及其对应的按键

在利用WPS进行排版时，会使用到一些控制字符，部分控制字符在计算机屏幕上可以观察到，但不会出现在输出的打印效果中。

控制字符在WPS排版中扮演了非常重要的作用，其核心功能是控制WPS排版格式，但在打印时不会出现在纸张上。表2-2给出常见的WPS控制字符功能和其对应的输入方法。

表 2-2 控制字符及其输入方法

控制字符名称	控制字符符号	输入方法
段落标记（硬回车）	↵	Enter

续表

控制字符名称	控制字符符号	输入方法
手动换行符（软回车）	↓	Shift+Enter
半角空格	·	空格（西文输入法下）
全角空格	□	空格（中文全角状态下）
制表符	→	Tab 或 Ctrl+Tab
分页符	......分页符......	Ctrl+Enter
分节符	......分节符(下一页)......	"页面布局"选项卡中的"分隔符"按钮或"插入"选项卡中的"分页"按钮

① 段落标记的功能是将其后面的文字另起一行。即当按回车键时，将插入一个段落标记符。

② 手动换行符的功能同样是将其后面的文字另起一行。有时从网站的网页中复制内容并粘贴到WPS后，可以看到行与行之间不是段落标记，而是手动换行符。如需要，可以通过查找替换功能将手动换行符替换为段落标记符。

③ 在英文输入状态下，按空格键，将输入一个半角空格。半角空格也称为西文空格，其常见功能是分隔英文单词。

④ 在中文输入法的"全角"状态下，按空格键，将输入一个全角空格。全角空格也称为中文空格，在排版中也往往将其替换为半角空格。

⑤ 制表符会产生连续的一段空白，用于将内容间隔开。当将表格转换为文本时，其列间通常使用制表符分隔。

2.2.4　WPS文字处理软件的基本操作

1．文档创建与打开

新建文档：通过选择"文件"|"新建"|"从默认模板新建"菜单命令，或使用组合键【Ctrl+N】创建新文档。

打开文档：通过选择"文件"|"打开"命令，从弹出的"打开文件"对话框中选择要打开的文件，或使用组合键【Ctrl+O】打开已有的文档。

2．保存与打印文档

保存文档：单击"文件"|"保存"命令，或使用组合键【Ctrl+S】保存文档；也可以选择"另存为"命令，从展开的列表中选择要保存的文件格式。

打印预览及打印：使用"文件"|"打印"命令，从展开的列表中选择打印操作的类型。当选择"打印预览"命令时可进行打印前预览，并进行打印的相关参数设置（按【Esc】键或单击"关闭"按钮，可退出预览）。

3．字体格式设置

字体格式设置包括字体、字号、颜色、加粗、斜体等设置。用户可通过"开始"选项卡中的字体设置功能组相关按钮命令，或打开"字体"对话框进行相关设置，如图2-4所示。

常见字体格式属性及其对应的格式样例见表2-3。

表 2-3　常见字体格式属性及其对应的格式样例

字体格式属性名称	示　例
字体	宋体、仿宋体、楷体、**黑体** Times New Roman、Arail
字形	**加粗**、*斜体*、下画线
字号	四号、小四、五号、小五号、10 磅、12 磅、18 磅
颜色	自动、红色、绿色、蓝色
下画线	双下画线　点下画线
上标和下标	X 上标、X 下标
艺术字	艺术字 1　艺术字 2　艺术字 3
突出显示文字	突出显示文字
隐藏	正常文字　隐藏文字

字号大小描述可以混用中文和西文两种不同字号大小度量单位，就是说，文档中的中西文均可以使用这两种度量单位。中文采用“号”为单位度量字体大小，其初号字体最大，八号字体最小。西文采用“磅”为单位度量字号大小，可以直接选用的字号72磅最大，5磅最小（用户也可以手工输入字号的大小，不受选用限制）。

4. 段落格式设置

段落格式设置包括“缩进和间距”及“换行和分页”，具体有：文本对齐方式（左对齐、右对齐、居中、两端对齐）、文本缩进格式、一个段落前后的距离、段落内行与行之间的距离、制表位的设置，以及换行、分页和字符间距等。用户可通过“开始”选项卡中的段落设置功能组相关按钮命令，或打开“段落”对话框进行相关设置，如图2-5所示。

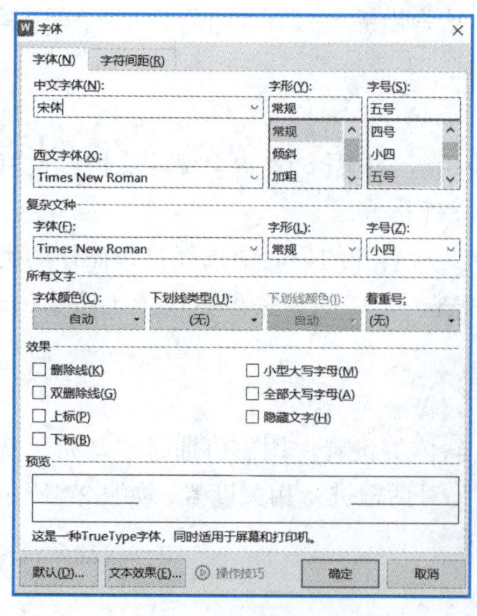

图 2-4　“字体”对话框

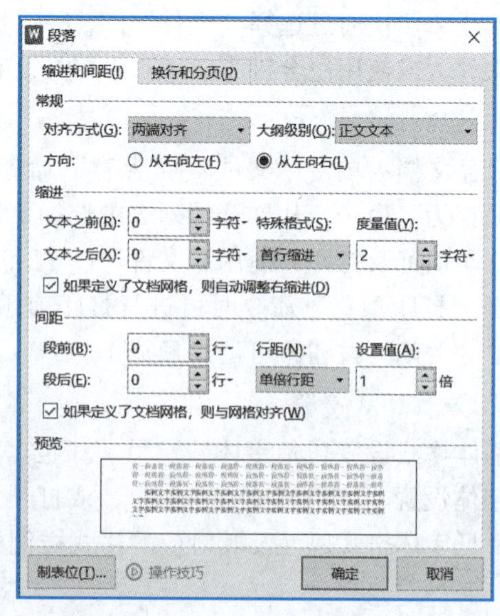

图 2-5　“段落”对话框

段落是WPS文字软件的基本控制单位，当段落标记设置为显示时，每当按一次【Enter】键，都会在行末出现一个段落标记符。按【Shift+Enter】组合键仅表示换行，在行末出现一个↓符号，其后（直到下一个段落标记符出现前）的内容与之前的内容同属一个段落。任何格式的排版都是由段落格式设定的。段落格式样例见表2-4。

表 2-4　常见段落格式属性及其对应的格式样例

段落格式属性	设置单位	示　例
对齐方式		左对齐↵ 右对齐↵ 居中对齐↵ 两端对齐↵ 分　散　对　齐↵
段前间距 段后间距 行间距	磅、英寸、厘米、毫米或行	↵ 段前距 春风拂面绿芽长，细雨绵绵润大地。燕子归来寻旧巢，桃花绽放映日辉。↵ 段后距 山间溪水潺潺流，田野麦浪滚滚翻。人生苦短如梦逝，珍 行间距 惜当下莫蹉跎。↵
项目符号		●→网状拓扑↵ ●→星形拓扑↵ ●→环形拓扑↵ ●→总线拓扑↵
编号		(1)→网状拓扑↵ (2)→星形拓扑↵ (3)→环形拓扑↵ (4)→总线拓扑↵
首行缩进 悬挂缩进 左缩进 右缩进	磅、英寸、厘米、毫米或行	首行缩进→春风拂面绿芽长，细雨绵绵润大地。燕子归来寻旧巢，桃花绽放映日辉。↵ 悬挂缩进→山间溪水潺潺流，田野麦浪滚滚翻。人生苦短如梦逝，珍惜当下莫蹉跎。↵ 左缩进→这首诗描述了春天的景象，通过春风、细雨、燕子、桃花、溪水、麦浪等自然元素，展现了大地生机勃勃、万物复苏的美好景象。↵←右缩进 无缩进→同时，通过“人生苦短如梦逝，珍惜当下莫蹉跎”的语句，传达了珍惜时光、把握当下的深刻哲理。↵ ↵

说明：

① 左缩进是指整个段落文字左边的缩进距离。

② 右缩进是指整个段落文字右边的缩进距离。

③ 首行缩进是指段落第一行文字的缩进距离。如果段落只有一行文字，则控制整个段落文字的缩进距离。

④ 悬挂缩进是指段落除第一行文字之外的文字缩进距离。如果段落只有一行文字，则不起作用。

⑤ 间距是指段落与段落之间的距离。常用单位是行、厘米、磅。

⑥ 行距是指一个段落内，行间文字间距。常用单位是行、厘米、磅。一般撰写文档设定单倍行距为宜。论文与长文档可以根据不同的要求设置。

5. 字体、段落对象选中方法与复制、粘贴

WPS文字处理软件排版时一般操作步骤是：

① 选中对象，并用指针指向选中的对象。

② 右击，将会出现与选中对象相关的快捷菜单。

③ 从快捷菜单中选择相应命令即可实现对选中对象的操作。

其中最重要的操作步骤是选中对象，这是保证操作正确的关键。

字体对象选中方法既可以使用鼠标也可以使用键盘。

使用鼠标选中字体对象最常见的方法是使用鼠标在工作区进行拖放操作选中字体对象。结合插入点，使用键盘选中字体对象的方法见表2-5。

表 2-5　结合插入点使用键盘选中文字的方法

键盘操作	选中的效果
Shift+ ←	选中插入点左边的一个字符
Shift+ →	选中插入点右边的一个字符
Shift+ ↑	选中从插入点向上一行的所有字符
Shift+ ↓	选中从插入点向下一行的所有字符
Shift+PageUp	选中插入点向上一页的所有字符
Shift+PageDown	选中插入点向下一页的所有字符
Ctrl+A	选中整篇文档

也可以利用WPS工作区最左侧的选择区来选中字体对象，即单击选中一行，双击选中一个段落，三击选中整篇文档。

在选中文字后，按【Ctrl+C】组合键表示复制，按【Ctrl+X】组合键表示剪切。若按【Ctrl+V】组合键则将复制的内容粘贴到插入点处。

段落对象选中方法和字体对象选中方法操作相同。和字体对象不同的地方是当选中一个段落时，只需要将插入点放在这个段落，即选中了该段落。

当使用字体对象的选中方法，跨越了多个段落时，其所有包含的段落均为选中的段落。图2-6所示为选中了5个段落。

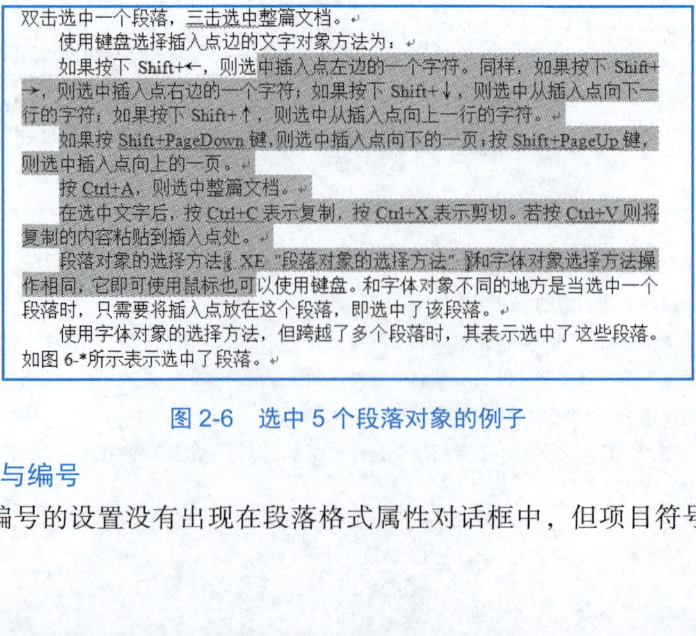

双击选中一个段落，三击选中整篇文档。↵
使用键盘选择插入点边的文字对象方法为：↵
如果按下 Shift+←，则选中插入点左边的一个字符。同样，如果按下 Shift+→，则选中插入点右边的一个字符；如果按下 Shift+↓，则选中从插入点向下一行的字符；如果按下 Shift+↑，则选中从插入点向上一行的字符。↵
如果按 Shift+PageDown 键，则选中插入点向下的一页；按 Shift+PageUp 键，则选中插入点向上的一页。↵
按 Ctrl+A，则选中整篇文档。↵
在选中文字后，按 Ctrl+C 表示复制，按 Ctrl+X 表示剪切。若按 Ctrl+V 则将复制的内容粘贴到插入点处。↵
段落对象的选择方法{ XE "段落对象的选择方法" }和字体对象选择方法操作相同，它即可使用鼠标也可以使用键盘。和字体对象不同的地方是当选中一个段落时，只需要将插入点放在这个段落，即选中了该段落。↵
使用字体对象的选择方法，但跨越了多个段落时，其表示选中了这些段落。如图 6-*所示表示选中了段落。↵

图 2-6　选中 5 个段落对象的例子

6. 项目符号与编号

项目符号和编号的设置没有出现在段落格式属性对话框中，但项目符号和编号特性是跟

随段落标记存在的，因此，其设置被归到段落设置功能组中。

对项目符号和编号的应用或修改操作方法如下：

① 选中需要应用项目符号或编号的多个段落，右击，出现图2-7 所示的右键快捷菜单。

② 选择快捷菜单中的“项目符号和编号”命令，打开图 2-8 所示的“项目符号和编号”对话框。对话框中共有 4 个选项卡，包括“项目符号”、“编号”、“多级编号”和“自定义列表”，本节主要介绍前两个选项卡的使用，另两个在后续章节中介绍。例如，“编号”选项卡选中后，有 8 个预览示例供用户进行选择，第一项“无”表示不用编号，用户需要编号时，根据需要从其余 7 个选项中进行选择。

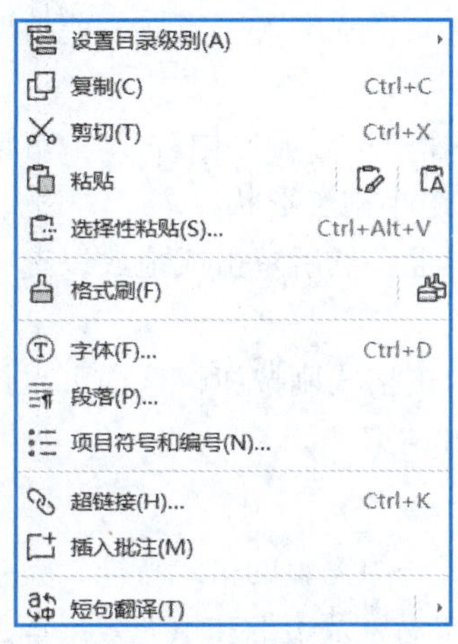

图 2-7　右键快捷菜单

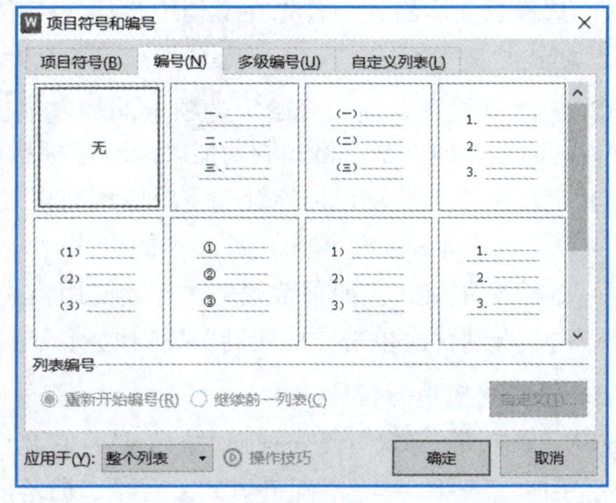

图 2-8　“项目符号和编号”对话框

③ 当对选中的编号样式要进一步进行设置时，可在对话框中单击“列表编号”下的“自定义”按钮，打开图2-9所示的对话框，对编号格式进行进一步的设置，最后单击“确定”按钮。

如果是要对选定的内容设置项目符号，在图2-8所示对话框中，要选择“项目符号”选项卡，之后再选择一种具体项目符号类型，也可以通过“自定义”按钮打开图2-10所示的对话框定制项目符号。

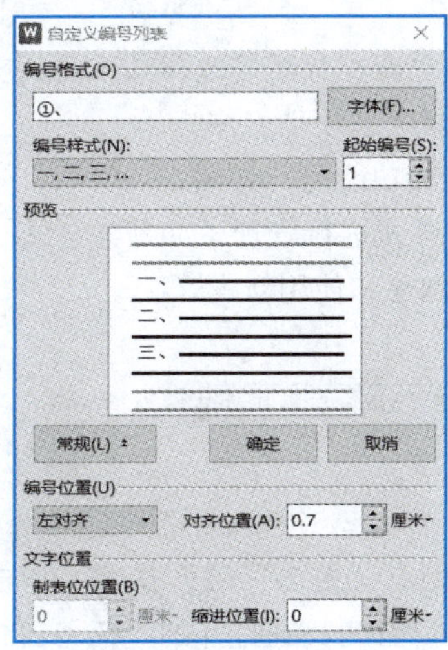

图 2-9　“自定义编号列表”对话框

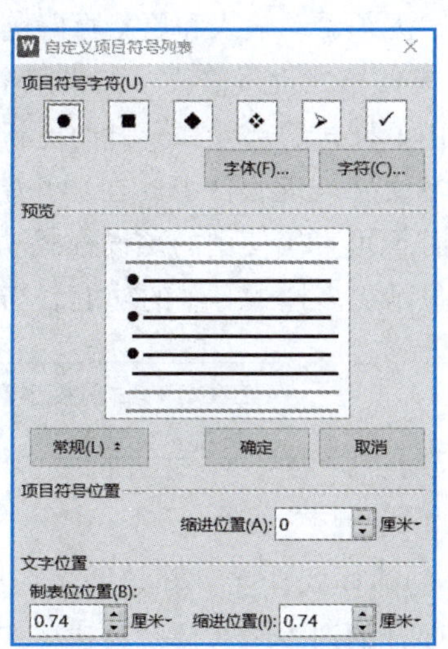

图 2-10　“自定义项目符号列表”对话框

WPS为用户提供了自动编号列表功能，在某些状态下其会对输入的内容自动应用编号。如用户不想被自动编号干扰，可通过依次单击“文件”|“选项”命令，打开“选项”对话框，在“编辑”下找到“自动编号”，取消“键入时自动应用自动编号列表”复选框的勾选即可。

7. 格式刷

格式刷是WPS文字中一个非常实用的工具，它的主要功能是用来复制并应用文档中已有对象的格式设置。格式刷可以帮助用户快速将一段文本的格式样式（包括字体、字号、颜色、对齐方式、行距等）应用于另一段文本，从而避免重复设置相同格式的工作（格式刷仅复制并应用文本的格式属性，不包括内容本身）。使用格式刷的具体步骤如下：

① 选择源文本格式。首先在文档中将插入点定位在想要复制格式的文字之后，或选中要复制其格式的文本区域。

② 激活格式刷。在“开始”选项卡的最左侧区域中可找到“格式刷”图标，单击一次格式刷按钮，即可激活格式刷功能。此时鼠标指针会变成一个小刷子形状。

③ 应用格式。移动鼠标指针到需要应用新格式的目标文本上，然后单击或拖放以选中目标文本，所选文本就会立即采用源文本的格式。

④ 连续应用格式。如果希望多次连续使用格式刷，可以双击格式刷按钮，这样可以持续应用格式，直到再次单击“格式刷”按钮取消或者按【Esc】键结束。

8. 样式的应用与管理

在WPS中，“样式”是一种强大的工具，它允许用户预定义一组完整的格式特征，包括但不限于字体、字号、颜色、对齐方式、行距、段落间距、页面布局以及边框和填充效果等，并将这些格式捆绑在一起，赋予一个名称，形成一个可复用的样式模板。通过样式的管理和应用能够简化复杂文档的排版工作，并使得文档中格式保持一致。使用样式具体有如下优点：

① 统一格式。样式可以保证所有相同类型的元素（例如各级标题、正文、引用、列表项等）都具有相同的格式，增强文档的专业性和整体感。

② 提高编辑效率。只需一次性定义样式，之后在整个文档中只需要应用相应的样式即可快速设置格式，大大提高了工作效率，尤其是在文档结构频繁调整时尤为明显。

③ 方便目录自动生成。使用样式设定的标题层级可以使得后续WPS文字处理软件自动构建目录，无须手动输入和更新页码链接。

④ 方便格式批量修改。如果某个样式的格式需要全局更改，只需修改样式本身，文档中所有采用该样式的部分都会自动更新，避免了逐个查找和修改的烦琐工作。

WPS文字处理软件中，在“开始”选项卡的中部有样式功能组，如图2-11所示，该组中包含了若干可直接使用的预设样式功能按钮，并提供了对样式进行管理（如新建样式、清除格式及显示更多样式等）的功能。当有需要时用户可自己创建和使用新样式。

图 2-11　样式功能组

① 创建样式。在“开始”选项卡的“样式”区域右侧有“更多”展开按钮，单击该按钮，从展开的列表中选择“新建样式”命令（或在WPS窗口右侧找到打开的“任务窗格”，

单击“样式和格式”对话框启动按钮，打开“样式和格式”对话框，再单击“新样式”按钮），打开图2-12所示的“新建样式”对话框。

在打开的对话框中，输入要新建的样式名，并可以按照需要，通过对话框左下方的“格式”按钮，设置新样式的字体、段落、制表位、边框、编号等格式属性，以及为新样式绑定快捷键，最后单击“确定”按钮。

② 应用样式。将插入点置于需要应用样式的文本或段落中，从样式列表中找到要设置的相应样式，单击即可应用该样式，文本就会立即按照预设的格式进行转换。

③ 修改样式。对已有样式格式要进行修改时，只要在样式选定框中相应样式上右击，在弹出的快捷菜单中选择“修改样式”命令，其余操作步骤与新建样式相同。要注意的是，修改已存在的样式，所做的更改会影响到所有已经使用该样式的文本。

④ 删除样式。对于不想再使用的样式，可以通过在该样式上右击，在弹出的快捷菜单中选择“删除样式”命令进行删除。要注意的是，该操作会影响到已经应用此样式的文本。

9. 页面布局设置

在WPS Office的文字处理软件中，页面布局设置用于设置文档的外观和打印效果。通常在页面布局中做的操作包括页边距设置，纸张方向、大小设置，分栏，文字方向等。多数设置均可通过WPS文字处理软件中的“页面设置”对话框（见图2-13）进行布局。

图 2-12　“新建样式”对话框

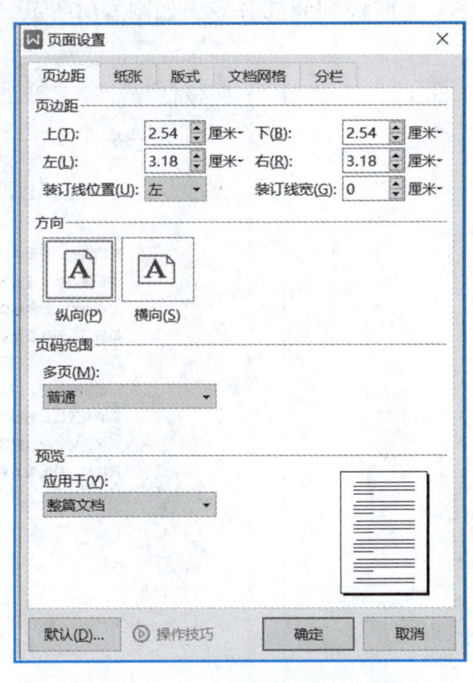

图 2-13　“页面设置”对话框

该对话框可通过“页面布局”选项卡 | “页边距” | “自定义页边距”命令打开，它提供了页边距、纸张、版式、文档网格、分栏五个选项卡，这些选项卡提供了定义图2-13中所示的页面参数设置（主要是确定版心的位置），及其他（如页面内容多栏排版、文字方向、是否指定网格、每页行数、每行字符数等）设置。对话框中未包含的功能，用户可通过“页面布局”选项卡功能区中的其他功能按钮进行设置，如页面内每行的编号、页面的背景、边框和稿纸设置等。

页面设置中核心的概念包括：

① 纸张大小。纸张大小通常使用宽×高来表示，ISO 216是国际标准化组织（ISO）所定义的纸张尺寸国际标准，为世界上大多数国家所使用。常用的纸张尺寸包括：A4（210 mm×297 mm）、A3（297 mm×420 mm）、B5（176 mm×250 mm）、B5 JIS（182 mm×257 mm）、16开（184 mm×260 mm）等。

② 上、下、左、右页边距。在确定纸张大小以后，纸张的上、下、左、右需要留出区域，其剩下的就是工作区在页面视图下可以编辑的部分，这部分称为版心。WPS页面视图下，灰色四个折线顶点合围的长方形部分就是版心。

③ 页眉、页脚。与生活中一些顶部印有单位名称、底部印有页码的信笺类似，上页边距留出的区域包含了页眉，它可以印制单位名称。下页边距留出的区域包含了页脚，它可以包含联系电话、页码等内容。在编辑书籍或论文这样的长文档时，其内容按封面、前言、目录、正文、参考文献等不同单元组织。不同单元需要使用不同的页眉、页脚，这样使长文档可读性更好。

页眉顶端距上边界距离和页脚底端距下边界距离，均指离纸张边界的距离。

④ 脚注。脚注并不属于页面设置部分的内容。但由于其容易和页脚混淆，为区分方便，此处给出了脚注的内容。

②～④所提到的部分概念如图2-14所示。

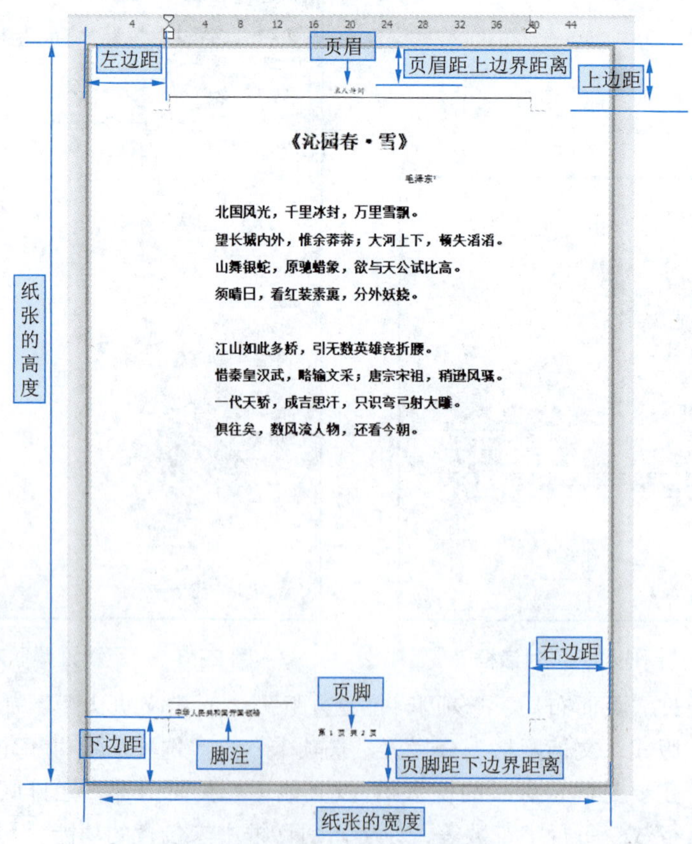

图 2-14　页面设置的部分参数

在页面视图下，插入点通常位于版心的某处，此时能够对版心内容进行格式设置和编辑，但页眉、页脚却呈现灰色不可编辑状态。如要进入页眉（页脚）编辑状态，方法是：先将鼠标指针指向页眉或页脚空白处，再双击即可进入页眉（页脚）编辑状态，或者通过单击“章节”选项卡|“页眉页脚”按钮即可进入编辑状态。在进入页眉（页脚）编辑状态后，插入点处于页眉或页脚处，此时版心内容为灰色不可编辑状态。编辑完成后按【Esc】键或在版心处双击即可退出页眉（页脚）编辑状态。

10. 查找与替换

WPS中进行编辑时常用到的一个重要功能是查找和替换。该功能不仅能够快速定位文档中的目标文本，还能高效地批量修改文本内容，极大地提升工作效率。

（1）查找功能

① 打开“查找和替换”对话框。先打开WPS文字的文档，单击“开始”选项卡 |“查找替换”按钮（放大镜图标），或者直接使用组合键【Ctrl+F】，打开“查找和替换”对话框，如图2-15所示。

② 输入查找内容和设置查找条件。

弹出的“查找和替换”对话框中，在“查找内容”文本框内输入要查找的文字或字符。根据需求可以单击“高级搜索”按钮，选择以下选项：

- “搜索”：可以选择“向上”、“向下”或“全部”，其中“全部”表示要在整个文档范围内进行查找。
- “区分大小写”：在搜索时考虑字母的大小写差异。
- “全字匹配”：只有完全一致的内容才会被查找到。
- “使用通配符”：允许使用特定的符号如星号（西文*号）代表0个或任意多个字符，问号（?）代表一个字符等。例如，查找内容“实*务”，表示要找以“实”字开头，“务”字结尾，中间可以有任意多个字符的内容。
- “区分全/半角”：一些特殊的汉字符号有全角和半角的区分，勾选该项表示查找时要进行区分。

当选择“突出显示查找内容”|“全部突出显示”后，可以看到所有找到的查找内容都被高亮显示，再次选择“突出显示查找内容”|“清除突出显示”，被高亮标注的内容又被还原。单击“在以下范围中查找”按钮可以设定是在“主文档”、“页眉和页脚”或“主文档中的文本框”中进行查找。

③ 特殊查找操作。

- 查找格式：单击“查找内容”下方的“格式”按钮，可以查找特定格式的文本，例如，查找所有粗体、斜体、下画线、删除线、颜色等特定字体样式的文本、查找具有特定对齐方式（左对齐、居中、右对齐、两端对齐）、行间距、段前段后间距、列表样式等的文本段落、查找具有某种样式的文本，例如超链接、已访问过的超链接、高亮文本等。如果指定的查找文本不满足指定格式，将不会被找到。
- 查找特殊格式字符：将插入点定位在查找内容输入框中，之后单击“特殊格式”按钮，再进行选择即可，如图2-16所示。

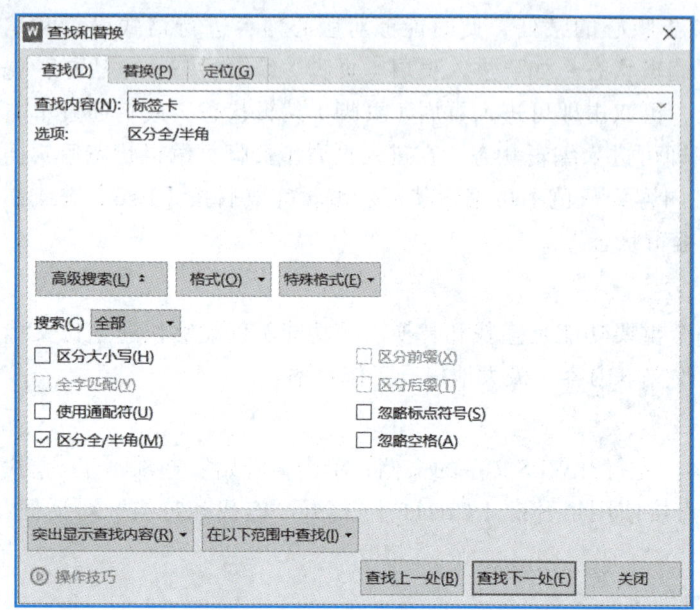

图 2-15 “查找和替换”对话框

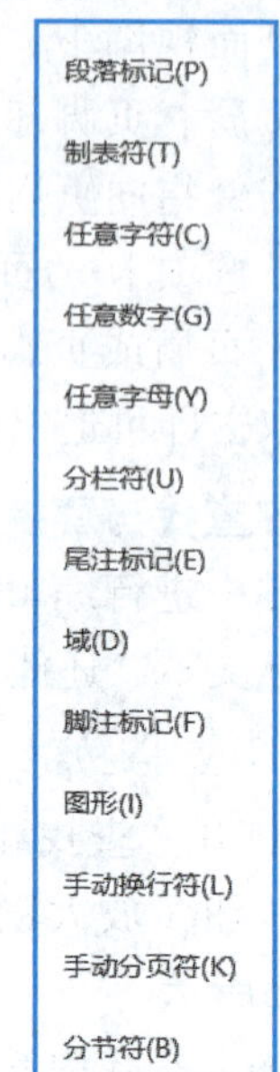

图 2-16 特殊格式字符

④ 执行查找。单击“查找下一处”按钮，系统会自动跳转到文档中第一个匹配项的位置。单击“查找下一个”按钮继续查找后续匹配项。

（2）替换功能

① 启动替换操作。在已打开的“查找和替换”对话框中切换到“替换”选项卡。在“查找内容”文本框中输入需要替换的原文，在“替换为”文本框中输入替换后的新内容。

② 设置替换条件。

同样可以勾选“全字匹配”“区分大小写”“使用通配符”，以及设置查找“格式”等功能。例如，要将文档中的半角句号字符换成全角句号字符，可通过以下操作实现。

单击“高级搜索”，勾选“区分全/半角”，在“查找内容”中输入半角句号，“替换为”中输入全角句号，最后单击“全部替换”按钮即可。

③ 执行替换。单击“替换”按钮，将把当前查找到的第一个匹配项替换为新内容，并保持查找状态继续寻找下一个匹配项。如果想一次性替换所有匹配项，则单击“全部替换”按钮。替换过程完成后，对话框会显示已替换的次数。

④ 预览和确认替换。

对于重要文档，建议先逐个替换并查看替换结果，确保无误后再进行批量替换。

用户可以利用替换操作实现删除操作。例如，要删除空格等控制字符。先选中、复制相应控制字符，之后打开“查找和替换”对话框，并在“查找内容”文本框中进行粘贴，此时“查找内容”文本框中已经放置这些控制字符，但不会显示出来。在“替换为”文本框中不放置任何字符。最后单击“替换”或“全部替换”按钮，即可删除部分或整篇文档中相应的控制字符。

（3）定位功能

在WPS文字处理软件的查找与替换功能中，除了基本的查找和替换文本内容外，还具有强大的定位功能。定位功能可以帮助用户快速跳转到文档中的特定位置或满足特定条件的段落。

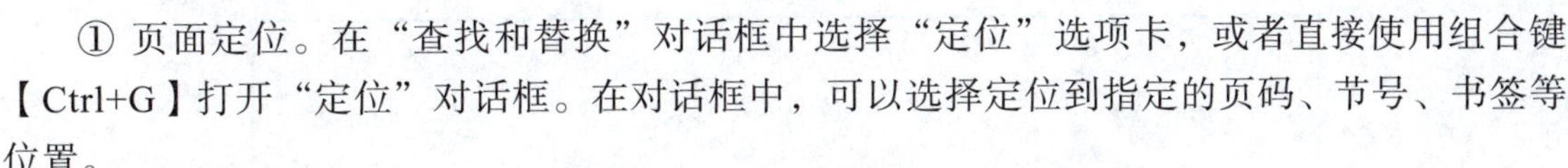

① 页面定位。在“查找和替换”对话框中选择“定位”选项卡，或者直接使用组合键【Ctrl+G】打开“定位”对话框。在对话框中，可以选择定位到指定的页码、节号、书签等位置。

② 特殊定位功能：

- 批注：定位到某一审阅者所作批注进行查看。
- 脚注和尾注：可以直接定位到指定编号的脚注/尾注进行查看和编辑。
- 节号和行号定位：输入具体的节号或行号，可快速跳转到该节或行。
- 标题：输入标题编号，直接将光标定位到对应编号的标题。

2.3　实验任务

本次实验任务围绕WPS文字处理软件的基本操作展开，涵盖WPS文字软件界面使用、针对文字内容进行编辑，设置字体和段落属性、样式的创建与应用、使用查找替换工具等，具体实验任务如下：

① 练习对WPS文字处理软件工作界面的整理和使用。

② 练习WPS文字中新文档的创建、内容的编辑修改以及文档保存等操作。

③ 练习WPS文字中字符格式设置操作，包括字体、字号、字形、颜色、上下标等。

④ 练习WPS文字中给段落设置缩进与间距操作，以及给段落设置项目符号或编号。

⑤ 练习WPS文字中格式刷的操作。

⑥ 练习掌握WPS文字中样式的应用、样式编辑和管理。

⑦ 练习WPS文字中页面布局设置操作，包括页边距、纸张、文字方向、背景、边框底纹和页面分栏等。

⑧ 练习WPS文字中的查找与替换操作。

2.4　实验指导

2.4.1　WPS工作界面整理和使用

使用WPS打开与本书配套的实验二文件。完成下列几个方面的操作。

1. 创建一个新的WPS文字文档

打开WPS Office软件，选择WPS文字，创建一个空白文档，并在文档中输入图2-17所示的内容，并将文档存盘命名为“名人诗词.wps”。后续操作针对该文档完成。

2. WPS工作界面整理

① 单击“开始”选项卡|“显示/隐藏编辑标记”旁的下拉按钮，选择相关选项，查看文档中的空格、制表符和段落标记等信息。

② 单击“视图”选项卡，勾选“标尺”和“任务窗格”复选框，使得工作区上方和左边出现标尺、窗口的最右边出现“任务窗格”，再在出现的“任务窗格”空白处右击，选择“显示功能名称”命令。

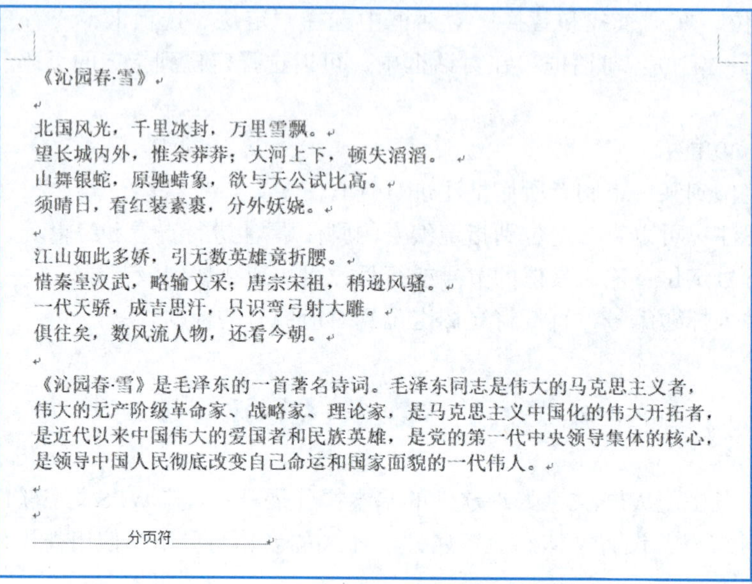
《沁园春·雪》

北国风光，千里冰封，万里雪飘。
望长城内外，惟余莽莽；大河上下，顿失滔滔。
山舞银蛇，原驰蜡象，欲与天公试比高。
须晴日，看红装素裹，分外妖娆。

江山如此多娇，引无数英雄竞折腰。
惜秦皇汉武，略输文采；唐宗宋祖，稍逊风骚。
一代天骄，成吉思汗，只识弯弓射大雕。
俱往矣，数风流人物，还看今朝。

《沁园春·雪》是毛泽东的一首著名诗词。毛泽东同志是伟大的马克思主义者，伟大的无产阶级革命家、战略家、理论家，是马克思主义中国化的伟大开拓者，是近代以来中国伟大的爱国者和民族英雄，是党的第一代中央领导集体的核心，是领导中国人民彻底改变自己命运和国家面貌的一代伟人。

分页符

图 2-17　用户创建的新文档内容

③ 通过拖动显示比例滑块，调整工作区显示比例至适当的大小。

3. 练习将文档切换到不同视图

① 单击“视图”选项卡，用相关命令按钮在页面、大纲、阅读、写作及Web版式等不同视图间的切换。

② 使用状态栏右边“快捷视图选择栏”按钮进行视图的切换。

4. 查看插入点位置的字体和段落格式属性

① 将插入点移动到文档不同位置，观察“开始”选项卡中“字体”下拉列表框和“字号”下拉列表框中取值的变化。了解插入点所在位置的“字体”和“字号”格式信息。

② 将插入点移动到文档不同位置，查看“开始”选项卡中加了灰色底色衬托的按钮（表示插入点位置的对象应用到了该设置）。查看插入点所在段落对应的对齐方式格式属性和“样式”信息。

5. 字体、段落对象选择方法

分别在选择区和工作区进行练习，用鼠标或键盘组合按键，实现对字体及段落对象进行选中操作。

2.4.2　字体格式属性设置练习

1. 使用“字体”对话框设置

完成下列操作时，不使用格式刷工具和“开始”选项卡“字体”组中的按钮。

① 在后续的操作中，先选中文字对象，再将鼠标指针指向选中的文字，通过右击的方式，在快捷菜单中选择“字体”命令，打开“字体”对话框，完成字体格式属性查看和设置。

② 设置该词词牌名（即第一段落包含的内容）的字体格式，具体要求为：“中文字体”隶书，“字形”加粗，“字号”三号。

③ 设置该词内容（第三至六段和第八至十一段）的字体格式，具体要求为：“中文字体”为宋体，“字形”为常规，“字号”四号，“字体颜色”蓝色。

④ 设置文档的第十三段字体格式，具体要求为：“中文字体”楷体，“西文字体”Times New Roman，“字号”小四，“字符间距”|“间距”加宽0.05厘米。

2. 使用“开始”选项卡“字体”组的功能按钮完成字体设置

① 找到文中“裹”和“逊”二字，单击拼音指南按钮（ 變 ），打开“拼音指南”对话框为其加上注音，并在该对话框中将“属性设置”中的“字体”设置成Arial字体。

② 单击下画线按钮 U· 右边的三角形，为文字“伟大的无产阶级革命家、战略家、理论家”加上红色波浪形下画线，通过突出显示按钮 ✍·，用黄色突出显示“开拓者”三个字。

③ 单击字符底纹按钮 A，为文字“第一代中央领导集体的核心”添加灰色底纹。

2.4.3　段落格式属性设置练习

1. 使用“段落”对话框设置

完成下列操作时，不使用格式刷工具和“开始”选项卡“段落”组中的按钮。

① 在后续的操作中，先移动插入点到需要查看或设置的段落，再通过右击的方式，在快捷菜单中选择“段落”命令，打开“段落”对话框完成段落格式属性（如段前间距和段后间距）的查看和设置。

② 设置该词的词牌名段落格式，具体要求为：“对齐方式”居中对齐，“间距”段前1行、段后0.5行。

③ 设置该词的正文内容段落格式，具体要求为：“对齐方式”左对齐，“缩进”特殊格式首行缩进5字符、“间距”行距固定值32磅。

④ 设置文档的第十三段格式，具体要求为：“对齐方式”两端对齐，“缩进”文本之前4字符、文本之后2字符、特殊格式首行缩进2字符，“间距”行距单倍行距。

2. 使用“开始”选项卡“段落”组的按钮完成段落格式设置

① 将插入点定位在第十三段中，移动鼠标指针让它指向图2-18所示的“段落”组中某个命令按钮，静待1秒，指针下方会出现一段关于该按钮的功能说明或操作指导，在认真阅读之后，单击，观察单击后段落发生的变化，以理解记忆这些按钮的功能。每次操作后，按撤销键（【Ctrl+Z】），让段落回到单击之前的状态，消除当前操作对后续操作的影响。

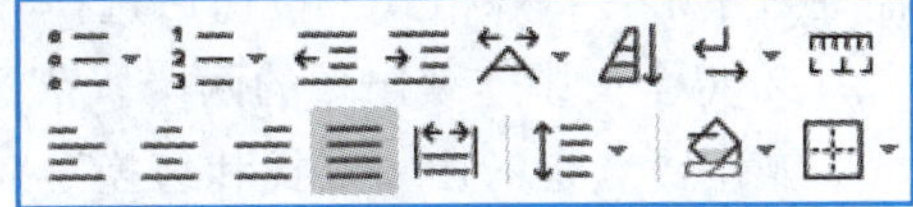

图 2-18　段落组的命令功能按钮

② 通过“项目符号”按钮为该文档的第三段至第六段添加项目符号 ●，通过“编号”按钮为第八段至第十一段添加编号 1.。

在后面对长文档的排版实验中还将学习多级编号，多级编号是为满足文档内容间层次逻辑表达需要而设计的。

2.4.4　查找、替换和格式刷练习

对“名人诗词.wps”文档完成下列操作。

1. 复制、粘贴练习和字体格式替换

① 选中第十三段，使用复制、粘贴方法，将该段落粘贴两次。

② 将全文中的“英雄”两字全部替换为蓝色、宋体、三号字、加粗、带着重号的“英雄”。

其操作要点是：先按【Ctrl+H】组合键打开“查找和替换”对话框，然后在“替换”选项卡下的“查找内容”文本框中输入“英雄”；同样在“替换为”文本框中也输入这两个字，并且当光标停留在该输入框中时，单击下方的“格式”按钮，在下拉列表中选中“字体”命令，再在打开的“查找字体”对话框中按操作要求进行相应选择设置，设置完成后，在对话框中单击“确定”，关闭对话框；最后回到“查找和替换”对话框（得到图2-19所示结果），单击“全部替换”按钮，操作即完成。

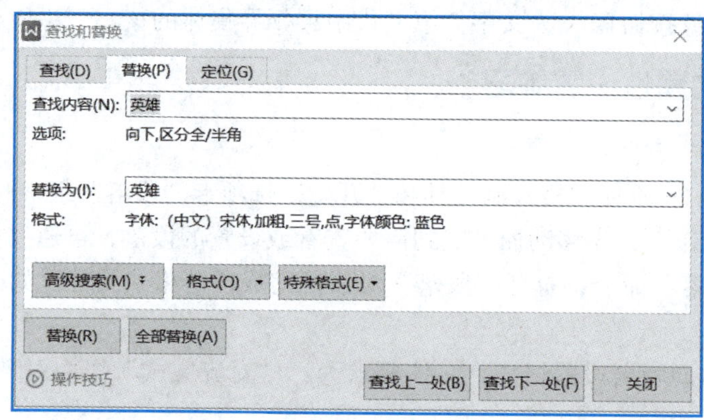

图 2-19 查找替换字体格式

2. 空白符和控制字符替换

① 将全文中的空白字符（按空格键和【Tab】键产生的）删除。操作要点是：在“查找和替换”对话框的“查找内容”文本框中输入空格，“替换为”文本框中什么都不输入，之后单击“全部替换”按钮，或逐一进行“查找下一处”和“替换”。如果要查找Tab字符，需通过单击“特殊格式”按钮后选择“制表符”（或键盘输入^t）完成输入。

② 将全文中连续出现的两个段落标记删除为一个段落标记（要求使用替换方法）。

操作要点是：在“查找和替换”对话框的“查找内容”文本框处，通过“特殊格式”两次选择输入两个段落标记或手工输入^p^p，“替换为”文本框中输入一个段落标记，之后再进行替换。

3. 应用格式刷

利用“开始”选项卡中的格式刷将已经存在的格式应用到其他地方。

① 选中文中的文字或段落对象，然后单击（或双击）格式刷，此时，鼠标指针变成带刷子的形式，这表示选中的文字或段落格式已经复制。

② 利用鼠标对文字进行拖放操作，则可以将（1）中复制的文字格式应用到拖放操作选中的字体对象上。利用鼠标对段落进行单击操作，则可以将（1）中复制的段落格式应用到单击操作选中的段落对象上。同样，做拖放操作则可以将选中的多个段落应用（1）中复制的段落格式。

注意，单击“格式刷”按钮，只能使用一次，若是双击，则格式刷则可使用多次。

2.4.5　预设样式应用及创建新样式练习

打开“名人诗词.wps”文档，进行以下与样式相关的练习。

1. 应用预设样式

在WPS窗口右侧的“任务窗格”中单击“样式”按钮打开“样式和格式”对话框，从中可以查看到所有的有效样式。利用它们完成以下操作：

① 将插入点定位在文档的第一段（《沁园春·雪》）中，再单击样式中的“标题1”，将该样式应用到第一段；同样方式将诗词的内容应用“标题2”样式。

② 移动“样式和格式”对话框中的垂直滚动条找到“标题2”，再单击其右侧的下拉按钮，从中选择“修改”选项，在弹出的“修改样式”对话框中单击“格式”按钮分别将“标题2”的字体设成蓝色楷体，段落设成居中对齐、段前段后各16磅。

2. 创建新样式

① 单击“样式和格式”对话框中的“新样式”按钮，创建一个名为“诗词作者及写作背景”的新样式，之后通过“新建样式”对话框中的“格式”按钮，设定字体为宋体小四，段落为两端对齐、首行缩进2字符，组合键绑定为【Ctrl+Q】。

② 选中文档中最后一个有文字的段落之后，再使用（1）中所绑定的组合键或单击新建的样式名，完成对该段的格式设置。

创建一个新样式的过程和对一个已有样式的修改基本操作相似，两者都应掌握。

2.4.6　页面布局设置练习

练习将《兰亭集序》排版成图2-20所示的版式效果，具体要求如下：纸张大小A4、方向横向，页边距上下2.98 cm、左右2.6 cm，文字垂直方向从右往左，背景灰色-25%、背景2，页面边框方框、线型双实线0.5磅、应用于整篇文档、边框距正文上下6磅左右4磅，使用稿纸方式、行线。

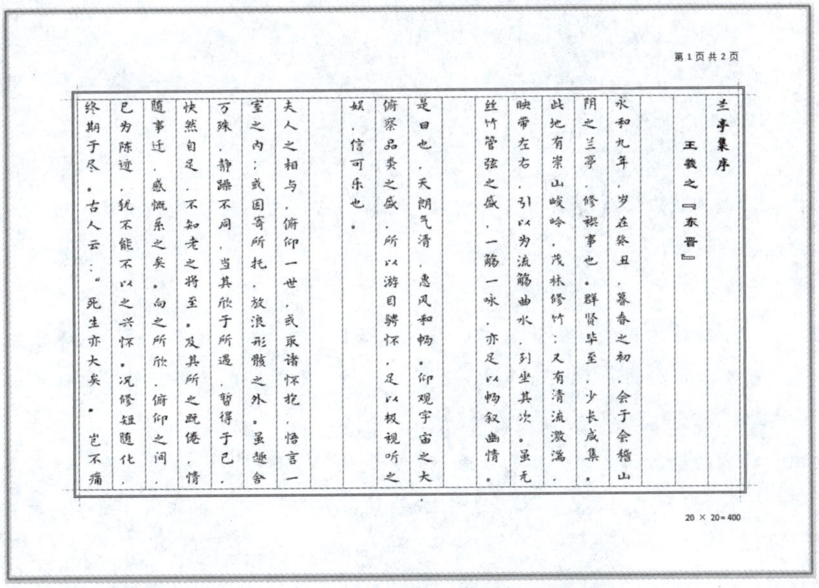

图 2-20　兰亭集序排版页面布局效果图

上述设置要求在实现过程中，可通过页面布局选项卡中的按钮进行，部分操作的关键点有：①设置背景颜色时，单击“背景”按钮后从主题颜色中可查找到颜色；②边框设置时要从打开的“边框和底纹”对话框中选择“页面边框”选项卡，单击其中的“选项”按钮，再在打开的“边框和底纹选项”对话框中设置距正文的距离；③稿纸设置要放在后面做，否则其他部分页面布局设置要求无法实现。

2.5 课后任务

请对下面两虚线内的文稿内容（该文稿内容由文心一言生成）进行阅读分析，之后进行排版。

乐府诗《长歌行》赏析

诗歌原文

《长歌行》（汉乐府）

青青园中葵，朝露待日晞。

阳春布德泽，万物生光辉。

常恐秋节至，焜黄华叶衰。

百川东到海，何时复西归？

少壮不努力，老大徒伤悲。

背景介绍

《长歌行》是一首来自汉乐府的诗歌，属于《相和歌辞》。该诗以其深刻的哲理和生动地描绘，成为古典文学中的经典之作。它主要表达了劝诫世人珍惜时光、奋发努力的主题。

诗歌内容

诗歌以园中的葵菜开篇，描绘出清晨的露水等待阳光照耀的场景，接着描述春天的阳光和雨露使得万物生机勃勃。然而，诗人也表达了对秋天的担忧，害怕秋天的到来会使草木凋零。然后，诗人以百川东流入海为喻，表达了时光一去不复返的哀愁。最后，诗人发出强烈的劝诫，告诫青年人要珍惜时光，奋发有为，否则到了老年只会留下悲伤。

诗歌赏析

生动地描绘：诗歌开篇以“青青园中葵，朝露待日晞”描绘出一幅清晨的园景，使得读者能够身临其境地感受到清晨的宁静与生机。接着，“阳春布德泽，万物生光辉”进一步描绘了春天的生机与活力，使得整首诗歌充满了生命力。

深刻的哲理：诗歌中通过描绘自然景物的变化，寄托了深刻的人生哲理。秋天的到来象征着生命的短暂与无常，而百川东流入海则表达了时光一去不复返的哀愁。这些哲理使得诗歌不仅仅是对自然景物的描绘，更是对人生的深刻反思。

强烈的劝诫：诗歌的最后两句“少壮不努力，老大徒伤悲”是整首诗歌的主旨所在。诗人通过这两句诗强烈地劝诫青年人要珍惜时光，奋发有为。这种劝诫不仅仅是对青年人的鞭策，更是对所有人的警醒。

总结归纳

《长歌行》是一首充满哲理和生命力的诗歌。它通过生动的描绘和深刻的哲理，表达了珍惜时光、奋发努力的主题。整首诗歌情感基调积极向上，对人生有着深刻的反思和启示。无论是青年人还是中年人，都应该珍惜时光，奋发有为，不留遗憾。

基本要求：

① 总体要求：版面清爽，主题鲜明，逻辑结构清晰，突出重点。

② 排版中要用到不同字体格式，生僻字可以加注拼音。

③ 阅读素材内容并对内容进行区分，不同内容用不同段落格式进行设置。

④ 可以试着引入插图，并进行图文混排。

实验3 WPS文字文档中多种写作对象的混合编排

3.1 实验目的

- 掌握WPS文字中插入和编辑图片操作。
- 掌握WPS文字中插入和编辑形状操作。
- 掌握WPS文字中插入和编辑文本框操作。
- 掌握WPS文字中插入和编辑艺术字操作。
- 掌握WPS文字中插入和编辑表格操作。
- 掌握WPS文字中插入和编辑公式操作。
- 了解键盘未提供符号的插入。
- 掌握不同对象的混合排版。

3.2 预备知识

3.2.1 WPS文字中图片对象

1. 图片对象的选中

图片对象的选中方法是：将鼠标指针指向待选中的图片上，当鼠标指针变成✥时单击即可选中图片，如图3-1所示。对于嵌入式图片，一次只能选中一张。被选中的图片沿其四边会出现8个图片控制柄，在选中图片的顶部出现一个旋转控制柄。通过图片控制柄的操作可以修改图片大小或裁剪图片，通过旋转控制柄的操作可以旋转图片。

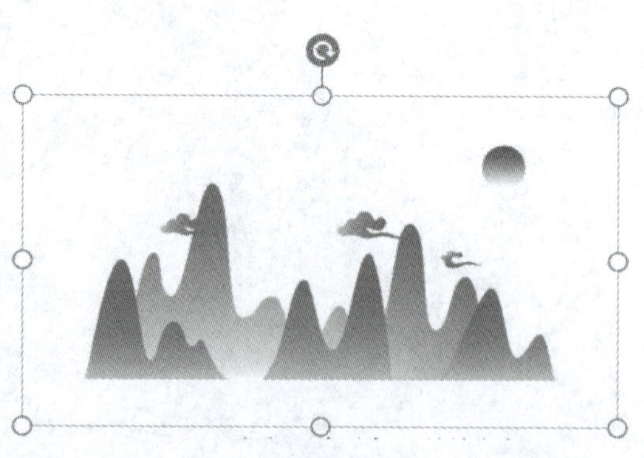

图 3-1 选中图片对象及其控制柄

2. 图片对象的操作

（1）图片插入与删除

图片插入操作前需要先确定图片的来源。WPS的图片来源包括本地图片、来自扫描仪、手机图片/拍照、资源夹图片、从稻壳上搜索图片及用剪贴板复制等，支持的图片格式有.emf、.wmf、.jpg、.jpeg、.jpe、.png、.bmp、.gif、.tif、.tiff、.wdp、.svg等，依次单击“插入”选项卡|“图片”按钮，可进行图片来源选择，实现插入操作。

图片删除方法是：先选中图片，再按退格键（【BackSpace】）或删除键（【Delete）】即可删除选中的图片。

（2）图片对象格式设置

图片对象常见属性包括：图片大小、裁剪、压缩；为图片添加边框或阴影效果；图片旋转角度、图片的组合及对齐方式；设置环绕方式（与文字间的关系）等。

① 图片大小修改方法：

- 选中图片，此时出现图3-2所示的“图片工具”选项卡，找到“裁剪”旁边输入形状的高度和宽度调节框，在其中输入图片的高度和宽度（或通过其旁边的上下调节钮调节数字大小，要说明的是，在调节前最好勾选“锁定纵横比”选项，以防调节的图片变形）。

图 3-2　“图片工具”选项卡

- 第二种方法是单击WPS窗口右侧“任务窗格”|“属性”按钮，打开“属性”任务窗格（用图片的右键快捷菜单中的“设置对象格式”也可打开该任务窗格），再单击该任务窗格中的“图片”，选择“裁剪”命令，如图3-3所示，输入“图片位置”下方的宽度和高度值，当要进行裁剪时可以在“裁剪位置”输入相应数值。
- 在图片的右键快捷菜单中选择“其他布局选项”命令，打开图片“布局”对话框。然后选择“大小”选项卡，再调整缩放比例，即可完成图片大小的设置，如图3-4所示。

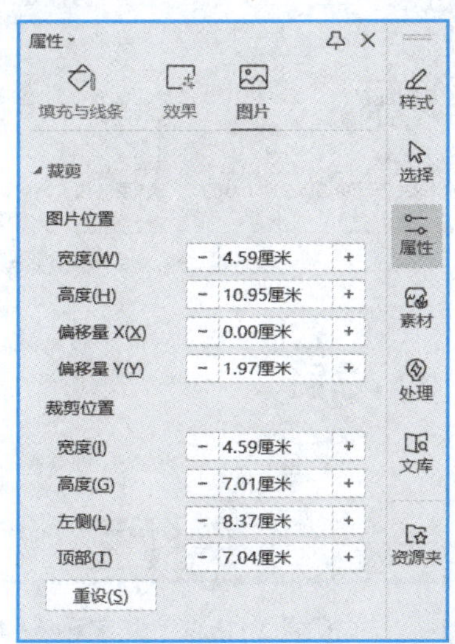

图 3-3　选中图片后任务窗格中打开的属性任务窗格

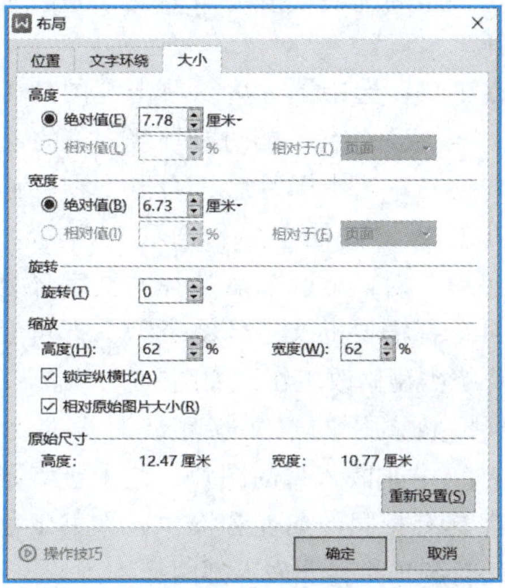

图 3-4　图片“布局”对话框

也可在选中图片的之后，将鼠标指针指向图片周围8个控制柄中的某个，然后做鼠标拖放操作即可放大或缩小图片。

将鼠标指针指向选中图片的旋转控制柄时，鼠标指针变成，做拖放操作即可旋转图片。

② 图片裁剪的方法。

- 单击图片后，在其右侧的“快速工具栏”找到“裁剪”命令按钮（见图3-5），单击（或选中图片，单击“图片工具”选项卡 | “裁剪”按钮）。
- 图片周围将出现图3-6所示的8个实线的图片裁剪控制柄，当鼠标指针指向这些裁剪控制柄时，指针将变成┬（表示向上）、┴（表示向下）、┤（表示向右）、├（表示向左）、┌（表示向右下角）、┐（表示向左下角）、└（表示向右上角）、┘（表示向左上角）中的一种，用鼠标进行拖放操作即可以裁剪图片，反向拖放则可以恢复被裁剪的图片。

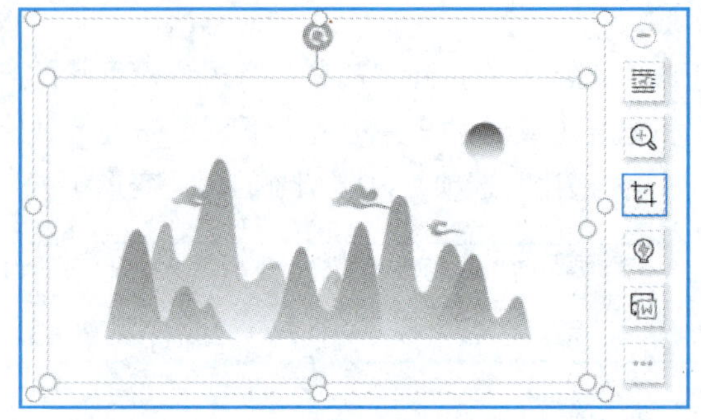

图 3-5　选中图片后右侧出现快速编辑工具栏

图 3-6　裁剪图片控制柄

③ 文字环绕的设置方法。图片的文字环绕主要有嵌入型和非嵌入型两类。当选择嵌入型时，图片被当成一个文字，嵌入到文字中。当图片为非嵌入型时，其可以是四周型、紧密型、穿越型、上下型、衬于文字下方和浮于文字上方中的一种。图片文字环绕的设置有不同的方法，具体如下：

方法一：选中图片后在其右侧的快速设置栏中单击“布局选项”按钮，之后进行环绕方式的选择。

方法二：选中图片后，单击“图片工具”选项卡 | “环绕”按钮，再进行环绕方式的选择。

方法三：选中图片后，右击，在弹出的快捷菜单中选择“其他布局和选项”命令，打开图片“布局”对话框。然后选择“文字环绕”选项卡，再选择需要的文字环绕类型，即可完成图片文字环绕类型修改工作，如图3-7所示。

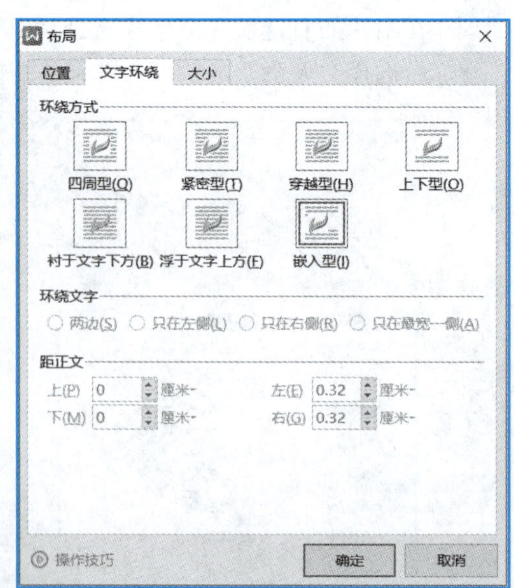

图 3-7　“布局”对话框“文字环绕”选项卡

可以将图片的“文字环绕”设置为非嵌入型。WPS中非嵌入型的图片、艺术字、形状等对象，都具有相同的属性和操作。本书下面使用非嵌入型对象来指代非嵌入型图片。

非嵌入型对象移动操作方法是：单击选中非嵌入型对象，然后做拖放操作，可以将这个非嵌入型对象放置到一个新的位置。非嵌入型对象均具有“组合”“上移一层”“置于顶层”“浮于文字上方”“下移一层”“置于底层”“衬于文字下方”等属性。

组合是指可以选中多个非嵌入型的对象，然后将它们组合为一个对象。组合多个非嵌入型的对象的方法是：先将鼠标指针指向第一个非嵌入型对象单击，这样选中第一个非嵌入型对象。然后按住【Shift】键，再将鼠标指针指向第二个非嵌入型对象单击，此时选中了两个非嵌入型对象。之后可通过选择鼠标右键快捷菜单中的“组合”命令，将这两个非嵌入型对象组合为一个非嵌入型对象。对组合后的对象，也可通过鼠标右键快捷菜单中的“取消组合”命令将组合取消。

对齐是指可以选中多个（含一个）非嵌入型的对象，然后指定它们的排列方式（如顶端对齐、垂直居中）以及是否有相同的高、宽尺寸。

④ 边框或阴影效果设置。该设置是为了让插入图片有美感、艺术感，使得文档看上去更加赏心悦目，更能吸引读者的眼球，它一般通过为图片添加如阴影、倒影、发光、柔化边缘、三维旋转等效果来实现。这些都可在“属性”|“效果”选项卡下进行设置，同样在“属性”任务窗格|“填充与线条”选项卡下可为图片设置外围的边框。

3.2.2　WPS文字中形状对象

形状对象是指文档中插入的各种图形元素，如线条、箭头、矩形、基本形状、星与旗帜形、流程图、标注等。这些形状对象可以用来装饰文档、制作图表或流程图、突出重点信息等。

1. 形状对象的选中

在文档中单击形状对象可选中该对象，选中后形状周围会出现与选中图片后相似的控制柄（见图3-8），部分形状对象选中后还会有一个黄色菱形的控制点，拖动它时，可编辑形状的顶点、改变形状的类型。

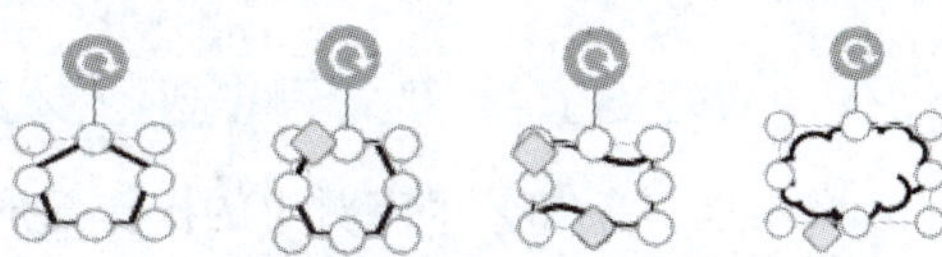

图3-8　某些对象选中后的形态

2. 形状对象的操作

（1）插入及调整大小和位置

在“插入”选项卡中单击“形状”按钮，选择所需形状后，拖动鼠标可以绘制出形状；后继如要调整形状的大小，可以在选中形状后，通过拖动形状周围的控制柄，调整形状的大小，要精准控制大小则需通过“绘图工具”中的设置形状对象高度及宽度的输入调节框进行设置；如要调整形状对象的位置，先将鼠标指针指向形状对象，当指针呈现带方向的十字架时，再通过鼠标拖放动作，即可以移动其位置。

（2）形状对象格式设置

① 修改形状属性。

- 填充和轮廓：选中形状后，使用窗口顶部的“绘图工具”选项卡中的工具，或打开“任务窗格”中的“属性”任务窗格，选择“形状选项”来改变形状的填充颜色、透明度、轮廓颜色和线条样式，以及形状的阴影、倒影、发光、柔化边缘、三维格式、三维旋转等。

- 旋转和翻转：选中形状对象后，使用其上方的旋转手柄旋转形状，或使用“绘图工具”中的“旋转”按钮。
- 添加文本及文本格式设置：选中形状对象后通过右键快捷菜单中的“添加文字”命令，即可在形状中输入文本内容。

在添加文本并选中文本对象之后，为将形状中的文本排版得美观，通常会利用“任务窗格”|“属性”任务窗格来对形状的“文本选项”进行设置（或使用窗口顶部的“文本工具”选项卡中的工具），如图3-9所示。根据需要设置文本框的对齐方式、文字方向，以及文字与形状边界的距离等内容，还可以设置文本（不是形状）的填充与轮廓（包括颜色、透明度、线条样式等），及文本的效果（包括阴影、倒影、发光、三维格式、三维旋转等）。

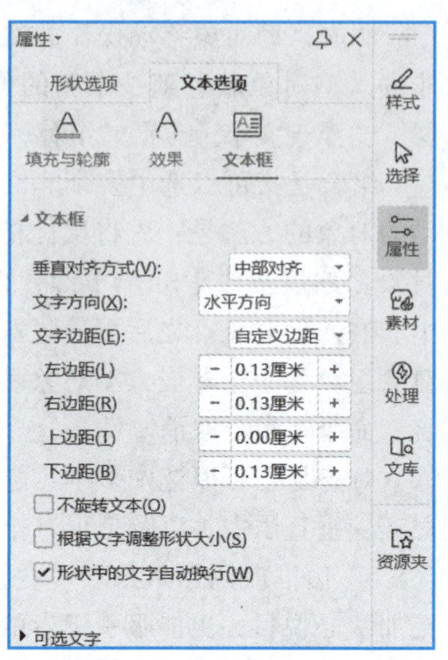

图 3-9　对形状中的文本框进行设置

② 形状对象的排列。在选中形状对象后可使用“绘图工具”选项卡|“对齐”按钮 对齐 设置对象的对齐方式。可以同时选择多个形状对象（因为形状插入时默认是非嵌入型对象），通过该按钮可进行对齐、分布的相关设置。

另外，此时还可以通过 组合 按钮实现形状对象的组合，对组合后的对象，该按钮的功能是取消组合；通过“上移一层”和“下移一层”按钮实现形状对象间叠放次序（当要叠放时）的更改。

3.2.3　WPS文字中文本框和艺术字对象

文本框对象和艺术字对象的操作与形状的类似，略有区别。

① 文本框有预设的三种形式，即“横向文本框”、“竖排文本框”及“多行文字”。它们之间可以互相转换。它们被插入后，框中直接出现光标插入点，可立即输入文字内容；而形状对象中要输入文字需先执行右键快捷菜单中的“添加文字”命令。这之后二者没有差别，在选中对象后都会出现“绘图工具”和“文本工具”选项卡，用以进行设置操作工作。

② 艺术字对象通常用于少量文字内容的表达，如标题文字、要突出的重点文字等。WPS提供了较多的预设样式艺术字，选中某个样式后，在页面上会立即插入一个艺术字对象（见图3-10），之后可直接替换修改对象中文字的内容，如果对得到的艺术字对象还满意，可以像文本框对象一样再次进行修改。艺术字实质上是预先定义好格式的一种文本框对象，使用它可以简化用户设置复杂格式文本框对象的操作。

请在此放置您的文字

图 3-10　插入艺术字对象

3.2.4　WPS文字中表格对象

1. 表格对象的选中

表格对象由行和列构成，而行或列又由单元格构成。因此选中表格也根据对象不同分为多种情况。将鼠标指针指向不同对象时，鼠标指针将变成不同形状。表3-1所示为表格不同对象的选中或操作方法。

表 3-1　表格不同对象的选中或操作方法

选中对象名称	选中对象方法
整张表格	将鼠标指针指向已经存在的表格，此时表格左上角变成⊞符号，将鼠标指针指向这个符号，鼠标指针变成✥时单击即可选中整个表格
整行	将鼠标指针指向工作区的左侧选择区，此时指针变成↗，单击即可选中一整行。如果需要选中多个连续的整行，只要在选择区利用鼠标做上下拖放操作即可
整列	将鼠标指针指向表格最顶部的水平线，此时指针变成⬇，单击即可选中一整列。如果利用鼠标做左右拖放操作即可选中多个连续的整列
单元格或连续的单元格区域	将鼠标指针指向该单元格的左下角，此时指针变成↗，单击即可选中该单元格。如果利用鼠标做拖放操作即可选中多个连续的单元格区域
多个非连续的单元格	将鼠标指针指向一个单元格的左下角，此时指针变成↗，单击即可选中该单元格。然后按住【Ctrl】键，再选中其他单元格后单击，即可选中多个非连续的单元格
表格线的移动操作	将鼠标指针指向表格的水平或垂直线上，当指针将变成÷或+‖+形状时，做鼠标拖放操作可以改变线的垂直或水平位置，从而改变表格行高或列宽。按住【Alt】键的同时做鼠标拖放操作可以精确改变线的垂直或水平位置

同样，先选中一行或一列，按住【Ctrl】键，然后再选中其他一行或一列，这样可以选中多个非连续的行或列。

单元格中填写的是文字对象，如果选中了文字，则可以应用实验2中介绍的字体格式属性和段落格式属性。

表格中对象多，且不容易区分。图3-11所选中的是整张表格，而图3-12则选中了表格中的所有单元格，但不是整张表格。图3-13给出了选中单元格和选中单元格文字的区别。不难发现，是否选中段落标记将影响选中的对象。

	星期一	星期二	星期三	星期四	星期五
第1节	语文	数学	数学	语文	数学
第2节	语文	外语	外语	语文	外语
第3节	数学	语文	语文	外语	语文
第4节	数学	语文	语文	数学	语文

图 3-11　选中整张表格

	星期一	星期二	星期三	星期四	星期五
第1节	语文	数学	数学	语文	数学
第2节	语文	外语	外语	语文	外语
第3节	数学	语文	语文	外语	语文
第4节	数学	语文	语文	数学	语文

图 3-12　选中表格中的所有单元格，非整张表

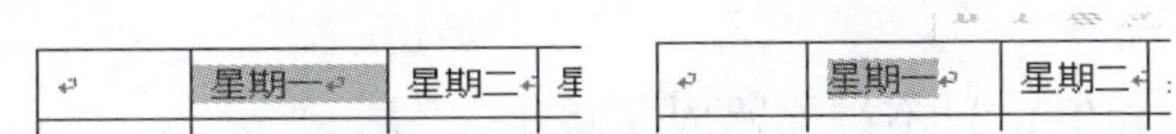

图 3-13　左侧为选中单元格，右侧为选中单元格中的文字

在表格的任意位置单击后，将会出现“表格工具”选项卡和“表格样式”选项卡，如图3-14和图3-15所示。

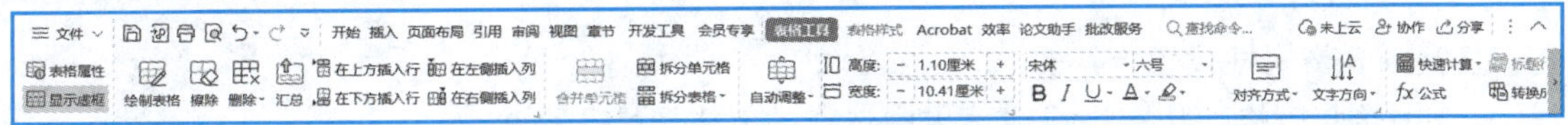

图 3-14　“表格工具”选项卡

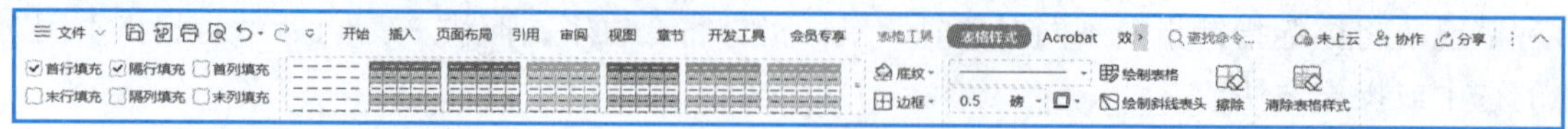

图 3-15 “表格样式”选项卡

2.表格对象的操作

（1）表格插入与删除

① 表格常用插入方法是：

- 将插入点放置在需要插入表格的位置。单击“插入”选项卡 | “表格”按钮，之后在展开的列表中选择“插入表格”命令，如图3-16所示。
- 打开“插入表格”对话框后，选择所需的列数和行数，单击“确定”按钮即可插入表格。

② 删除表格的方法：

- 选中整张表格。
- 按下退格键即可删除选中的表格。也可利用“表格工具”选项卡中的“删除” | “删除表格”命令来删除表格。

③ 表格中增添行与列的方法：

- 将鼠标指针指向表格第一列单元格左边框（或第一行单元格的上边框）时，会出现两个带圈的符号“⊖⊕”，如图3-17所示。此时单击⊕号，会在其对应的位置插入一个新的空行（或空列）。
- 单击出现在表格下边框或右边框的[+]则可在表格的下方（或右边）增添一新的空行（或空列），如图3-17所示。

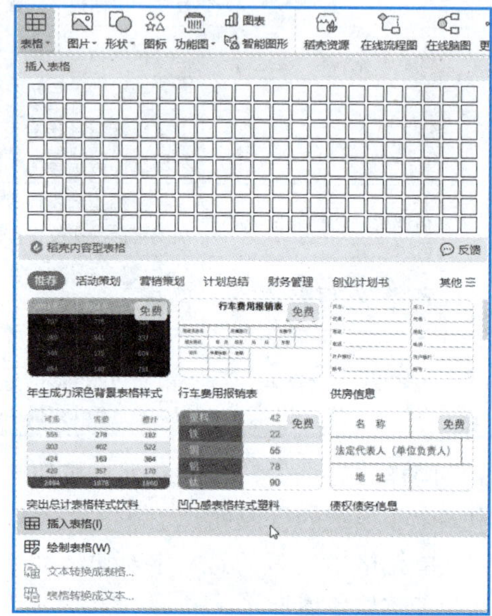

图 3-16 选择“插入表格”命令

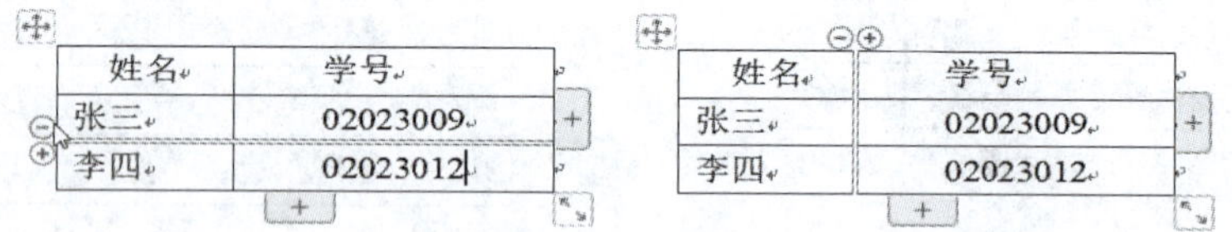

图 3-17 鼠标指针指向表格行或列的示意图

④ 行与列的删除方法：

与插入和增添操作相似，只不过删除时是单击⊖号。

对行与列的增删操作也可以利用“表格工具”选项卡中的命令按钮，根据需要选择“删除”“在上方插入行”“在下方插入行”“在左侧插入列”“在右侧插入列”等命令按钮完成。另外，还可以通过鼠标右键快捷菜单中的“插入”和“删除单元格”命令进行操作。

（2）表格对象格式设置

① 整张表格属性设置方法：

- 选中整张表格，从右键快捷菜单中选择“表格属性”命令。
- 在打开的“表格属性”对话框“表格”选项卡中设置表格属性，如图3-18所示。

常见的表格属性有：尺寸、对齐方式、是否文字环绕、表格的边框线及底纹、表格每个单元格中内容与所在单元格边线距离。

表格的另一个属性是“自动调整”。使用它的方法是先单击表格任何位置，在窗口上方出现的“表格工具”选项卡中单击“自动调整”按钮，再选择要调整的选项，其选项包括根据内容调整表格、行列互换、平均分布各行、平均分布各列等。

用户也可以通过拖动表格边框或单元格边界来粗略调整表格大小。

② 行、列属性设置方法。行属性设置方法和整张表格属性设置方法相同，也是打开“表格属性”对话框，选择“行”（或“列”）选项卡，参见图3-17，之后可以设置所有行的高度（或列的宽度），也可以分别对每一行设置其高度（或每一列的列宽）。

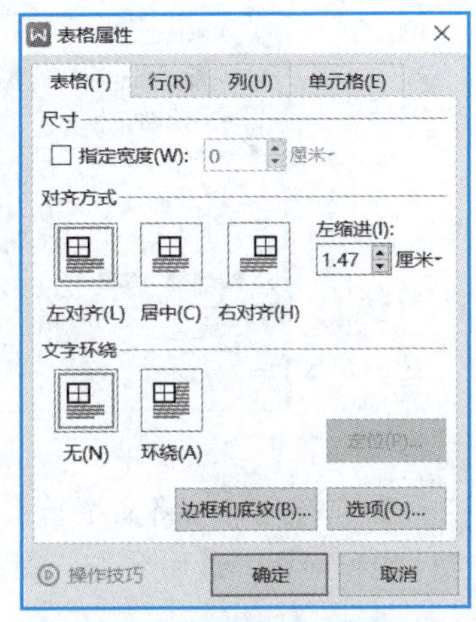

图3-18　“表格属性”对话框

（3）应用表格的样式

WPS文字中为表格对象提供了一些预设样式，从“表格样式”选项卡中可以找到它们，当要应用这些样式时，先在现有表格的任一单元格中单击，再单击要选择的样式即可。另外，在“表格样式”选项卡中还提供了设置表格（可以是选定的单元格）的边框底纹、手工绘制表格线的命令，以及为选定单元格绘制斜线表头、擦除表格线、清除表格样式等操作命令。

（4）单元格的属性设置

单元格的属性设置包括对齐方式（指单元格中内容水平、垂直对齐方向）、单元格合并与拆分、单元格插入与删除操作。

3. 表格与文字相互转换

WPS文字中的表格与文字可以互相转换。

（1）表格转文字的方法

① 选中整个表格对象或某些行对象。

② 单击“表格工具”选项卡 |“转换成文本”按钮，出现图3-19所示的“表格转换成文本”对话框。

③ 在对话框中选中需要的文字分隔符，通常使用默认的制表符。最后单击“确定”按钮。

（2）文字转表格的方法

不同于表格转文字，文字转表格有一个约束条件，它要求归属到表格不同列的文字间存在相同的分隔符，通常采用的分隔符有段落标记、逗号、空格和制表符，如图3-20所示，如用到其他符号，需要在“其他字符”后面的输入框中进行指定，否则将不能实现正确的转换。

转换的具体方法如下：

① 选中待转换为表格的多个段落。

② 单击“插入”选项卡 |“表格”按钮，选择“文本转成表格”命令。

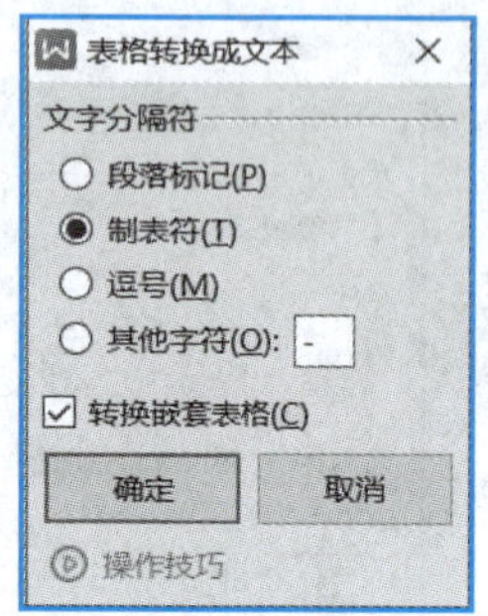

图 3-19 “表格转换成文本”对话框

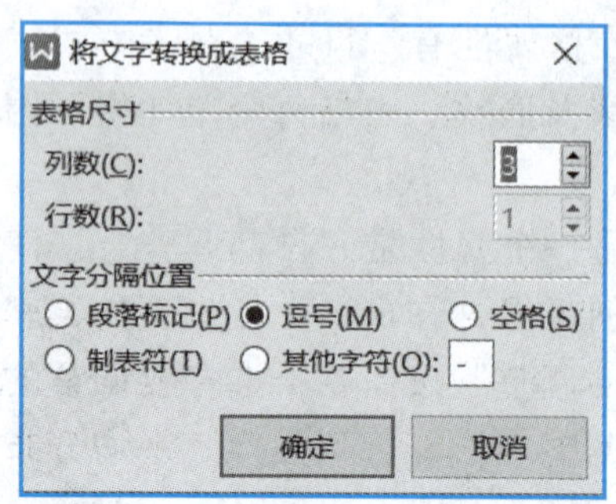

图 3-20 “将文字转换成表格”对话框

③ 在打开的“将文字转换成表格”对话框中选择正确的文字分隔符，“表格尺寸”中设定行数和列数，最后单击“确定”按钮。

3.2.5 WPS文字中公式对象

在WPS文字中，公式对象用于插入和编辑数学公式。WPS文字中也提供了专业的公式编辑器，使用户能够轻松创建复杂的数学表达式。

在WPS文字中插入公式的方法主要有以下几种：

1. 直接使用内置公式

内置公式的插入和使用方法如下：

① 将插入点定位在文档中需要插入公式的位置，单击“插入”选项卡，然后在出现的功能区中找到公式按钮，该按钮分上下两部分，将鼠标指针指向下半部分（有文字“公式”的位置）并单击。

② 单击“公式”后，会弹出一个下拉列表，如图3-21所示，其中显示了一些内置的公式。从中选择需要的公式，WPS会自动将其插入到文档中。

③ 插入公式后，可以通过单击公式中的符号来修正数值或进行其他调整。如果需要，还可以拖动公式来改变其在文档中的位置。

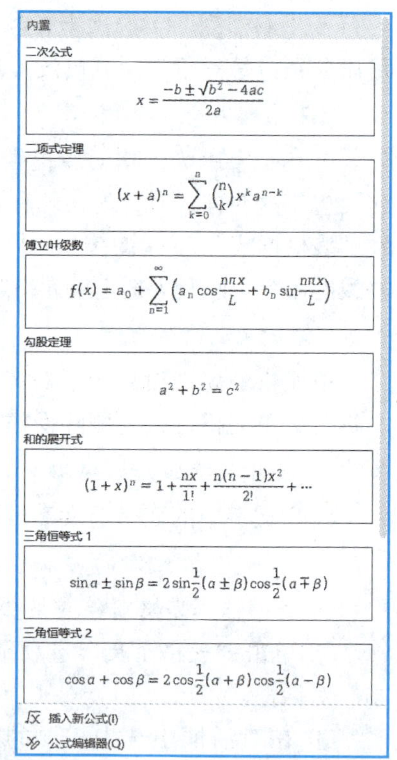

图 3-21 内置公式选择下拉列表

2. 插入新公式

插入一个新公式的步骤如下：

① 如果内置公式中没有所需的公式，可以单击图3-21中所示列表下方的“插入新公式”选项。此时，文档中会打开一个公式编辑框，如图3-22所示。

图 3-22 公式编辑框

② 编辑公式。在出现新公式编辑框后，窗口上方会出现“公式工具”选项卡，其中包含了可供选择的多种公式符号（在选项卡界面的左侧）和公式模板（右侧），如图3-23所示。在公式编辑框中，根据需要选择相应的符号或模板，单击实现符号插入或模板选择。例如，如果需要输入根号，可以单击“根式”形式，并在弹出的模板中进行选择，然后再输入相关参数。

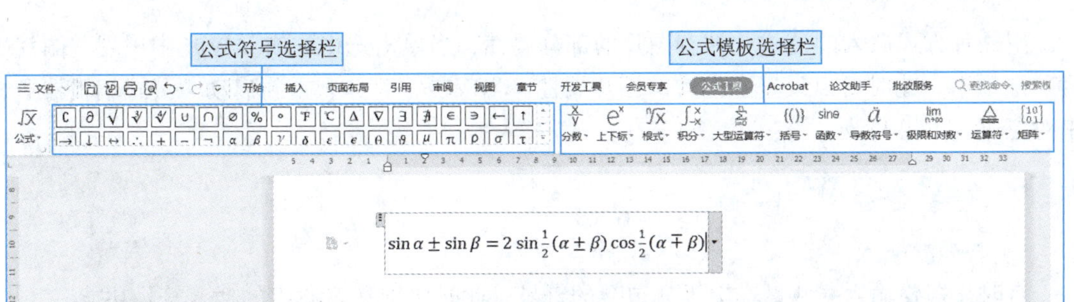

图 3-23　“公式工具”选项卡

③ 完成公式编辑后，单击文档中公式编辑框以外的位置，公式会自动插入到文档中。如后续要对该公式再次编辑，只需单击公式中的任意符号即可进入编辑状态。

说明： 以上插入的公式在需要通过拖动改变位置或要进行删除时，必须是在公式内容被全部选中的状态，如图 3-24 所示。通过公式编辑框左上角的“▮”按钮可选中整个公式，此时按【Delete】或【Backspace】键可以删除公式；通过编辑框右侧的下拉箭头可以对公式对齐方式进行设置。

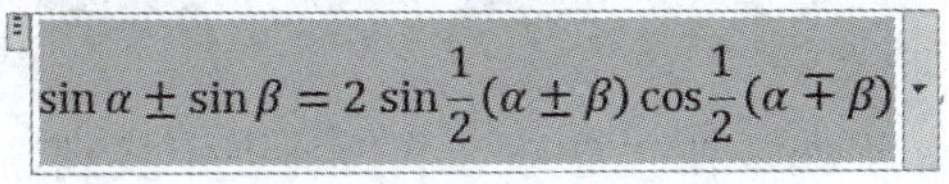

$$\sin\alpha \pm \sin\beta = 2\sin\frac{1}{2}(\alpha \pm \beta)\cos\frac{1}{2}(\alpha \mp \beta)$$

图 3-24　公式编辑框中公式被选中状态

3．使用公式编辑器插入编辑公式

在图3-21所示界面中的最下方可以找到“公式编辑器”命令，单击它可以启动WPS公式编辑器，在所编辑的文档上面会出现一个新的窗口，如图3-25所示。

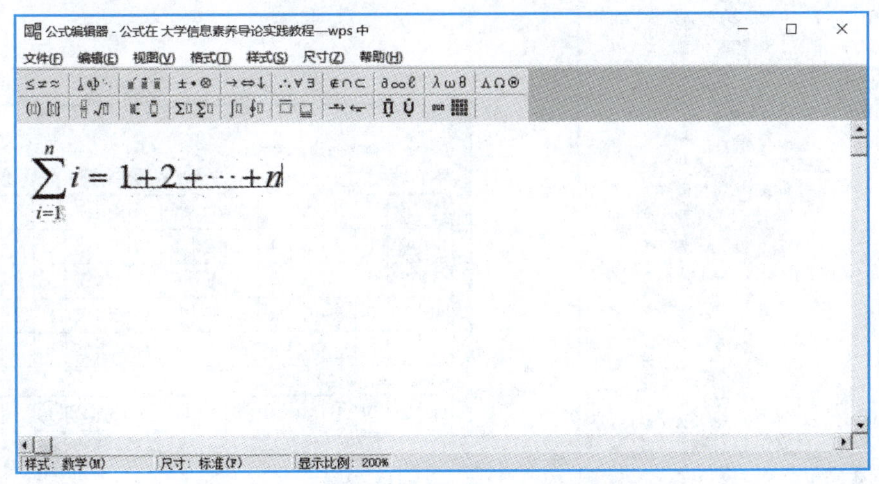

图 3-25　“公式编辑器”窗口

WPS公式编辑器是一款专业的数学公式编辑工具，Design Science公司拥有它的版权。它的功能与该公司的另一款产品MythType相似，也支持多种数学公式的输入和编辑，但功能稍弱。

公式编辑器窗口下可查看到各种数学符号、希腊字母、分数、根号、积分等的选项。利用它编辑公式时，可以通过单击工具栏中的符号来构建公式；通过使用编辑器中的“格式”选项来调整公式的对齐方式、间距等；通过“尺寸”选项改变公式的字体和大小，使其与文档的其余部分协调一致。在公式完成编辑后，选择公式编辑器窗口中的“文件”|“更新”命令，或直接关闭编辑窗口，公式将被插入到文档中。

用这种方式插入的公式，拥有图片的部分属性，当单击选中它时，WPS中出现“图片工具”选项卡，此时可以设置它拥有的图片属性。当双击它时，则重新启动“公式编辑器”，来对它进行编辑修改。

3.2.6 键盘未含符号的插入

1. 符号的插入

有时文档要输入一些键盘上没有包含的符号，此时要用到WPS中的插入符号功能。

插入时先将插入点定位在要插入符号的位置，再单击“插入”选项卡中的Ω按钮。该按钮实际是分上下两个按钮，上半部分的“Ω”和下半部分的“符号”，单击前者打开“符号”对话框；单击后者则提供了“符号”下拉列表和“其他符号”选项（功能也是打开“符号”对话框），“符号”下拉列表包括近期使用的符号、自定义符号和符号大全，如图3-26所示。

如果在“符号”下拉列表中找到需要的符号，单击即可实现输入；如未找到可以打开“符号”对话框查找，如图3-27所示。

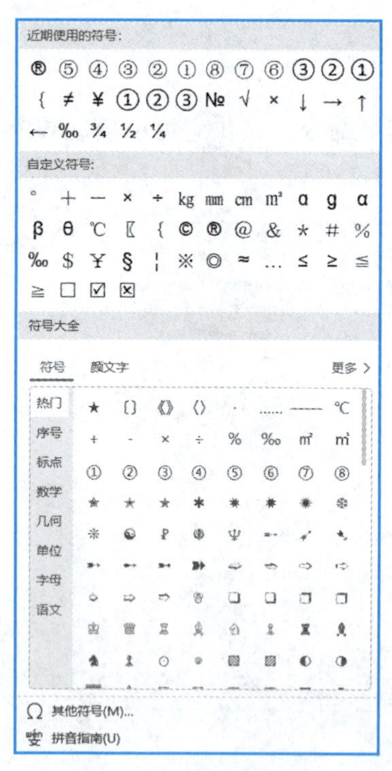

图 3-26 单击“符号”按钮打开的操作界面

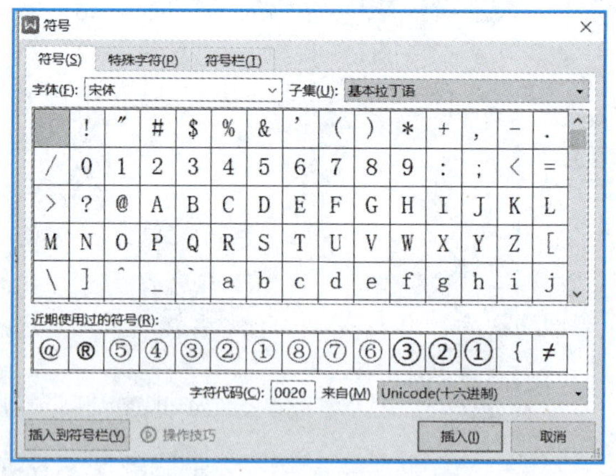

图 3-27 “符号”对话框

选择“符号”选项卡，在“字体”框中选择所需的字体，根据呈现的可选用字符，执行下列操作之一：

① 找到了所需字符，双击该符号即可实现插入。

② 如果没有找到所要的符号，单击“字体”选择字体和“来自”列表选择字符集，如果“子集”框可用，根据需要在“子集”框中选择一个子类别，找到想要插入的符号后再双击字符进行插入。

③ 如知道Unicode字符的代码，可在“字符代码”框中输入字符代码，再单击“插入”

按钮。

完成一个字符插入后，若还要插入其他字符，可继续进行上述操作。另外，该对话框还提供了部分特殊符号的插入功能。字符插入完成后，关闭该对话框。

2. 其他插入符号的方法

除了上述方法外，还可以通过以下方式在WPS中插入符号：

① 复制粘贴。如果在其他地方（如网页、其他文档等）找到了所需的符号，可以直接复制该符号并粘贴到WPS文档中。

② 使用第三方工具。有些第三方工具（如某些输入法提供的特殊符号插入功能）或插件可能提供了更便捷的符号插入功能。如果WPS自带的符号库无法满足需求，可以考虑使用这些工具或插件。

3.3 实验任务

本实验旨在使学生熟练掌握WPS文字处理软件进行图文混排的高级技能，包括图片、形状、文本框、艺术字、表格及公式的插入与编辑，以及掌握多种对象的混合排版，从而提升文档的专业性和美观度。

① 练习图片的插入和编辑。

② 练习形状、文本框和艺术字的插入和编辑。

③ 练习表格的插入和编辑。

④ 练习公式插入和编辑。

⑤ 练习符号的插入。

⑥ 练习多种写作对象的混合排版。

3.4 实验指导

3.4.1 图片插入与编辑

采集一些图片并插入到文档中，再完成以下练习。

1. 缩放图片操作与裁剪操作

① 将插入点定位在需要插入图片的位置后，利用“插入”选项卡|“图片”按钮，先选择图片的来源，再选定某一图片进行插入。

② 单击插入的图片，通过拖放出现在其周围的控制柄，将图片调整为合适的大小。

③ 单击图片，在出现的“图片工具”选项卡中单击“裁剪”按钮，再在出现的对话框中选中“基本形状”中的“椭圆”，对出现在图片四周的裁剪控制柄进行拖放，实现将图片的某一部分裁剪成一个圆形，如图3-28所示，最后按【Esc】键完成裁剪。

2. 设置图片环绕方式

选定某图片后，分别利用以下三种方式设置图片相对于文字的环绕方式。

① 通过右键快捷菜单中的“其他布局选项”命令，在打开的“布局”对话框中选择“文字环绕”选项卡，再选择设置文字环绕7种方式中的某一种。

② 通过图片右侧悬挂的“快捷工具栏”中的“布局选项”命令进行环绕方式选择。

③ 通过单击“图片工具”选项卡|“环绕”按钮设置环绕方式。

观察不同种类环绕方式设置后的排版效果。

3. 图片其他属性设置练习

选定图片后，单击窗口右侧“任务窗格”中的“属性”按钮（或右击，选择“设置对象格式”命令），打开“属性”任务窗格，对前面裁剪得到的图片设置以下属性：

① 填充与线条：实线，颜色设置为标准颜色“蓝色”，透明度50%，宽度3磅。

② 效果：阴影为外部、居中偏移；颜色为主题颜色中的“矢车菊蓝，着色1，浅色80%”、透明度60%；倒影为倒影变体、紧密倒影，接触、大小25%、透明度65%、模糊0.5磅；发光为“矢车菊蓝，5pt发光，着色1”、颜色为标准颜色蓝色、大小5磅、透明度60%；柔化边缘大小15磅。最后得到图3-29所示的效果。

图 3-28　对图片用基本形状进行裁剪

图 3-29　对图片属性进行设置后的效果

4. 抓图练习

使用快捷键【Print Screen】抓取整个桌面图形，再激活WPS窗口，在插入点处粘贴所复制的图形；使用组合键【Alt+Print Screen】抓取活动窗口图形，再激活WPS窗口，在插入点处粘贴所复制的图形；用其他第三方软件抓取屏幕上显示的内容，再粘贴到WPS文档中。

3.4.2 形状、文本框和艺术字的插入与编辑

参考3.2.2中讲述的内容，分别在WPS文字文档中插入不同形状、文本框以及艺术字之后使用“绘图工具”和“文本工具”选项卡中的对齐、组合、旋转、层次和文字环绕功能设置它们的格式。

① 用“插入”|“形状”按钮插入不同形状，并通过选定形状后的右键快捷菜单中的“添加文字”命令，画出图3-30所示的流程图，并为图中的对象设置属性格式，最后图中所有对象进行组合。之后再练习中利用插入“智能图形”来表达某些文本内容之间的关系，体验WPS的便捷性。

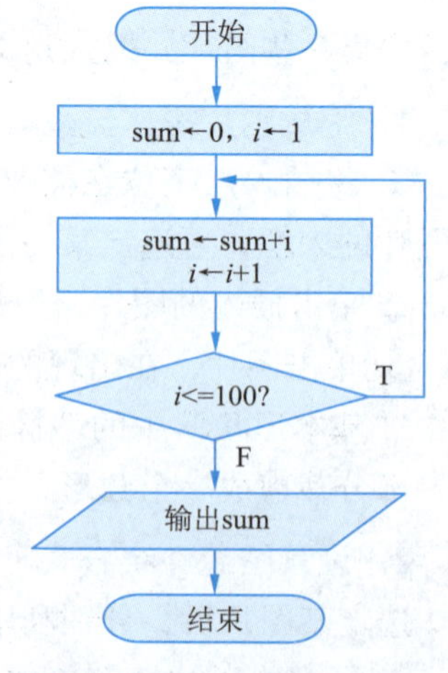

图 3-30　用形状构造的流程图

② 对比通过“插入”|“文本框”功能插入文本框（并在文本框中输入少量文字内容）与插入艺术字两种形式，要得到相似结果时，其操作上有哪些差异。

3.4.3　表格的插入及编辑

1. 表格制作与表格选中练习

① 依次单击“插入”选项卡|“表格”|“插入表格”命令，绘制并输入文字得到表3-2。

表 3-2　课程表

课程	星期一	星期二	星期三	星期四	星期五
第 1 节	语文	数学	数学	语文	数学
第 2 节	语文	外语	外语	语文	外语
第 3 节	数学	语文	语文	外语	语文
第 4 节	数学	语文	语文	数学	语文

② 利用【Shift】键与光标键练习选中表格的一个单元格、多个连续（水平、垂直方向）单元格区域。

③ 通过鼠标左键与【Shift】键练习选中多个连续（水平、垂直方向）单元格区域，通过鼠标左键与【Ctrl】键练习选中多个非连续单元格区域。

④ 练习用鼠标选中表格的一行、多个连续行、一列、多个连续列以及选中整张表格。

⑤ 练习将整张表格居中对齐，所有单元格内容中部两端对齐、水平居中等。

⑥ 练习设置表格单元格的边框属性，包括线型和颜色。

2. 进规则表格制作

插入一个7行6列的表格，再通过“表格工具”中的拆分与合并功能制作表3-3。

表 3-3　履历表

<table>
<tr><th colspan="6">履历表</th></tr>
<tr><td>姓名</td><td></td><td>性别</td><td></td><td colspan="2" rowspan="5">照片</td></tr>
<tr><td>出生日期</td><td></td><td>职称</td><td></td></tr>
<tr><td>民族</td><td></td><td>学历</td><td></td></tr>
<tr><td>通讯地址</td><td colspan="3"></td></tr>
<tr><td>联系电话</td><td colspan="3"></td></tr>
<tr><td rowspan="2">工作简历</td><td colspan="3" rowspan="2"></td><td>特长</td><td></td></tr>
<tr><td>其他</td><td></td></tr>
</table>

3. 表格与文字相互转换练习

① 对表3-4，提取保留其中的文字。

表 3-4　图书表

书　名	单　价	数　量	总　计
新华字典	11.00	5	55.00
计算机基础	12.50	4	60.00
会计学	25.5	10	255.00

操作时先选中表格，再利用“插入”选项卡|“表格”|“表格转换成文本”命令将表格转换为文字，操作时要求使用制表符为文字分隔符。

② 上一步得到的结果如图3-31所示。对得到的文本内容，再次利用“插入”选项卡|“表格”|“文本转换成表格”命令将它转换成表格，转换时“文字分隔位置”选用制表符。

书名单价 → 数量 → 总计↵
新华字典11.00 → 5 → 55.00↵
计算机基础 → 12.50 → 4 → 60.00↵
会计学 → 25.5→10 → 255.00↵

图 3-31 表格中的文本内容

3.4.4 公式的插入及编辑

利用公式编辑器在文档中插入以下公式：

① $y=\dfrac{\sin(x^2+1)-e^2}{\ln(3x-1)+\sqrt{x^3-2}}$

② $\boldsymbol{A}=\begin{bmatrix}-1 & -4 & 1\\ 0 & x & 1\\ 2 & 5 & y\end{bmatrix}$

③ $\begin{cases}x^2+y^2=1\\ 3x-4y=3\end{cases}$

3.5 课后任务

新建一个WPS文档（例如，我的母校.wps，我的故乡.wps），对你的学校或家乡进行介绍，文档中包括文字内容、形状、艺术字、图片及表格。

实验4 WPS文字中长文档排版

4.1 实验目的

- 掌握WPS文字中分页符、分节符的使用及分栏操作。
- 掌握WPS文字中如何在同一文档不同页插入不同的页眉、页脚。
- 掌握WPS文字中脚注和尾注插入操作。
- 掌握WPS文字中插入题注和交叉引用操作。
- 熟悉WPS文字中给段落设置多级编号的操作。
- 掌握WPS文字中的大纲视图下的相关操作。
- 掌握WPS文字中基于大纲级别创建目录的方法。
- 掌握WPS文字中基于标题样式创建目录的操作。

4.2 预备知识

本实验要求学生掌握的技能对于将来撰写和排版学术论文、报告等长文档至关重要。一份清晰、美观的文档不仅能够提高阅读体验，还能够提升文档的专业性，以及增强文档的逻辑条理及可读性。对长文档的排版，应尽可能做到以下几点：

① 遵循排版规范：了解并遵循相关的排版规范，如字体、字号、行距等。

② 合理运用分栏：根据文档内容合理运用分栏，以提高阅读效率。

③ 注重视觉层次：通过标题、子标题、列表等元素构建清晰的视觉层次。

④ 充分利用样式：合理应用样式可以简化排版工作，提高工作效率。

⑤ 审慎使用图片和表格：确保图片和表格的布局合理，与文档内容相协调。

4.2.1 分页符、分节符的使用及分栏操作

1. 分页符和分节符

① 分页符。用于强制在文档中插入一个新的页面。在文档中插入一个分页符时，光标及后续内容会立即跳转到新的页面开始处，分页符使得用户能方便地控制页面布局，比如想要

在新的一页上开始一个新的章节或段落时，可以使用分页符。在撰写报告或论文时，每个章节通常都从新的一页开始，通常是在章节标题前插入分页符来实现。

② 分节符。用于将文档分割成不同的部分，每个部分可以独立设置页面格式和排版样式。使得文档更加灵动和多样化。在一个长文档中通常包含目录、正文和附录，可以使用分节符将它们分隔成不同的节，并为每个节设置不同的页面格式。让每个节可以有独立的页眉、页脚；在每个节内可使用不同的页边距、纸张方向（横向或纵向）、列数或分栏设置；每个节的页码可以重新开始计数并有不同页码格式。

插入分节符时一般先将插入点定位到下一节内容的起始处，然后再插入。分节符包括以下几种：

- 下一页分节符：在一个新页上开始新的节。
- 连续分节符：在同一页上开始新的节。
- 偶数页分节符以及奇数页分节符：这两种分节符是指在下一个偶数页或下一个奇数页开始新的节，常用于书籍装订。

2. 分栏符

分栏符主要用于在同一页面上创建多栏布局，与分页和分节不同，它不影响页面的分割或节的设置，只是改变了内容的展示方式。分栏可以将文档内容分为多栏显示，提高页面利用率和美观性。常用于报纸、杂志等需要并排展示多个栏目的场景。WPS文字中支持多种分栏方式，如两栏、三栏等，并可调整栏宽、栏间距和栏间的分隔线。

分栏符用于在多栏排版中，当需要在当前栏结束并开始下一栏时使用，它可以用来控制文本在栏之间的流动，使得文本能够按照用户的意图在各栏之间进行分布或在特定点开始新的一栏。

例如，在编辑报纸或杂志时，可以将文章划分为多个栏，一栏显示文字内容，另外一些栏显示相关图片或图表。

插入分栏的方法是：选中需要分栏的文字或多个段落，然后选择“页面布局”选项卡|“分栏”|“更多分栏”命令，再在打开的“分栏”对话框中进行相关设置即可，如图4-1所示。

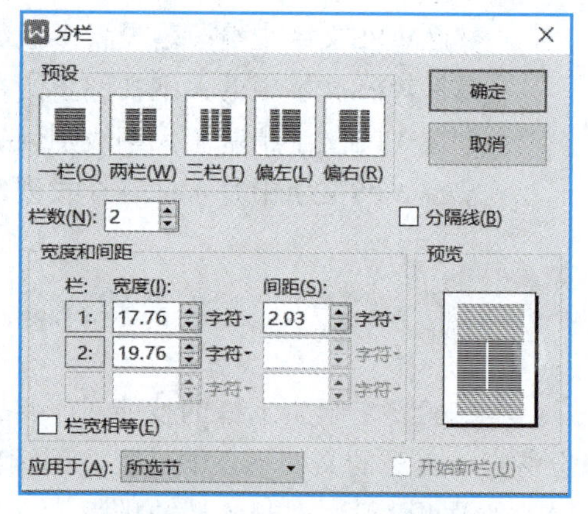

图 4-1 “分栏”对话框

4.2.2 在文档不同页面插入不同的页眉、页脚

在WPS文字中，当对文档分节后就可以对每一小节内的页面设置不同的页眉和页脚。具体方法如下：

1. 进入编辑状态

通过双击某节的页眉（或页脚）区域进入页眉（页脚）编辑状态；此时会出现“页眉页脚”选项卡，如图4-2所示。

2. 设置与上一节的关系

如当前节要设置成与上一节不同时，要先单击“页眉页脚”选项卡中的“同前节”按钮，使得它成为灰色的非选中状态（默认“同前节”是选中状态）。

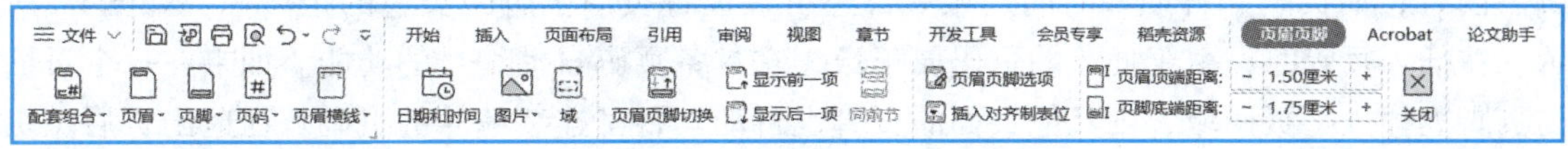

图 4-2　“页眉页脚”选项卡

在撰写书籍或论文等长文档时，需要将文档划分为不同单元（节），其每个单元有不同的页眉或页脚。表4-1给出了一种论文的单元组织方法，可以看到，只要同一篇文档中其页眉、页脚内容不同，就需要插入“分节符（下一页）”。此外，“分节符（下一页）”还可控制所在节的纸张大小（或方向）、首页不同、奇偶页不同、显示页眉横线等属性。

表 4-1　一种长文档组织示例

长文档各个单元	页　眉	页脚处的页码编号	首页不同 奇偶页不同[①]	需要的分节符	所属的节
封面页	无	无	□ □		第 1 节
前言	无	无	□ □	分节符（下一页）	第 1 节
目录	目录	I, II, III,…	□ □	分节符（下一页）	第 2 节
第 1 章	正文内容	1, 2, 3, …	□ ■		第 3 节
第 2 章	正文内容	续前	□ ■		第 3 节
…	正文内容	续前	□ ■	分节符（下一页）	第 3 节
致谢	无	续前	□ ■	分节符（下一页）	第 4 节
参考文献	参考文献	续前	□ ■		第 5 节

图4-3给出了在页面视图隐藏空白状态下对表4-1长文档示例的需要插入的分节符和分页符。

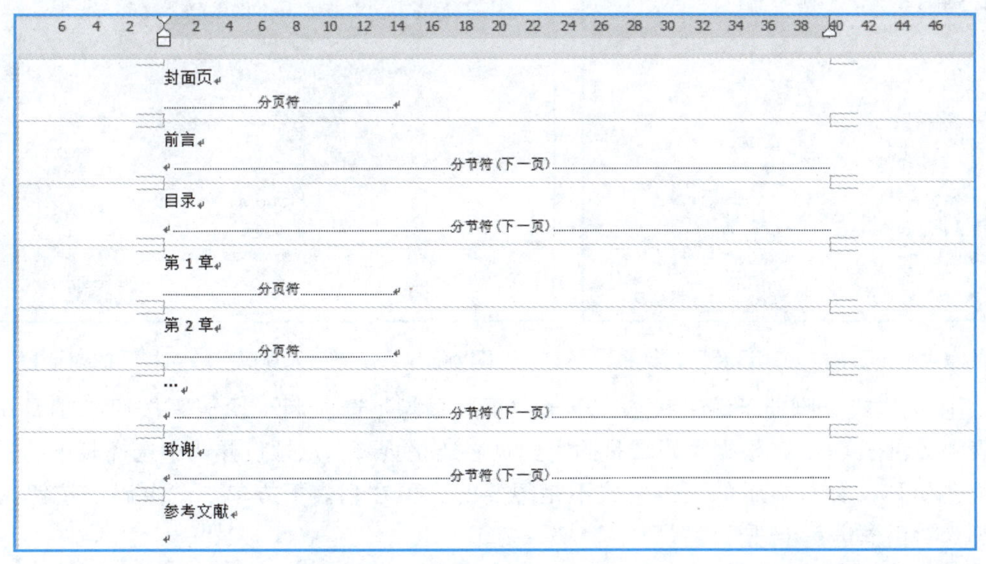

图 4-3　分节符与分页符相互配合实现长文档中不同页眉、页脚示例

3．编辑页眉页脚的内容及格式

页眉或页脚的编辑与正文编辑排版相似，用户可以使用字体格式和段落格式属性来格式

① □表示不选中复选框，■表示选中复选框。

化页眉、页脚；同时，利用WPS文字中出现的“页眉页脚”选项卡可以在页眉或页脚处插入所需内容，如页码、日期和时间、域等，还可以设置页眉页脚距页边的距离等，如图4-2所示。在插入页码时，由于插入的页码属于域，它具备页码自动编号的功能。如果在一个页面的页脚处插入了页码域，则其他页面的页脚也自动具备了连续编号的页码。在退出页眉（页脚）编辑状态后，如果对版心内容编辑导致增加或删除了页面，则页码的值会自动调整。和所有的WPS的其他域一样，选中页码域会呈现深灰色的状态。

4. 页眉页脚选项设置

在页眉页脚编辑状态下单击“页眉页脚”选项卡中的“页眉页脚选项”按钮，可以打开“页眉/页脚设置”对话框，如图4-4所示，此处可以对每个分节进行更多的设置（“章节”功能选项卡也提供了这些设置）。例如，设置当前节中的“首页不同”，表示该节的首页的页眉和页脚不同于该节的其他页面的页眉和页脚；当前节中的“奇偶页不同”表示该节的奇数页的页眉和页脚不同于该节的偶数页的页眉和页脚。每个分节中的“首页不同”和“奇偶页不同”可以同时设置。

5. 页码的设置

页码的设置相对复杂一些，它通过插入页码域来实现。页码域插入和格式设置方法有：

① 使页眉或页脚处于编辑状态，单击“插入页码”按钮，从弹出的对话框（见图4-5）中“样式”下拉列表中选择页码样式，选择页码放置位置和页码设置的应用范围，即可完成页码设置。

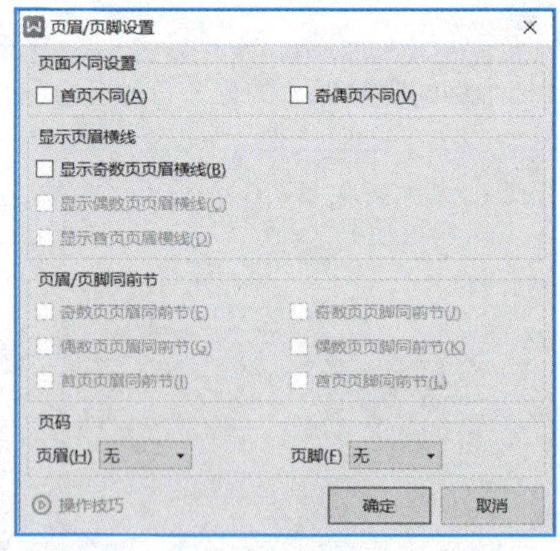

图 4-4 “页眉 / 页脚设置”对话框

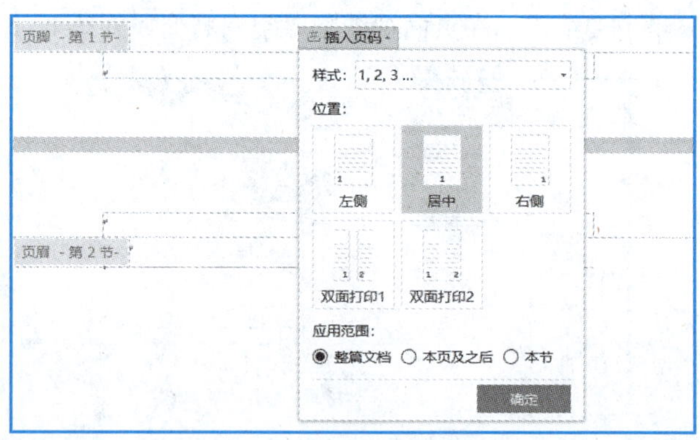

图 4-5 单击“插入页码”按钮打开的对话框

② 使页眉或页脚处于编辑状态，单击“页眉页脚”选项卡|“页码”按钮，在展开的下拉列表中（见图4-6），根据页码域是插入到页眉还是页脚，从预设样式中选择其中的一种，即可得到页码。如果显示的页码格式不是想要的，可在列表下方单击“页码”按钮，打开“页码”对话框进一步进行设置。

在打开的“页码”对话框中（见图4-7），除了可完成页码样式和位置的选择外，还可以设置页码编号是续前节（指接续上一节最后的页码继续编号）、还是指定起始页码（指为当前页重新设定起始编号）。设置完成后单击对话框中的“确定”按钮即可。

图 4-6　插入页码域

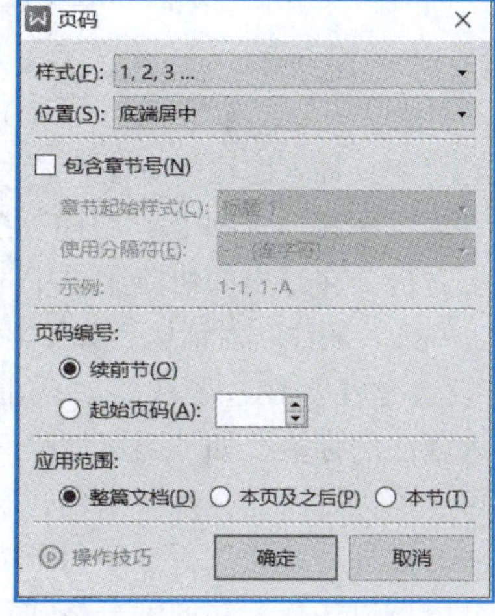

图 4-7　"页码"对话框

综合前面的叙述，页眉、页脚设置步骤可以简化为：

① 通览整篇文档对页眉（页脚）或纸张大小（方向）的格式要求，如果页眉、页脚或纸张大小、方向不同则需要插入"分节符（下一页）"。

② 对各个节分别插入页码域。

③ 对各个节的页眉页脚分别设置是否"同前节"、"首页不同"、"奇偶页不同"和页码域放置位置属性。

4.2.3　脚注和尾注的插入

脚注用于对文中内容进行解释或补充，通常位于页面底部；尾注常用于列出文中的参考文献或引用信息，位于节的结尾或文档结尾。

插入脚注的操作方法如下：

① 在页面视图下，将插入点放置在需要添加说明的文字后面。

② 单击"引用"选项卡中的"插入脚注"命令。

③ 此时插入点会出现在脚注处，同时在需要添加说明的文字右上角会添加一个脚注序号标记。在脚注处输入需要说明的文字即完成脚注的插入。

如果要删除脚注，方法是将插入点放置在正文处的脚注标记前面，按两次【Delete】键即可同时删除脚注序号标记和脚注。

尾注的插入、删除操作与脚注相同，只是位置不同。WPS文字处理软件支持对脚注和尾注进行格式设置，用户可先通过图4-8中所标示的按钮打开"脚注和尾注"对话框，再对"位置”“格式”“应用更改”进行详细设置。

4.2.4 题注和交叉引用的应用

WPS文字处理软件中，题注用于给图片、表格、图表、公式等添加编号和说明信息。使用题注，不仅可以为文档中引用的图片、图表等内容编号并添加注释，还能在需要插入新题注时快速更新题注编号，确保文档的一致性和准确性。

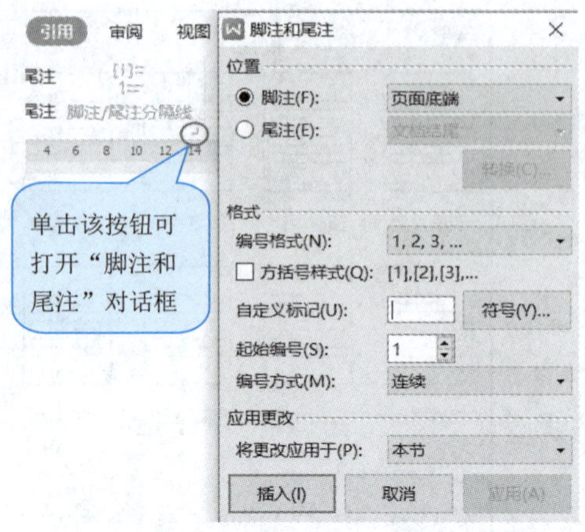

图 4-8 “脚注和尾注”对话框

1. WPS中插入题注

插入题注的一般步骤如下：

① 选定需要插入题注的对象。

② 单击“引用”选项卡|“题注”按钮（或在选定对象上右击，在弹出的快捷菜单中选择“题注”命令），打开“题注”对话框，如图4-9所示。

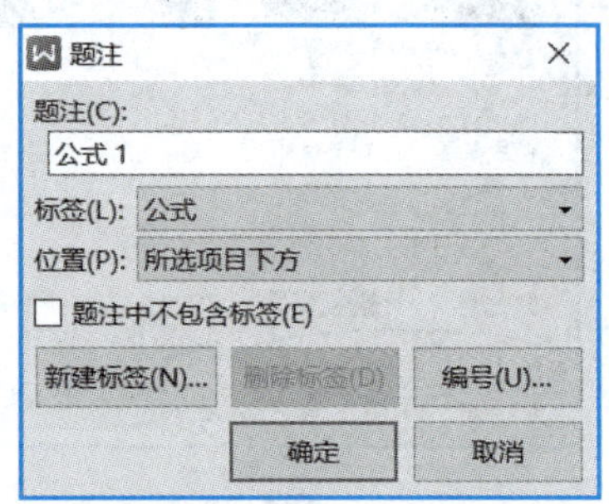

图 4-9 “题注”对话框

③ 设置题注。在“题注”对话框中，可以选择或输入题注的标签，如“图”“表”等。如果需要，还可以单击“新建标签”来创建自定义标签。选择题注的位置，如为“所选项目下方”。在“编号”部分，可以选择题注的编号格式，包括是否包含章节编号、选择使用分隔符等。

④ 插入题注。设置好后，单击“确定”按钮，题注就会被插入到文档中指定的位置。

2. 题注的更新与引用

① 更新题注。如果在文档中插入了新的图片、表格等元素，并希望更新题注编号以反映新的顺序，可以选中题注，然后按【F9】键或右键快捷菜单中选择“更新域”命令来更新编号。

② 交叉引用。在文档中提及某个题注内容时，可以使用交叉引用功能。交叉引用允许在文档中引用其他位置的题注或文本内容，方便读者查找和引用。单击“引用”选项卡下的“交叉引用”按钮，在引用类型中选择“图”或“表”等，然后选择要引用的题注，单击“确定”按钮即可。后续文档编辑中，当题注编号发生变化时，交叉引用的内容也会自动更新。交叉引用功能可以大大提高文档的可读性和可维护性，建议在需要引用题注内容时使用该功能。

3. 注意事项

① 在插入题注时，选择的标签和编号格式符合文档的要求和风格。

② 如果文档中包含多个章节，并希望题注编号中包含章节编号，要确保文档中的标题已经应用了正确的格式，以便WPS能够正确识别并应用章节编号。

4.2.5 多级编号的设置

在WPS文字中设置多级编号常用于组织文档中的标题和子标题，使得文档结构更加清晰。多级编号可以帮助创建有序的文档结构，特别是对于长文档、报告、论文等。下面详细说明如何在WPS文字中设置多级编号。

1. 基本设置方法

主要步骤如下：

① 选中文本。先在WPS文档中选中需要设置多级编号的文本内容。这些文本内容需要先行应用了不同级别的标题样式。

② 依次单击“开始”选项卡|“编号”（☰）旁边的下拉按钮。

③ 在弹出的编号和多级编号样式列表中，选择一个符合需求的多级编号样式。WPS提供了多种预设的编号样式，如阿拉伯数字、中文数字、英文字母等，并且支持自定义编号样式（随后讲述）。

步骤②和步骤③也可以通过以下方式完成：右击文本，在弹出的快捷菜单中选择“项目符号和编号”命令，再在弹出的对话框中选择“多级编号”选项卡，如图4-10所示，并从中选择某个预定义的样式。

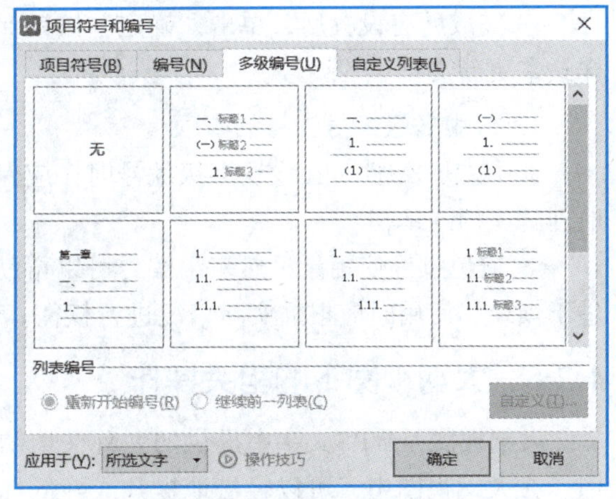

图 4-10　“项目符号和编号”对话框

经过以上步骤后，WPS会自动为选中的文本内容应用多级编号。此时，可以看到文本内容已经按照层级关系进行了有序编号。

2. 自定义多级编号样式

如果你对预设的编号样式不满意，或者需要按照特定的格式来设置编号，可以自定义多级编号样式。具体步骤如下：

① 参考前面基本设置中的步骤（2）（3）打开图4-10所示的对话框。

② 在图4-10所示的对话框中，先单击“多级编号”标签，再从样式列表中选择一个样式，然后单击“自定义”按钮，打开“自定义多级编号列表”对话框，如图4-11所示。

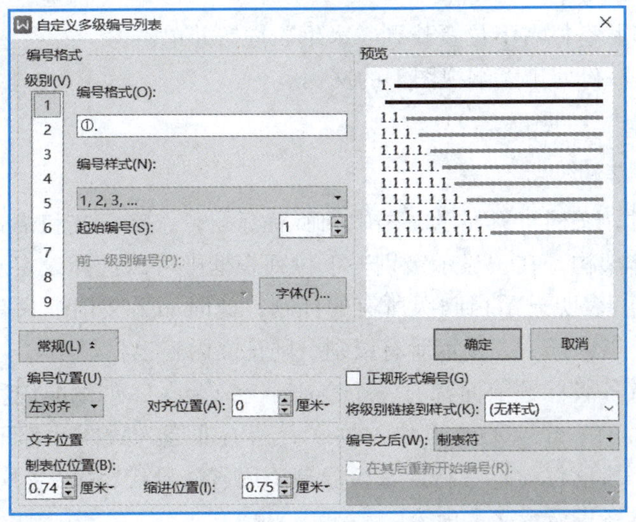

图 4-11　“自定义多级编号列表”对话框

③ 设置编号级别。在“自定义多级编号列表”对话框中，依次设置不同级别的编号。通过单击“级别”按钮来选择要设置的编号级别（如1级、2级等）。

④ 设置编号样式和格式。对于每个编号级别，可以设置编号格式，例如“1.” “一、”等，其中，“编号格式”下方输入框中的带圈数字代表编号（如“①、”，后面的标点可以修改）、编号的样式（如阿拉伯数字、中文数字等），以及编号的起始值等。此外还可以设置编号的字体属性。

⑤ 将级别链接到样式。当单击“高级”按钮后，还可以设置编号位置的对齐方式、文字的位置、编号之后紧跟的符号，以及将编号级别链接到文档中的特定样式。这样，当文档中的样式发生变化时，对应的编号也会自动更新。要链接样式，可以从对话框中的“将级别链接到样式”下拉列表中选择具体样式。

⑥ 完成所有设置后，单击“确定”按钮保存设置。此时，WPS会根据所设置的多级编号样式来更新文档中的编号。

3. 应用多级编号注意的事项

① 保持一致性。在设置多级编号时，应保持各级编号样式的一致性，以便读者能够清晰地理解文档的结构。

② 避免过度使用。虽然多级编号可以帮助组织文档内容，但过度使用可能会使文档显得过于烦琐。使用时应根据实际情况进行权衡。

4.2.6 大纲视图下的相关操作

大纲视图是WPS文字中提供的一种文档结构展示方式，方便用户快速浏览和编辑文档结构。在大纲视图中，可以轻松地提升或降低标题的级别、移动标题位置、折叠或展开文档结构，也可以直接在大纲区域编辑文本，调整标题和内容。

1. 选择大纲视图

打开WPS文字文档后，一般处于页面视图，可用以下途径进入大纲视图。

方法一：先单击“视图”选项卡，再单击“大纲”命令按钮，即可进入大纲视图。或直接用快捷键【Ctrl+Alt+O】。

方法二：在窗口状态栏右下位置找到“大纲”按钮并单击。

图4-13展示的是一份处于大纲视图下的文档。

2. 使用大纲视图

（1）显示文档结构

进入大纲视图时，文档将只显示文档中的所有标题，忽略正文和格式细节，可以一目了然地看到文档的整体架构。在“显示级别”下拉列表框中可以选择设定要显示的级别内容，例如，“显示级别4”表明显示1到4级所有的标题，此时如果文档中只有1级和2级标题，则只显示这两级标题。当选择了“显示所有级别”则正文内容也将显示。

显示出来的所有各级标题前面都有一个空心十字（✥），如图4-12所示，没有内容的空标题或正文文本前面有一个空心小方块（▫），所有非嵌入式图片都不可见。如果勾选了“显示首行”则每一段落仅显示一行，其余隐藏（用省略号代替），勾选了“显示格式”则会按之前设置的字体格式显示文本内容。

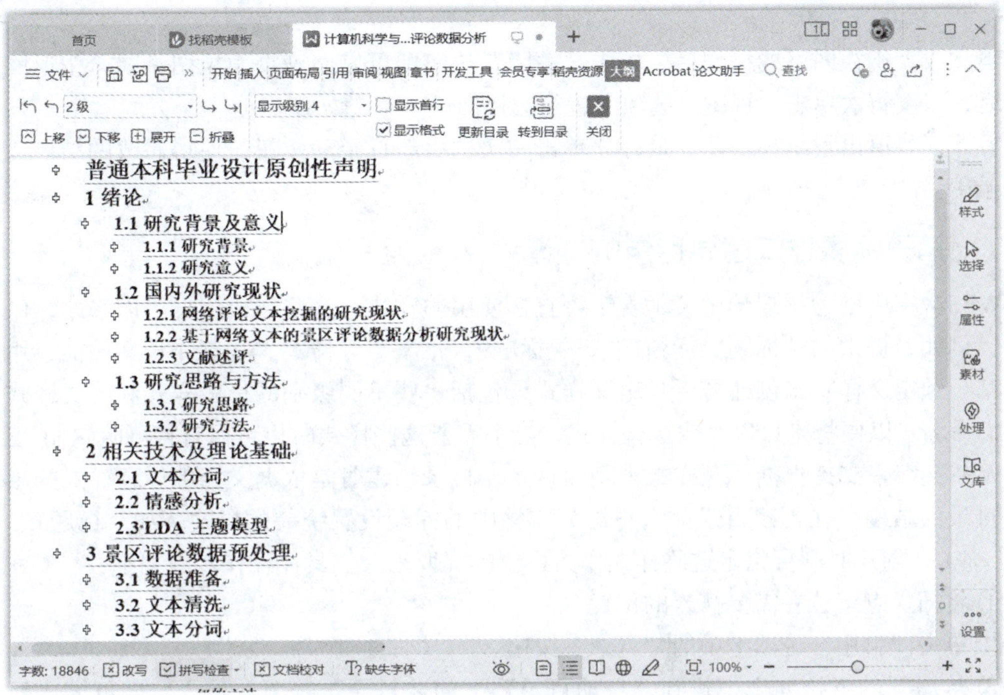

图 4-12　处于大纲视图下的某个文档

当双击标题前的✧时会展开当前标题下所有内容，再次双击又会折叠其下包含所有内容；当插入点停留在某一标题文字中时，每单击一次⊞展开按钮可展开下一级的内容，从当前级别逐级向下进行，每单击一次⊟折叠按钮则折叠一级内容，由下向当前级别逐级进行。

（2）修改标题级别

大纲视图的工具栏上有“⇤ ↰ ↳ ⇥”4个工具按钮，可以用来修改选定项目（大纲视图下插入点位置对应的段落为默认选定项目）的级别。单击第1个按钮可以将所选定项目提升为标题1；单击第2个按钮可将选定项目提升一个标题层级；单击第3个按钮可将选定项目降级一个标题层级，单击第4个按钮可将选定项目降级为正文。

在标题的升降级中，也可通过组合键进行操作，按【Shift+Tab】或【Alt+Shift+←】组合键进行升级，按【Tab】键或【Alt+Shift+→】组合键进行降级。

（3）重新排列标题或文本内容

大纲视图的工具栏上两个功能按钮“上移”和“下移”可以用来改变内容在文档中的位置，“上移”按钮用来将插入点位置的项目向上移动，移动中保持级别不变，“下移”则是向下移动。用快捷键【Alt+Shift+↑】【Alt+Shift+↓】也可实现这些操作。

如果项目移动的位置跨度较大，则可以通过拖放操作来改变其在文档中的位置，在拖放前，先将鼠标指针指向项目前面的✧或▫符号，当指针呈现带四个方向箭头的形状时，进行拖动，到达指定位置松开鼠标，选定项目就完成了移动。

（4）输入或编辑标题

在大纲视图下也可以直接添加新的标题或子标题、输入新的内容或编辑已有标题，并且也可以设置字体属性，但不能设置段落属性。

（5）退出大纲视图

当完成大纲视图下的操作后，单击“关闭”按钮即可以回到页面视图；如希望返回其他视图时，只要再次单击“视图”选项卡进行选择即可。

另外，要退出大纲视图前，最好先单击一次“更新目录”按钮，使得修改的结果能反映到目录中。

4.2.7 基于标题样式创建目录的操作

WPS文字中已为用户预定义了若干可直接使用的样式，这些样式用户可以修改，但不可删除，例如，提供的“标题、标题1、…、标题9，正文”等样式。在制作长文档前，用户往往会基于预定义样式来创建若干自定义样式，包括一些不同级别的标题样式和正文样式，并给它们命名，以便将来可以修改这些样式，当不需要这些样式时也可以直接删除它们。

WPS文字中支持根据标题样式来创建目录，目录创建时是依据文档中标题样式的层级来确定目录的结构。在创建目录前用户需为文档中的标题设置统一的样式（如“标题1”“标题2”等），创建时则可指定这些样式作为目录的提取来源。具体操作步骤如下：

① 将插入点定位在需要插入的位置。

② 单击“引用”选项卡中的“目录”按钮。

③ 从展开的下拉列表中找到“自动目录”下的“目录”选项并单击，即可完成目录的插入。

按上面的步骤得到的目录如果与要求不相符，可选用“自定义目录”来生成目录，此时只需将上述步骤③修改为：

从展开的下拉列表中找到“自定义目录”选项并单击，打开“目录”对话框，如图4-13所示，在对话框中设置目录中制表符前导符的类型、目录中要显示几级标题、是否显示页码等内容，另外，还可以单击对话框中的“选项”按钮，打开“目录选项”对话框，如图4-14所示，该对话框中可以设置目录构建自有效样式中的哪些样式及其对应的目录级别。设定完成，单击“确定”按钮返回上一对话框，再次单击“确定”按钮即可得到目录信息。

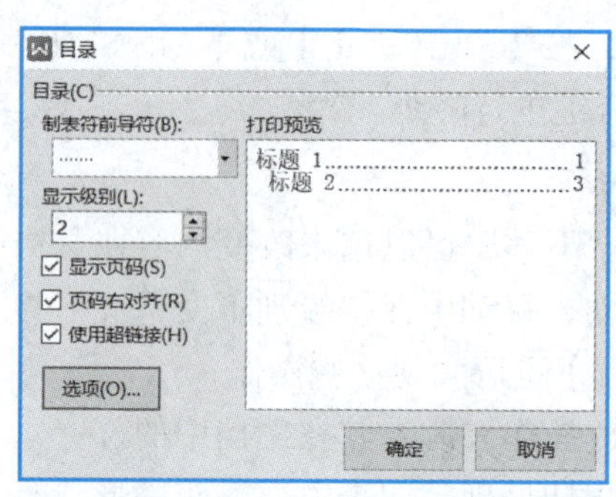

图 4-13 “目录”对话框

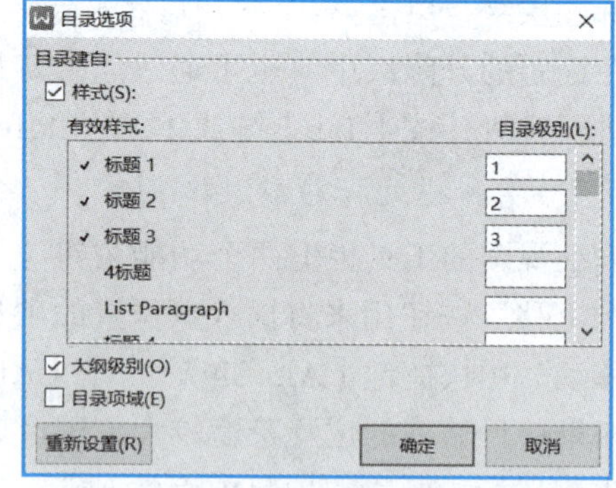

图 4-14 “目录选项”对话框

4.2.8 基于大纲级别创建目录

除了基于样式创建目录外，WPS文字还支持基于大纲级别提取并生成目录信息。当在文档中没有定义并应用样式，但为一些段落指定了大纲的层级时，可以选用该方法。该方法生

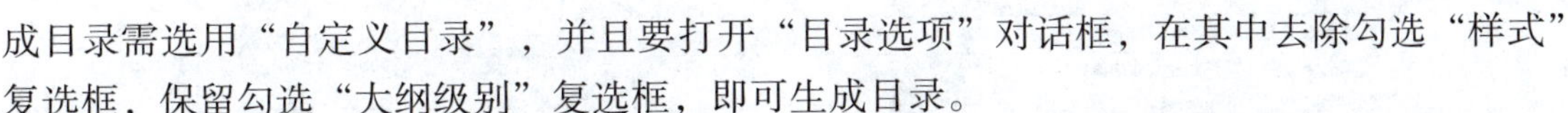

成目录需选用“自定义目录”，并且要打开“目录选项”对话框，在其中去除勾选“样式”复选框，保留勾选“大纲级别”复选框，即可生成目录。

无论用哪种方式生成目录，当文档内容发生变化后，都要对目录进行更新，确保目录与文档内容保持一致。目录更新时可以只更新页码（当只有正文内容修改时），也可更新整个目录（当标题或大纲级别有变动时）。

4.3 实验任务

本次实验任务围绕WPS文字中对长文档的排版操作展开，帮助学生将来对学术报告、论文进行撰写和排版。实验要求学生练习掌握以下内容：

① 练习在WPS文字中新建文档时要用到多个样式。

② 练习文档中插入分页符和分节符以及调整页面设置。

③ 练习在文档不同页面插入不同的页眉和页脚。

④ 练习文档中插入脚注和尾注，并编辑相关内容。

⑤ 练习为图片、表格等对象添加题注，以及在文档中进行交叉引用。

⑥ 练习设置多级编号列表，并调整样式和层级结构。

⑦ 练习在大纲视图编辑和调整文档结构。

⑧ 练习根据大纲级别或标题样式创建目录，并更新目录信息。

4.4 实验指导

4.4.1　新建一份文档并进行基础设置与排版

1．创建WPS文字的新文档并为文档新建样式

新建一份WPS文字文档，为该文档创建5个新样式，并为其中的3个标题样式设置多级编号。

① 样式名“论文题目”，基于正文样式，三号宋体加粗居中。

② 样式名“论文一级标题”，基于标题1样式，中文小三号宋体加粗，英文使用Times New Roman字体，居左，1.5倍行距，段前间距0.5行、段后间距0.5行。

③ 样式名“论文二级标题”，基于标题2样式，中文四号宋体加粗，英文使用Times New Roman字体，居左，1.5倍行距，段前间距0行、段后间距0行。

④ 样式名“论文三级标题”，基于标题3样式，中文小四号宋体加粗，英文使用Times New Roman字体，居左，1.5倍行距，段前间距0行、段后间距0行。

为以上三个标题样式设置多级编号列表，具体设置参见图4-15，其中虚线框所圈位置是关键设置点，特别是要将不同编号链接到不同级别的标题。

⑤ 样式名“论文正文”，基于正文样式，小四号宋体，固定行间距22 pt。段前间距0行、段后间距0行。文中数字、英文使用Times New Roman字体。

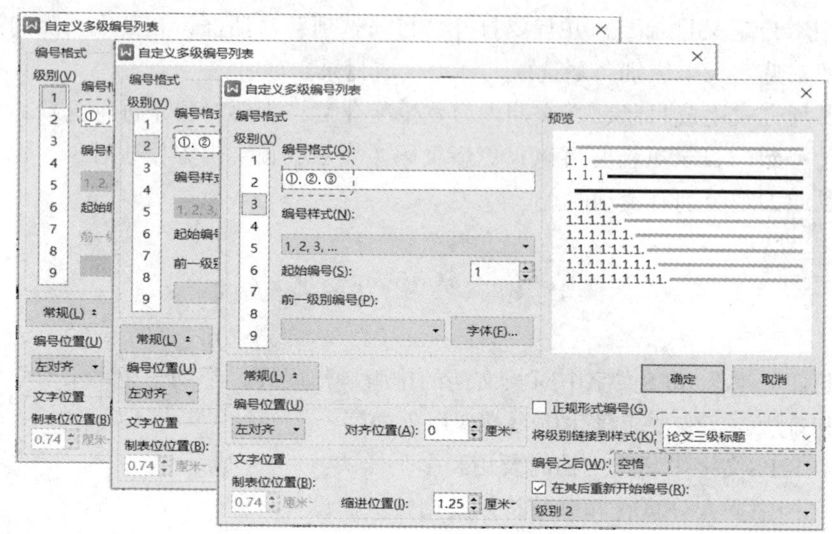

图 4-15　三级标题对应的多级编号设置

2．基础设置与排版在文档中建立以下文章内容，并进行分节、应用样式和设置页眉页脚。以下对应的是文章内容：

毕业设计后台信息管理系统设计与实现

丁一　赵二

一 引言

毕业设计是教学过程的最后阶段采用的一种总结性的实践教学环节。通过毕业设计，能使学生综合应用所学的各种理论知识和技能，进行全面、系统、严格的技术及基本能力的练习。……

1-1 项目背景

在毕业设计相关的管理工作中，涉及导师发布选题、学生选题、指导、答辩以及在各个阶段提交各种文档等各种事项，在每次的毕业答辩时，学校的组织机构都面临着如何将学生的信息及时正确地收集处理公布……

1-2 本系统开发的意义

早在前几十年，通信方式为书信、人力传达等多为靠人力资源实现的交流方式，但是随着高科技的发展，越来越多的事情可以实现虚拟化和空中化。可以实现不出门办公，网上一体化。这是社会的发展趋势，大势所趋。

如果完全靠人力资源去完成实现这些工作内容，……

二 开发工具简介及系统运行环境

本系统以Java为主要开发语言，以Eclipse为开发平台，利用Apache tomcat 6 提供的模块化体系结构和基本的Web服务，与SQL Server 2005、Java编译系统、IE(FireFox)浏览器结合，构成一套完整的开发系统。……

2-1 开发工具简介

开发工具一般是指一些被软件工程师用于为特定的软件包、软件框架、硬件平台、操作系统等建立应用软件的特殊软件。在本系统中使用了Java语言、Myeclipse，JavaWeb等工具。

2-1-1 Java语言简介

Java，是一种可以开发跨平台应用软件的面向对象的程序设计语言，由SUN公司的詹姆斯·高斯林等人于1990年初开发。它最初……

Java编程语言的风格十分接近C++语言。继……

2-1-2 MyEclipse简介

MyEclipse，是一个十分优秀的用于开发Java，Java EE的Eclipse插件集合。……

MyEclipse企业级工作平台是对Eclipse IDE的扩展。……

2-1-3 Java Web 简介

Java Web，是用Java技术来解决相关Web互联网领域的技术总和。Web包括Web服务器和Web客户端两部

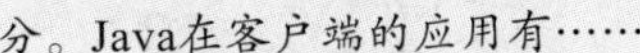

分。Java在客户端的应用有……

Java的Web框架虽然各不相同，……

2-2 系统开发环境需求

本节从硬件环境和软件环境两方面来对系统运行环境需求进行描述：

（1）硬件环境

该项目完成的软件运行于个人计算机上，个人PC配置要求如下：

……

（2）软件环境

操作系统：Windows2000/XP/2003。

支撑组件：NET FRAMWORK2.0及以上版本，WINDOWS INSTALL3.1。

数据库服务器:SQL SERVER 2005。

三 系统分析

系统分析和设计是信息系统开发的一个重要环节。主要介绍毕业设计管理系统的功能需求、总体框架，以及系统开发原理等做系统的分析研究。

3-1 体系结构分析

该系统采用MVC体系结构，即Model（模型）、View(视图)、Controller(控制)三层结构。MVC模式的目的就是实现Web系统的职能分工。Model层实现系统中的业务逻辑，通常可以用JavaBean或EJB来实现。View层用于与用户的交互，通常用JSP来实现。Controller层是Model与View之间沟通的桥梁……

模型表示企业数据和业务规则。在MVC的三个部件中，……，以下是MVC设计模式图。

3-2 系统性能需求

在程序稳定性和响应性能上有以下要求：

（1）系统有较高的稳定性，在每五百次用户运行使用过程中出现异常的次数不超过3次。

（2）系统有良好的平台兼容性，能很好地适用于Windows的各版本操作系统，Windows 7、Windows 10等。

（3）资源占用较少，正常运行下占用内存不超过10 MB。

3-3 功能模块分析

系统功能模块是根据不同的工作内容而进行区分。有毕业设计选题管理、毕业设计指导管理、毕业设计评分管理、用户信息管理四个大模块。进入不同的模块之后，根据实际需求而设计操作功能。

四 详细设计与实现

本节是论述本系统使用的关键技术以及各功能的详细设计和实现的方法、技术等，按照不同用户角色的不同功能模块撰写。本论文主要针对管理员用户这一模块进行撰写。

4-1 关键技术

本系统使用的关键技术主要有JSP，JavaScript,HTML,SERVLET，主要用于解决页面的动态设计，服务器的连接，表格、图片、链接等的设计，数据的读取等。

4-1-1 JSP技术

JSP是在传统的网页HTML文件中插入Java程序段和JSP标记，从而形成JSP文件。JSP技术使用Java编写类XML的tags和Scriptlets，来封装产生动态网页。……

4-1-2 HTML技术

HTML（hyper text mark-up language）即超文本置标语言或超文本链接标示语言，是目前网络上应用广泛的语言，也是构成网页文档的主要语言。HTML文本是由HTML命令组成的描述性文本，HTML命令可以……

经过越多文献，鉴于HTML的多个优点，以及考虑到系统的适用性，决定本系统的主要界面使用HTML语言完成。如……

4-2 登录模块设计与实现

登录模块是用于用户登录，是指导老师、学生、管理员共同使用的一个页面。在这个页面，用户要使用用户名和密码进行登录。用户输入用户名和密码后，……

4-3 管理员模块设计与实现

管理员模块的主要功能包括毕业设计选题管理、毕业设计指导管理、毕业设计评分管理、用户信息管理。

4-3-1 学生信息管理

学生信息管理模块是对学生的基本信息进行增添、删除、修改、查询等基本操作。

（1）增加学生信息

增加学生信息是对学生的基本信息进行数据库的插入，主要实现思想是从页面读取输入的信息，在数据库中相应的表中，对相应列进行插入。

（2）删除学生信息

删除学生信息是对学生的信息进行删除。主要实现思想是根据页面输入的学生表主键——学生学号，在数据库中进行查找，找到相应的数据列后对数据库进行删除操作。

（3）修改学生信息

修改学生信息是根据在页面读取用户输入的学生的唯一标识主键——学号，跳转到修改学生信息的页面。

（4）查询学生信息

查询学生信息是指管理员用户对学生的基本信息进行查询了解。可以通过输入学号进行精确查询，也可以输入姓名、班别等其他信息进行模糊查询，也可以浏览所有的学生信息……

4-3-2 教师信息管理

教师信息管理包括添加教师信息、删除教师信息、修改教师信息、查询教师信息等基本功能。这些功能的实现方法和技术，以及页面的设计和学生信息管理是基本一致的。这两个模块本质上是相同的。只是相关的用户不一样……

4-3-3 毕设信息管理

毕设信息管理是对毕业设计的相关信息进行管理，包括毕设选题管理，院系班级管理，学生选题管理等。

（1）毕设选题管理

毕业设计选题管理是对系统中所有毕业设计选题进行管理，主要是进行数据的增加、修改、删除等操作。……

4-3-4 管理员信息管理

管理员信息管理包括添加管理员信息、删除管理员信息、修改管理员信息等基本功能。其中……

五 结束语

系统成功在个人计算机上成功地运行并很好地执行着需求分析提出的各项功能，本毕业设计基本实现预期目标。回顾整个过程，从开始的选题，再通过网络、图书馆等多种渠道获取大量有关毕业设计相关工作的流程和需要，……

此次毕业设计让我……

① 完成文章内容的分节，共六小节。

第一节：第一、二两段。

第二节：第三段“一 引言”开始到“二 开发工具简介及系统运行环境”之间的内容。

第三节：从“二 开发工具简介及系统运行环境”开始到“三 系统分析”之间的内容。

第四节：从“三 系统分析”开始到“四 详细设计与实现”之间的内容。

第五节：从“四 详细设计与实现”开始到“五 结束语”之间的内容。

第六节：从“五 结束语”开始到文章尾。

从第二节开始，每节的起始位置插入“奇数页分节符”。

② 对文章内容应用样式。对文章的第一段应用前面设置的“论文题目”样式。

从第二节开始：

每一节的第一段，形如“一 引言”“二 开发工具简介及系统运行环境”，应用“论文一级标题”样式；

每一节中形如“1-1 项目背景”“1-2 本系统开发的意义”“2-1 开发工具简介”的段落应用“论文二级标题”样式；

对每一节中形如“2-1-1 Java语言简介”“4-1-1 JSP技术”“4-3-2 教师信息管理”的段落应用“论文三级标题”样式；

由于之前为三个标题样式设置多级编号列表，在应用样式后，各标题有了新的编号，请将原有的如“一、1-1、2-1-1”形式的所有编号删除。

对其余所有内容应用“论文正文”样式。在选定“其余”内容时，先将插入点定位在

"其余"内容的某一处，再选择"开始"选项卡|"选择"按钮的下拉列表中"选择格式相似的文本"命令，查看选择结果是否正确，之后再设置它们的样式。

③ 为文章添加页眉和页脚。具体设置如下：

第一节无页眉，无页脚。

从第二节开始设置页眉顶端距离和页脚底端距离均为1.80厘米，有页眉横线，"页眉页脚选项"对话框中勾选"奇偶页不同"。

第二节：页眉设置不同前节，内容为奇数页眉"毕业论文"、偶数页眉"第一章 引言"，小楷居中，页脚设置不同前节，页码设置样式"1,2,3…"，位置居中，应用范围本页及之后。

第三节：页眉设置不同前节，内容为奇数页眉"毕业论文"、偶数页眉"第二章 开发工具简介及系统运行环境"，小楷居中，页脚设置同前节。

第四节：页眉设置不同前节，内容为奇数页眉"毕业论文"、偶数页眉"第三章 系统分析"，小楷居中，页脚设置同前节。

第五节：页眉设置不同前节，内容为奇数页眉"毕业论文"、偶数页眉"第四章 详细设计与实现"，小楷居中，页脚设置同前节。

第六节：页眉设置不同前节，内容为"毕业论文 结束语"，小楷居中，页脚设置同前节。

4.4.2　为文档配图、插入题注并进行交叉引用

依次完成以下操作，为文章内容进行配图。

① 在文档中查找到文字"MVC设计模式图"所在段落，在该段段落标记下方通过插入文本框和线条，绘制以下图形（见图4-16）。图中所有文字为宋体小五，文本框属性设置：文字左右边距0.25厘米，上下边距0.13厘米。形状选项的填充与线条：纯色填充，主题颜色，白烟，背景1，深色5%。箭头旁边的说明文字对应的文本框无线条，无填充色。

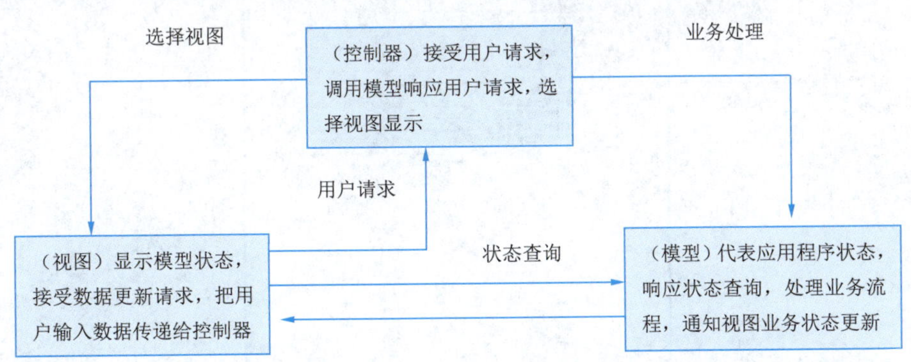

图 4-16　给文章绘制的配图

② 在文章中，通过右键快捷菜单给图4-16加上题注"图4.1 MVC设计模式图"。题注设置时标签选"图"、位置在所选项目下方，题注编号包含章节的编号、使用分隔符句点。

③ 文章中对插入的题注进行交叉引用。在查找到的文字"MVC设计模式图"后面添加文字"，如所示"，之后将插入点定位在"如"字后面，再单击"引用"选项卡中的"交叉引用"按钮，在打开的"交叉引用"对话框中，如图4-17所示，选择引用类型"图"，选择

引用内容“只有标签和编号”，并从“引用哪一个题注”中找到图4.1，最后单击“插入”按钮。

如果在文章中还要插入表、图表等对象，其插入题注以及进行交叉引用的操作与对图的操作类似，此处不再赘述。

图 4-17 “交叉引用”对话框

4.4.3 大纲视图下调整文档内容

选择大纲视图，设定显示级别为3，查看文章的逻辑结构，将4.3.4小节的内容调整到4.3.3之前，练习用直接拖动和上下移按钮两种方式进行操作。

在调整完成后，应回到页面视图仔细检查，如发现原第四章后面的分节符也一同被移动，会导致排版得到的结果不正确，此时可按【Ctrl+Z】组合键将文档恢复到之前的状态。重新回到大纲视图下再次选择移动对象，选择时注意不要将分节符选中。

这个操作实例也提醒了用户，在排版过程中应将页面和大纲两种视图配合起来使用，确保排版的结果正确。

4.4.4 基于标题样式生成目录

将文章的第二段作者名进行居中排列，并为两人姓名分别插入脚注“丁一，男，江西**大学教授”；“赵二，男，江西**大学在读本科生”。

在两个人名后再次插入一个下一页分节符，并在新的页中插入文章的目录，该目录页无页眉；设置页码格式为“I,II,III”、位于页面底端）、居中。得到图4-18所示的目录。

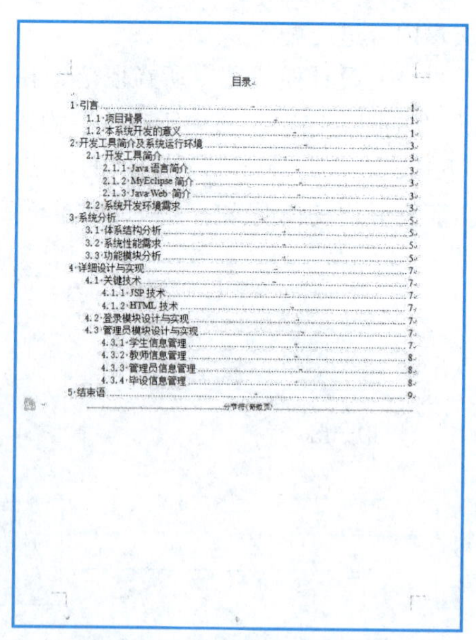

目录

1 引言 1
1.1 项目背景 1
1.2 本系统开发的意义 1
2 开发工具简介及系统运行环境 3
2.1 开发工具简介 3
2.1.1 Java 语言简介 3
2.1.2 MyEclipse 简介 3
2.1.3 Java Web 简介 3
2.2 系统开发环境需求 3
3 系统分析 5
3.1 体系结构分析 5
3.2 系统性能需求 5
3.3 功能模块分析 5
4 详细设计与实现 7
4.1 关键技术 7
4.1.1 JSP 技术 7
4.1.2 HTML 技术 7
4.2 登录模块设计与实现 7
4.3 管理员模块设计与实现 7
4.3.1 学生信息管理 7
4.3.2 教师信息管理 8
4.3.3 管理员信息管理 8
4.3.4 毕设信息管理 8
5 结束语 9

分节符(下一页)

图 4-18 自定义目录所生成的目录

4.5 课后任务

学校学位论文排版要求如图4-19所示，请大家运用文献检索方面的知识，从网络中获取一篇学术论文，按照该要求将论文排版好，作为WPS文字处理软件学习的总结。

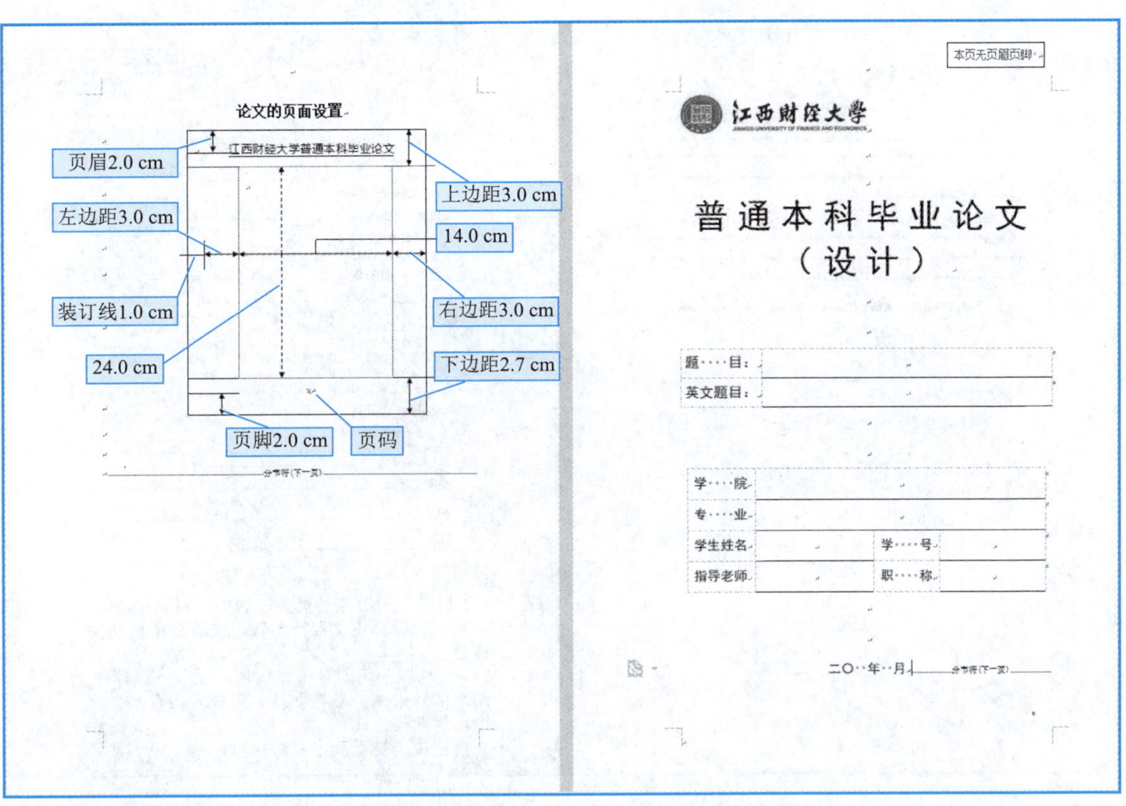

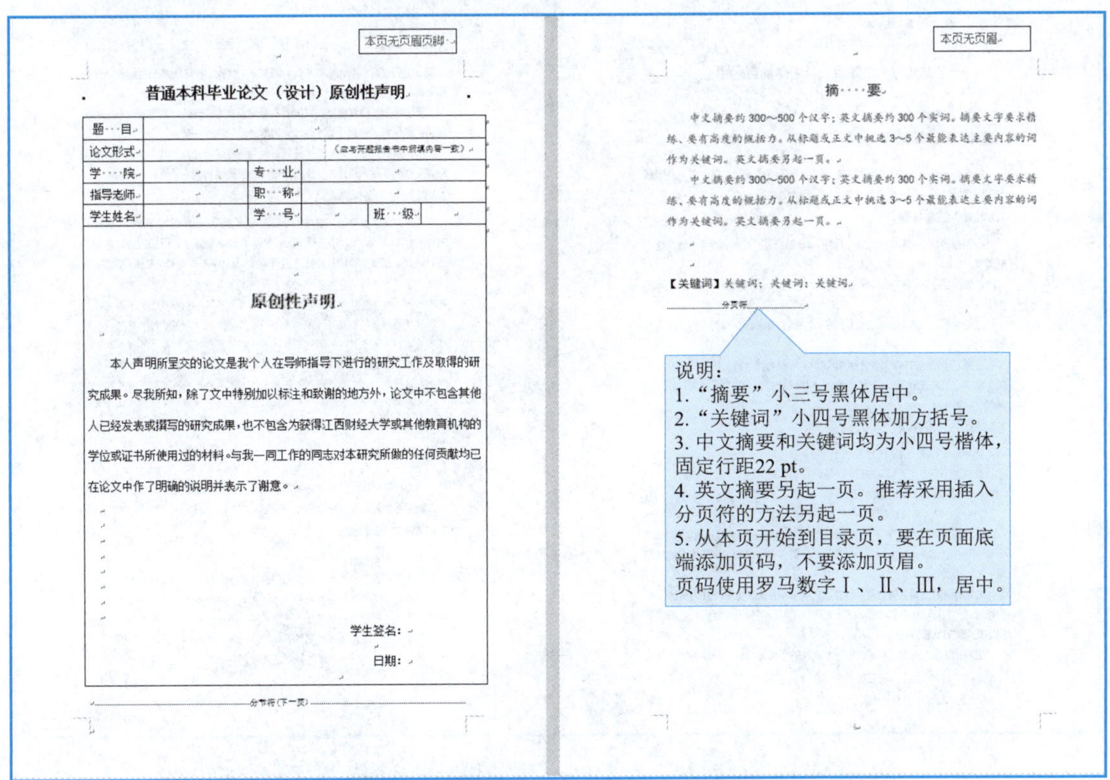

图 4-19　江西财经大学毕业论文排版要求及模板

本页无页眉

Abstract

Times New Roman Times New Roman Times New Roman Times New Roman**

Times New Roman Times New Roman Times New Roman Times New Roman**

【Key words】Times New Roman; Times New Roman; Times New Roman

分页符

说明：
1. “Abstract”用小三号Time New Roman，居中。
2.【Key words】用小四号Time New Roman。
3. 英文摘要和关键词的文字用小四号Time New Roman，固定行距22 pt。

本页无页眉

目　录

1 此处为一级标题 1
1.1 此处为二级标题 1
1.2 此处为二级标题 1
1.3 此处为二级标题 2
2 此处为一级标题 2
2.1 此处为二级标题 2
2.2 此处为二级标题 3
3 此处为一级标题 5
3.1 此处为二级标题 5
3.1.1 此处为三级标题 5
3.1.2 此处为三级标题 5
3.2 此处为二级标题 5
3.2.1 此处为三级标题 5
3.2.2 此处为三级标题 5
3.3 此处为二级标题 5
4 此处为一级标题 6
4.1 此处为二级标题 6
4.2 此处为二级标题 6
4.3 此处为二级标题 6
参考文献 7
附录 8
致谢 9

说明：
1.“目录”用小三号黑体，居中；目录中的文字与页码要与正文保持一致。推荐使用自动生成目录。
2.一级标题，用四号宋体加粗；二、三级标题、用小四号宋体；参考文献、附录（如有）、致谢，用四号宋体。
3. 自己决定是否列出三级标题。

江西财经大学普通本科毕业论文

此处写论文题目三号宋体加粗居中

1 此处为一级标题

一级标题用阿拉伯数字，数字后面不要有圆点或顿号。建议在一级标题和二级标题之间，写一段话概述性文字，作为过渡段。

1.1 此处为二级标题

一级标题，小三号宋体加粗，居左，1.5 倍行距，段前间距 0.5 行、段后间距 0.5 行。

二级标题，四号宋体加粗，居左，1.5 倍行距，段前间距 0 行、段后间距 0 行。

三级标题，小四号宋体加粗，居左，1.5 倍行距，段前间距 0 行、段后间距 0 行。

正文，小四号宋体，固定行间距 22pt。段前间距 0 行、段后间距 0 行。文中数字、英文使用 Times New Roman 字体（公式中的数字、英文可以使用其他合适的字体）。

1.2 此处为二级标题

Deaton（2009）用不同方法……

张成和于同申（2012）发现……

Sims 和 Zha（2006）估算了……

Revsine 等（2011）测度了……

两个作者间用“和”，不可用“and”或“&”；三位作者及以上：用“XX 等”，不可用“XX et al”；对于外文文献，只需作者姓氏即可，无需名或其缩写。

文献综述在逻辑上要合理，可以按文献与毕业论文主题的关系由远而近进行综述，也可以按年代顺序综述，也可按不同的问题进行综述，还可按不同的观点进行比较综述。

应特别注意对主流、权威文献学术成果的引用和评述。一般要求选自核

1

江西财经大学普通本科毕业论文

心及以上级别学术期刊或学术会议的文章。引用文献的数量原则上不少于 20 篇，其中外文文献不少于 2 篇。

要围绕毕业论文主题对文献的各种观点作比较分析，不要教科书式地将与研究课题有关的理论和学派观点简要地汇总陈述一遍。

最后要有文献述评，简要总结前人为该领域研究打下的工作基础，指出前人工作的不足，衬托出作进一步研究的必要性和理论价值。

1.3 此处为二级标题

从正文第 1 页开始，要在页面底端添加页码，也要添加页眉。页码使用阿拉伯数字 1、2、3，小五号 Times New Roman，居中。页眉的文字是“江西财经大学普通本科毕业论文”，五号宋体，居中，还有一道长横线（下框线）。

××
××
××
××

2 此处为一级标题

一级标题用阿拉伯数字，数字后面不要有圆点或顿号。建议在一级标题和二级标题之间，写一段话概述性文字，作为过渡段。

2.1 此处为二级标题

××
××
××

2

图 4-19　江西财经大学毕业论文排版要求及模板（续）

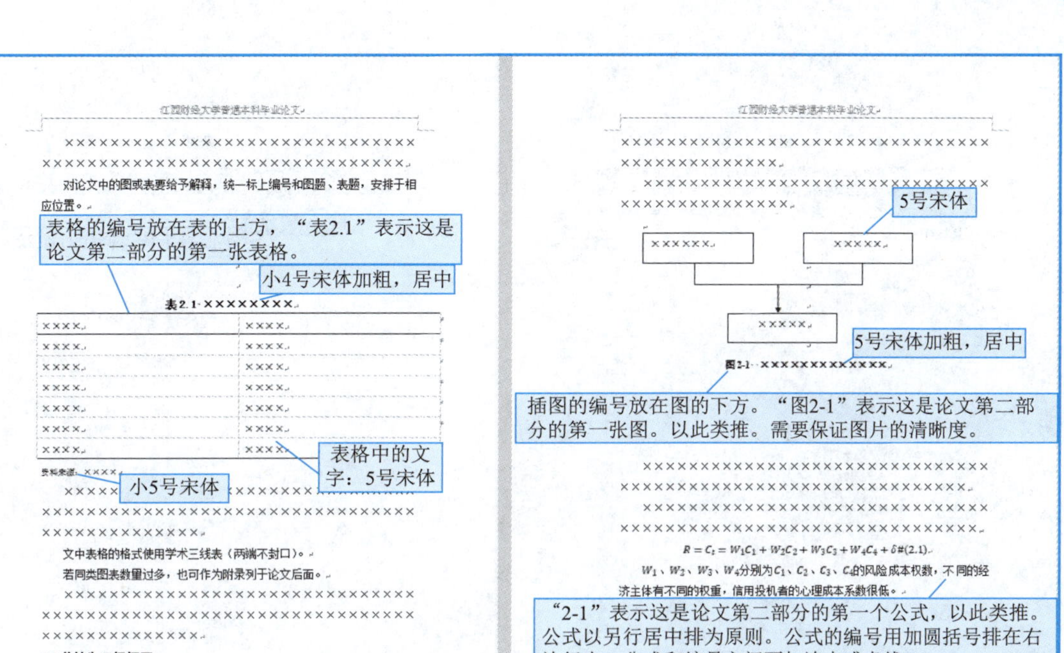

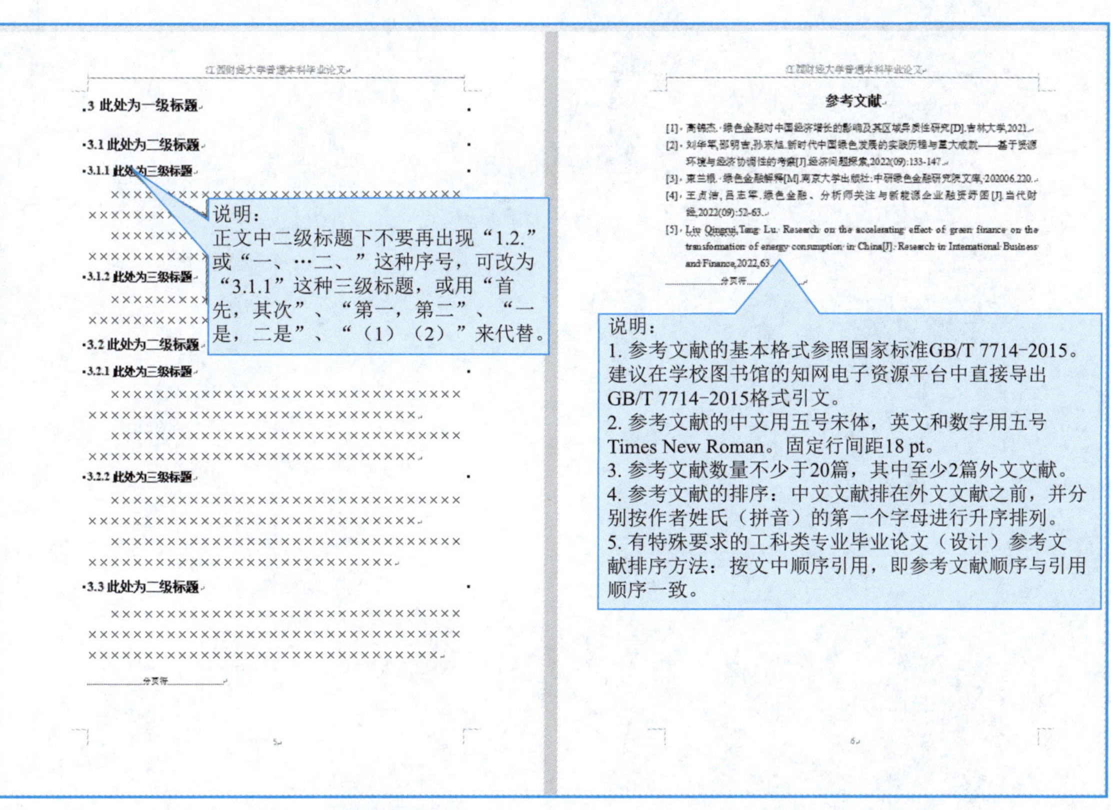

图 4-19　江西财经大学毕业论文排版要求及模板（续）

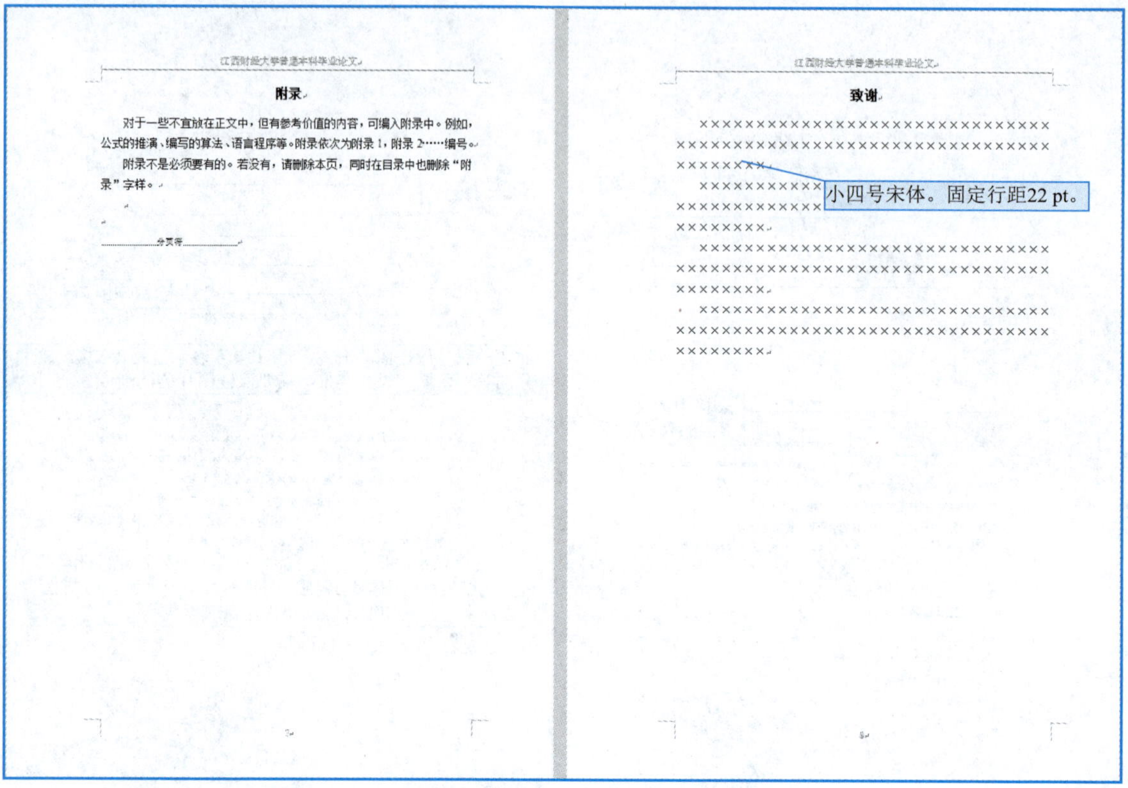

江西财经大学普通本科毕业论文

附录

对于一些不宜放在正文中，但有参考价值的内容，可编入附录中。例如，公式的推演、编写的算法、语言程序等。附录依次为附录1，附录2……编号。

附录不是必须要有的。若没有，请删除本页，同时在目录中也删除“附录”字样。

分页符

江西财经大学普通本科毕业论文

致谢

××

××

××

小四号宋体。固定行距22 pt。

图 4-19　江西财经大学毕业论文排版要求及模板（续）

实验 5 WPS表格的数据编辑基础

5.1 实验目的

- 熟悉WPS表格的工作界面。
- 掌握WPS表格工作簿的基本操作。
- 掌握WPS表格工作表的基本操作。
- 掌握WPS表格单元格的基本操作。
- 掌握WPS表格数据录入的基本操作。
- 掌握WPS表格数据美化的基本操作。

5.2 预备知识

WPS表格是一款功能强大的电子表格处理软件，具备多种实用的功能，可以帮助用户更好地整理、展示、处理和分析数据，提高工作效率，以及方便项目管理和进度控制。同时，随着数字化和信息化的发展，WPS表格处理软件在日常生活和工作中扮演着越来越重要的角色。

5.2.1 WPS表格的工作界面

打开WPS Office 软件，在WPS“首页”标签页中单击“新建”按钮。进入“新建”界面，选择“表格”选项，单击“空白文档”选项，即可创建一个空白工作簿，如图5-1所示。

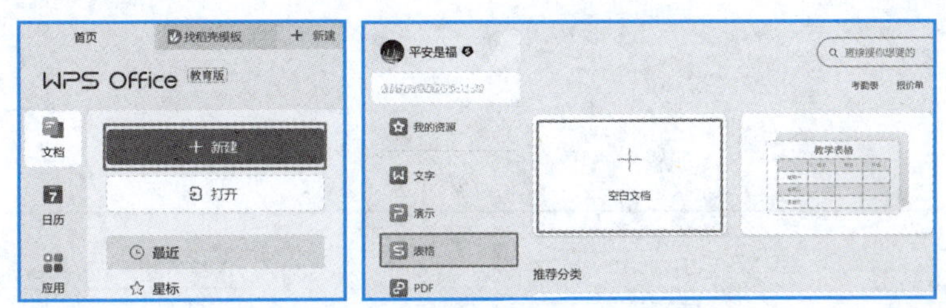

图 5-1　WPS 表格新建空白文档

新建“工作簿1.xlsx”后，进入WPS表格的工作界面，这是一个集数据录入、编辑、格式化和分析等功能于一体的综合平台，如图5-2所示。以下是WPS表格工作界面的详细介绍：

① 标签栏：用于显示工作簿的名称、登录管理账号、控制窗口大小等。通过标签栏，用户可以轻松切换不同的工作簿。

② 功能区：功能区包含多个选项卡（如“开始”“插入”“页面布局”“公式”等），每个选项卡下又有多个功能面板，提供了对电子表格进行设置和数据处理的丰富功能。用户可以通过功能区快速访问各种工具和功能。

③ 名称框：主要用来显示当前选中单元格的名称（由行号和列标组成，如A1表示第A列第1行）。

④ 编辑栏：显示当前选中单元格的内容，用户可以在编辑栏中直接编辑、修改或删除单元格内容。编辑栏的同步显示功能使得内容修改更加直观和便捷。

⑤ 工作表编辑区：位于页面中央，是数据编辑与呈现的主要区域。它包括行号、列标和滚动条等，用户可以在此区域进行数据的输入、编辑和格式化等操作。

⑥ 工作表列表区：显示当前工作簿中所有工作表的名称。用户可以通过单击工作表标签来切换不同的工作表，也可以右击工作表标签进行插入、删除、复制和移动等操作。

⑦ 视图控制区：提供页面视图模式和比例大小的切换功能，如阅读模式、普通视图、页面布局、分页预览和全屏模式等。用户可以根据需要选择合适的视图模式来查看和编辑工作表。

⑧ 快速访问工具栏：位于功能区上方，默认包含“打开”、“保存”、“输出为PDF”、“打印”、“撤销”和“恢复”等常用命令按钮。用户可以根据需要自定义快速访问工具栏中的命令按钮。

⑨ 任务窗格：提供与当前任务相关的信息和选项，如格式设置、样式库等。用户可以通过任务窗格快速访问和使用这些功能。

⑩ 搜索栏：用户可以在此输入关键词快速查找文件或内容。

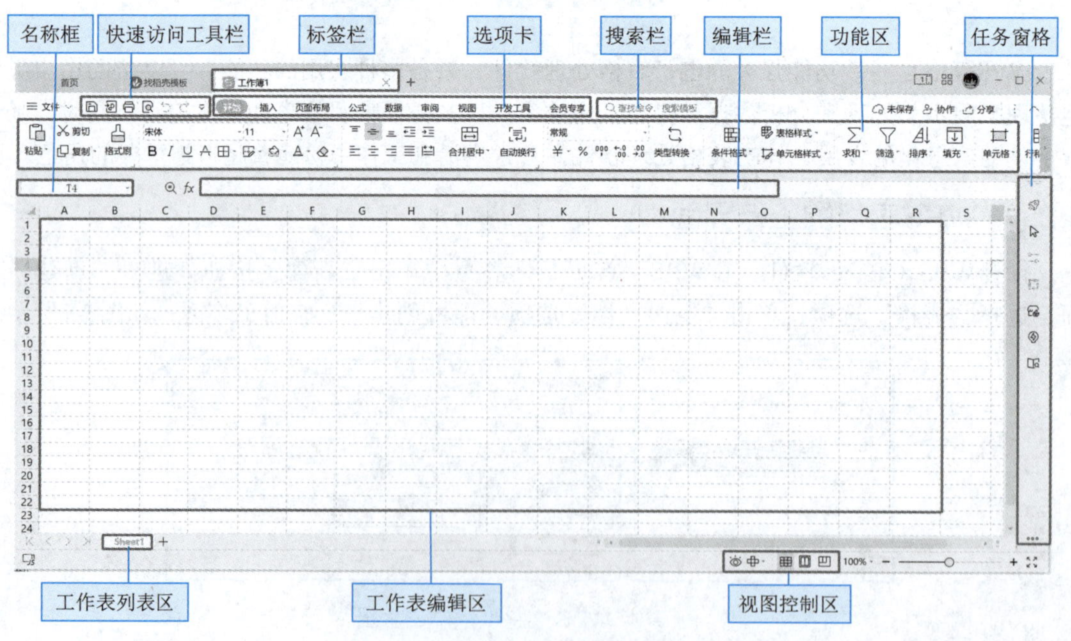

图 5-2 WPS 表格的工作界面

5.2.2　WPS表格的名词与概念

WPS表格作为电子表格软件，具有一系列专业的名词与概念，这些名词与概念对于理解和使用WPS表格至关重要。以下是一些关键的名词与概念：

1. 工作簿

工作簿就是WPS表格文件，是电子表格软件中的特有名词。一个工作簿就是一个WPS表格，每个工作簿都有唯一的文件名，可以保存为.et（WPS表格的默认格式）或.xls、.xlsx等Excel兼容格式。一个工作簿默认情况下可以有1~255个工作表。

2. 工作表

工作表是工作簿中的一个独立表格，每张工作表由多个单元格组成，可以进行数据的输入、编辑、计算等操作，用于存储和处理具体的数据。工作表名称默认显示在屏幕底部的工作表标签上，可以自定义名称。在WPS表格中单击某个工作表标签，则该工作表就会成为当前工作表。一个新建的工作簿默认包含三个工作表，其名称分别是Sheetl、Sheet2、Sheet3。可以根据用户的需求，通过复制、粘贴、重命名等操作来修改工作表的数量和名称。

3. 单元格

在WPS表格中，单元格是工作表中行列交汇处的区域，它是组成表格的最小单位，可拆分或者合并。单元格中可以输入文本、数字、公式等内容，用来保存输入的数据。当用户把鼠标指针移到某个单元格上并单击，此单元格的边框线变成粗黑线，则此单元格称为活动单元格。

4. 单元格地址

单元格地址是指每个单元格在工作表中唯一确定的位置标识，由列标识字母和行标识数字组成。其中：列标识是由每个字母标识一个列，如A列、B列、C列等，列标的编排方式为“A、B、C……AA、AB、AC……IS、IT、IU、IV”，共256列；行标识是由每个数字标识一个行，行标从1开始，一直到65 536行（目前，WPS教育版中一个表格的最大行数为1 048 576行）。因此，一个单元格的地址可以表示为“列标识字母+行标识数字”，例如C5表示第C列第5行的单元格。

活动单元格的地址显示在名称框中，WPS表格通常会通过一种方式来突出显示该单元格所在的行和列，以便用户更容易地识别和操作这些行和列，同时活动单元格的数据显示在编辑栏中。

5. 单元格区域

在WPS表格中，单元格区域是指由多个连续或不连续的单元格组成的矩形范围。一个区域可以是一个单个的单元格，也可以是多行多列的矩形区域。区域分连续区域和不连续区域，连续区域用冒号（:）分隔起始单元格和结束单元格的地址（如A1:C3），不连续区域用逗号（,）分隔各个单元格的地址（如A1,C3,E5）。

连续区域只需单击想选定的区域的左上角单元格，同时按住【Shift】键不放，再单击想选定的区域的右下角单元格，则选定连续的区域。不连续区域只需按住【Ctrl】键，再用鼠标任意选定多个不相邻的单元格，则选定不连续的区域。

6. 数据类型

WPS表格中的数据类型包括文本、数字、日期、时间等。不同类型的数据在WPS表格中具有不同的处理方式和显示格式。WPS表格中的数据类型丰富多样，主要包括以下几种类型：

① 文本类型：用于存储字符数据，如姓名、地址、电话号码等。在WPS表格中，文本类型的数据默认靠单元格左侧显示。如果需要在单元格中输入以数字开头的文本（如身份证号码、电话号码等），可以在输入前加上英文的单引号（'），这样WPS表格就会将其作为文本处理。

② 数字类型：用于存储数值数据，如金额、数量、身高、体重等。数字类型的数据默认靠单元格右侧显示，并且可以进行数学运算，如加、减、乘、除等。在WPS表格中，用户可以根据需要设置数字的小数位数、货币符号等。

③ 日期和时间类型：用于存储日期和时间数据，如出生日期、入职日期、会议时间等。日期和时间类型的数据在WPS表格中有特定的格式和代码。用户可以在单元格中输入日期和时间，WPS表格会自动识别并应用相应的格式。同时，日期和时间类型的数据可以进行日期的计算和比较。

④ 公式类型：用于存储计算公式，如求和、平均值、最大值、最小值等。公式类型的数据可以对其他单元格中的数据进行计算，并将结果存储在一个单元格中。在WPS表格中，用户可以通过输入公式来进行复杂的数学计算和数据分析。

⑤ 图片类型：用于存储图片数据，如插入公司logo、产品图片等。图片类型的数据可以美化表格，并增加表格的可读性。用户可以在WPS表格中插入图片，并对其进行缩放、裁剪等操作。

7. 公式与函数

公式是WPS表格中用于进行计算和数据分析的表达式，由等号“=”开始，后跟运算数和运算符组成。函数是预定义的公式，用于执行特定的计算任务。公式和函数可以大大提高数据处理的效率和准确性。

8. 数据筛选与排序

数据筛选是根据指定的条件从工作表中筛选出符合条件的数据行。数据排序是将工作表中的数据行按照指定的列进行升序或降序排列。数据筛选和排序是WPS表格中常用的数据处理功能，有助于快速找到需要的数据或对数据进行整理和分析。

9. 数据透视表与数据透视图

数据透视表是一种交互式的表格，可以对大量数据进行快速汇总和分析。数据透视表可以根据用户定义的字段和算法对数据进行分类、汇总和计算，生成直观的报表和分析结果。数据透视图是数据可视化呈现的工具，可以将数据透视表中的数据以图表的形式展示出来，帮助用户更直观地理解数据。

10. 图表

图表是WPS表格中用于表示数据的一种图形化方式，可以直观地展示数据的趋势、对比和分布等信息。WPS表格提供了多种图表类型（如柱状图、折线图、饼图等），用户可以根据需要选择合适的图表类型来展示数据。

以上是一些WPS表格中常用的名词与概念。这些名词与概念构成了WPS表格的基本框架和操作基础，理解和掌握这些名词与概念对于使用WPS表格进行数据处理和分析至关重要。

5.2.3　WPS表格的基本操作

WPS表格是一款功能强大的电子表格软件，它提供了丰富的操作和功能，以满足用户进行数据管理、分析和展示的需求。以下是WPS表格的一些基本操作：

1. 工作簿的基本操作

WPS工作簿的操作涉及多个方面，包括新建、打开、编辑、保存、管理多个工作表及退出等。以下是对这些操作的详细介绍：

（1）工作簿新建与打开

① 新建工作簿：单击“文件”|“新建”选项，或使用组合键【Ctrl+N】创建新工作簿。

② 打开工作簿：单击“文件”|“打开”选项，或使用组合键【Ctrl+O】打开已有的工作簿。

（2）编辑工作簿

编辑工作簿包括对数据、公式、格式等的修改和调整。以下是一些常用的编辑技巧：

① 快速批量调整单元格大小：选中要调整的单元格区域，将鼠标指针移动到相邻两列的分割线上，双击，列宽会自动调整到合适的宽度。同样地，将鼠标指针移动到相邻两行的分割线上，双击，行高也会自动调整。

② 使用格式刷进行格式设置：选中已经设置好格式的单元格或区域，单击“格式刷”按钮，然后选中需要应用相同格式的单元格或区域。

③ 隐藏和取消隐藏行或列：选中需要隐藏的行或列，右击，在弹出的快捷菜单中选择“隐藏”选项；要取消隐藏，选中隐藏行或列相邻的行或列，右击，在弹出的快捷菜单中选择“取消隐藏”选项。

（3）保存、打印工作簿

① 保存工作簿：单击“文件”|“保存”选项或使用组合键【Ctrl+S】保存工作簿；首次保存时可以选择另存为不同格式，如.xls、.xlsx等。

② 打印预览及打印：选择“文件”|“打印”命令或按组合键【Ctrl+Alt+P】进行打印前的预览（按【Esc】键可退出预览），并设置打印参数后打印工作簿。

（4）管理多个工作表

在工作簿中管理多个工作表时，可以进行以下操作：

① 选定多个工作表：按住【Shift】键或【Ctrl】键并配以鼠标操作，在工作簿底部选择多个彼此相邻或不相邻的工作表标签。

② 批量编辑：在选定的多个工作表中，可以进行页面设置、输入相同的数据、设置字号、字体、颜色等批量操作。

（5）退出工作簿

① 选择“文件”|“退出”命令或使用组合键【Ctrl+W】退出工作簿。

② 单击标签栏指定工作簿右上方的“关闭”按钮。

2. 工作表的基本操作

WPS工作表的基本操作涵盖了插入、删除、创建副本、重命名、移动或复制工作表、隐藏或取消隐藏、冻结窗格等多个方面。以下是一些WPS工作表的基本操作：

（1）插入工作表

右击现有工作表标签，在弹出的快捷菜单中选择“插入工作表”选项，如图5-3所示；或者单击工作表标签旁边的“+”按钮来插入工作表。

（2）删除工作表

右击要删除的工作表标签，在弹出的快捷菜单中选择“删除工作表”选项。

（3）创建副本

右击要复制的工作表标签，在弹出的快捷菜单中选择“创建副本”选项。

（4）移动或复制工作表

右击要移动或复制的工作表标签，在弹出的快捷菜单中选择“移动或复制工作表”选项，弹出“移动或复制工作表”对话框，如图5-4所示；在弹出的对话框中单击“工作簿”下拉按钮，选择要移动或复制的新工作表所在的工作簿名称；若勾选“建立副本”复选框，则完成工作表的复制；若没有勾选“建立副本”复选框，则完成工作表的移动。

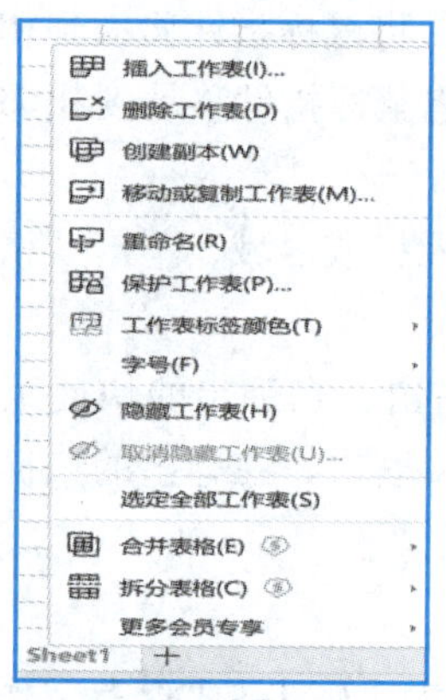

图 5-3　右键快捷菜单

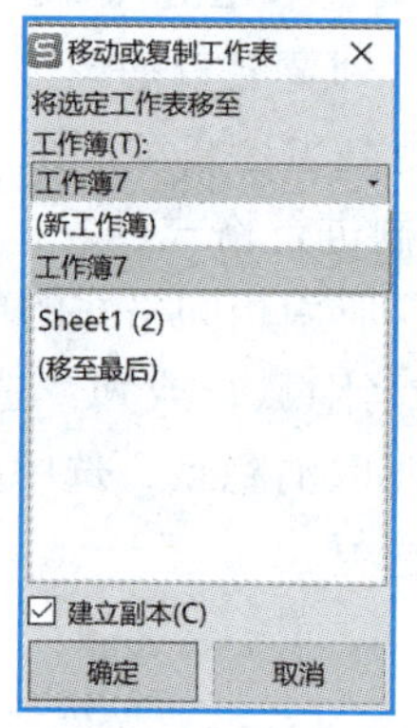

图 5-4　“移动或复制工作表”对话框

（5）重命名工作表

右击要重命名的工作表标签，在弹出的快捷菜单中选择“重命名”选项进行编辑；或者双击工作表标签，输入新的名称并回车。

（6）隐藏或取消隐藏工作表

右击要隐藏的工作表标签，在弹出的快捷菜单中选择“隐藏工作表”选项；右击工作表标签，在弹出的快捷菜单中选择“取消隐藏工作表”选项，选中要取消隐藏的工作表，单击“确定”按钮。

（7）冻结窗格

冻结窗格允许用户将表格中的某一行或某一列固定在屏幕上，以便在滚动表格时这些行或列始终可见。冻结窗格可以帮助用户更好地处理和分析表格数据，通过合理设置冻结窗格，用户可以轻松固定关键行或列，对于处理大型表格数据、保持表格的可读性以及进行数据分析时特别有用。操作步骤如下：

① 冻结首行或首列：打开需要冻结的工作表，单击“视图”|“冻结窗格”|“冻结首行”或“冻结首列”选项，即可固定表格的第一行或第一列。

② 冻结多行或多列：首先需确定要冻结的区域的右下角单元格，例如，要同时冻结前两行和前两列，需要选中第三行第三列的单元格（即C3单元格）；然后单击“视图”|“冻结窗格”选项，并选择相应的冻结行数和列数。

③ 取消冻结窗格：单击“视图”|“冻结窗格”|“取消冻结窗格”选项即可。

（8）拆分窗口

拆分窗口允许用户将表格窗口拆分成多个部分，以便同时查看或编辑表格的不同区域。操作步骤如下：

① 打开需要拆分的工作表，单击“视图”|“拆分窗口”按钮，此时，表格窗口将被拆分成多个部分，通常是四个小窗口，但具体数量可能因版本或设置而异。

② 调整拆分窗口：拆分窗口后，可以通过拖动拆分线（即窗口之间的分界线）来调整各个窗口的大小和位置。将指针放在拆分线上，按住鼠标左键并拖动，即可根据需要调整窗口布局。

③ 取消拆分窗口：如果不再需要拆分窗口，可以单击“视图”|“取消拆分”按钮，以恢复表格的原始窗口布局。

注意：在拆分窗口模式下，对表格数据的修改将在所有拆分窗口中同步显示。因此，请确保操作步骤是准确的，以避免数据错误或丢失。

3. 单元格的基本操作

单元格的基本操作在WPS表格软件中非常重要，包括选择、插入、删除、移动和复制、合并和拆分，以及调整行高和列宽等。以下是这些基本操作的详细说明：

（1）选择单元格

① 选择单个单元格：将鼠标指针移动到目标单元格上，单击以选择该单元格。

② 选择多个连续单元格：按住鼠标左键，从左上角单元格拖动到右下角单元格，或先选择左上角单元格，然后按住【Shift】键，再选择右下角单元格。

③ 选择不相邻的单元格或区域：按住【Ctrl】键，依次选择需要的单元格或区域。

④ 选择整行或整列：将鼠标指针移动到行号或列标上，当指针变为特定形状时，单击即可选择整行或整列。

⑤ 选择所有单元格：单击工作表左上角行号和列标交叉处的全选按钮，或按【Ctrl+A】组合键。

（2）插入单元格、行或列

① 插入单元格：选择目标单元格后，右击，在弹出的快捷菜单中选择“插入”|“插入单元格，活动单元格右移”或“插入”|“插入单元格，活动单元格下移”选项，如图5-5所示。

② 插入行或列：选择目标单元格后，右击，在弹出的快捷菜单中选择“插入”|“在上方插入行”或“插入”|“在下方插入行”选项，输入行数后完成行插入；右击，在弹出的快捷菜单中选择“插入”|“在左侧插入列”选项或“插入”|“在右侧插入列”选项，输入列数后完成列插入。

（3）删除单元格、行或列

① 删除单元格：选择目标单元格后，右击，在弹出的快捷菜单中选择“删除”|“右侧

单元格左移”或“删除”|“下方单元格上移”选项，如图5-6所示。

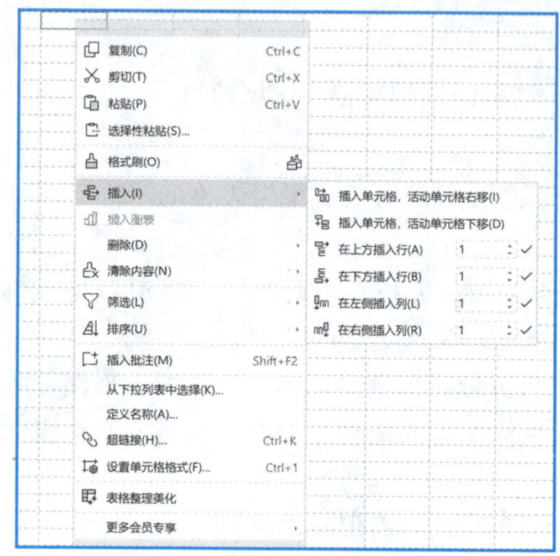

图 5-5　插入单元格

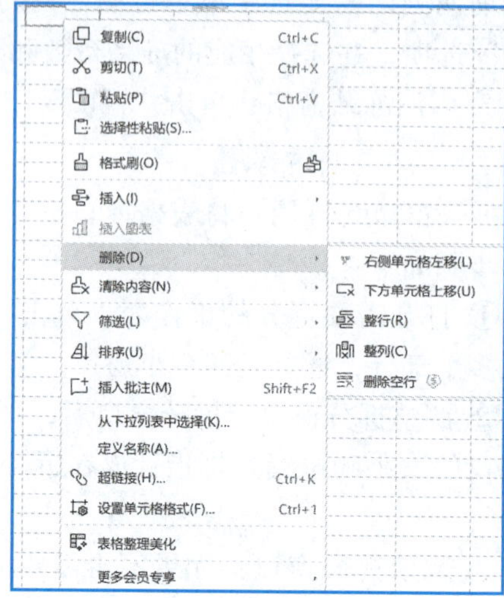

图 5-6　删除单元格

② 删除行或列：选择目标单元格后，右击，在弹出的快捷菜单中选择“删除”|“整行”选项、“删除”|“整列”选项或者“删除”|“删除空行”选项，如图5-6所示。

（4）移动和复制单元格

① 移动单元格：选择需要移动的单元格，然后拖动到新的位置。

② 复制单元格：选择需要复制的单元格，按【Ctrl+C】组合键进行复制，然后选中目标位置，按【Ctrl+V】进行粘贴。

（5）合并和拆分单元格

① 合并单元格：选择需要合并的单元格区域，单击“开始”|“合并居中”按钮。

② 拆分单元格：已合并的单元格可以通过再次单击“开始”|“合并居中”按钮来拆分单元格。

（6）调整行高和列宽

① 手动调整：将鼠标指针移动到行号或列标的分隔符上，当指针变为双向箭头时，拖动以调整行高或列宽。

② 精确调整：选择需要调整的单元格区域，单击“开始”|“行或列”，选择“行高”，然后在弹出的“行高”对话框中输入具体的数值以调整行高，如图5-7所示；选择“列宽”，然后在弹出的“列宽”对话框中输入具体的数值以调整列宽，如图5-8所示。

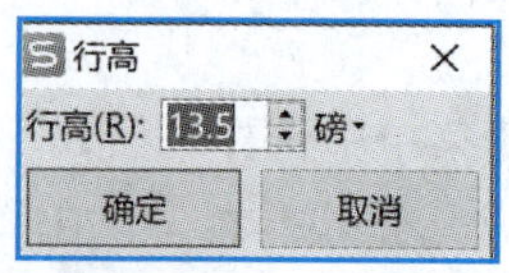

图 5-7　行高设置

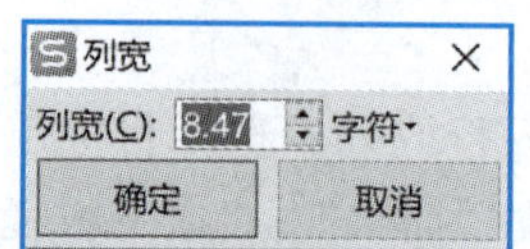

图 5-8　列宽设置

（7）隐藏和取消隐藏行或列

① 隐藏行或列：单击行号选中整行、选中连续的多行或按住【Ctrl】键选择不连续的行，右击选中的行号，从弹出的快捷菜单中选择“隐藏”命令，完成隐藏行；单击列标选中

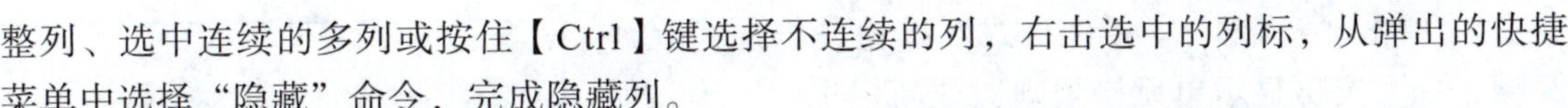

整列、选中连续的多列或按住【Ctrl】键选择不连续的列，右击选中的列标，从弹出的快捷菜单中选择“隐藏”命令，完成隐藏列。

② 取消隐藏行或列：对于要取消隐藏的行，右击隐藏行上方和下方的行，从弹出的快捷菜单中选择“取消隐藏”命令；对于要取消隐藏的列，右击隐藏列左方和右方的列，从弹出的菜单中选择“取消隐藏”命令。

（8）单元格数字显示格式

WPS表格中单元格格式的“数字”选项卡是设置单元格内数字显示方式的重要工具，允许用户根据需要调整数字的显示格式，以便更好地理解和分析数据。

① 右击单元格或单元格区域，在弹出的快捷菜单中选择“设置单元格格式”选项，或按【Ctrl+1】组合键，弹出“单元格格式”对话框，如图5-9所示。

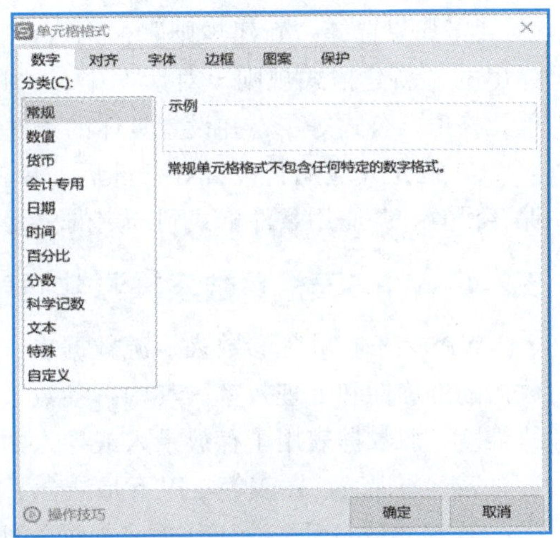

图 5-9　“单元格格式”对话框

② 在“单元格格式”对话框中，选择“数字”选项卡，可以设置单元格数字格式，如表5-1所示。设置单元格数字格式呈现数据，包括常规、数值、货币、会计专用、日期、百分比、分数、科学记数、文本、特殊、自定义等。

表 5-1　单元格的数字格式

分　类	示　例	含　义
常规	666	单元格默认的数值格式，这种格式不包含任何特定的数字格式，可以适应大多数数值数据
数值	666.00	用于设置小数点后的位数、是否显示千位分隔符等
货币	￥666.00	用于设置货币格式，包括货币符号和小数位数
会计专用	￥666.00	与货币相似，但提供了额外的选项，如货币符号对齐方式。
日期	2024/2/22	用于设置日期格式，含年月日，并用分隔符英文横杠“-”或者斜杠“/”分隔，表格就可以自动识别日期
时间	15:59:54	用于设置时间格式，含时分秒，在表格内输入时间，可以在格式中调整多种显示方式
百分比	66.66%	可以将数字转换成百分比形式
分数	66 2/3	可以将数字转化为分数
科学记数	6.67E+08	将大数或小数以科学记数法显示
文本	666	将单元格内容视为文本，即将数字作为字符串处理
特殊	陆佰陆拾陆	将数字转换成中文、人民币大写等
自定义	666.67	针对表格内容，自定义设置独有的单元格格式

（9）设置单元格条件格式

利用条件格式功能，可以根据单元格的内容自动应用不同的格式（如颜色、图标集、数据条等）。这有助于突出显示特定数据，提高表格的易读性。具体操作步骤如下：

① 选中单元格区域：在工作表中，选中需要设置条件格式的单元格或单元格区域。

② 单击“开始”|“条件格式”按钮，再选择规则类型，如“突出显示单元格规则”“新建规则”等，如图5-10所示。

③ 如果选择“突出显示单元格规则”，则可以直接选择预设的条件（如大于、小于、等于某个值）和格式（如字体颜色、填充颜色）。

④ 如果选择“新建规则”，则可以自定义条件。在弹出的“新建格式规则”对话框中，选择条件类型（如单元格值、公式等），并设置具体的条件和格式。

⑤ 确定并应用：设置好条件后，单击“确定”按钮保存设置，并应用条件格式到选定的单元格区域。

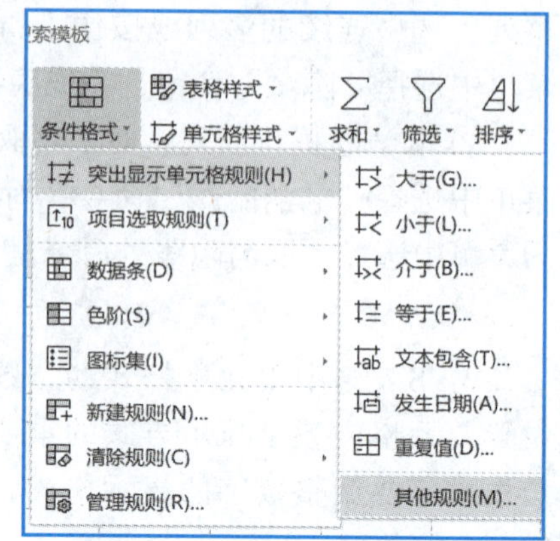

图 5-10　单元格条件格式

5.2.4　WPS表格参数表、源数据表、汇总表处理的工作流程

WPS表格在处理参数表、源数据表、汇总表时，通常遵循一套有序的工作流程，以确保数据的准确性和处理效率。其中：参数表是对源数据表的字段录入说明，对汇总表提供分析的维度；源数据表用于存放录入或导入的表格数据；汇总表是最终的分析报表，可以是数据汇总表、透视表、图表等。以下是结合了WPS表格的基本操作和功能的工作流程：

① 新建或打开一个工作簿，根据处理需求，在工作簿中创建参数表，明确需要分析工作簿中各工作表的字段、条件、计算公式等。

② 源数据收集：从各种数据源（如Excel文件、数据库、CSV文件等）中收集需要处理的数据。

③ 数据录入：在源数据表中录入或导入收集到的数据，确保数据的准确性和完整性，包括数据类型、数据宽度、约束条件、有效性规则等。

④ 数据处理与分析：使用分类汇总、合并计算等功能，根据参数表中的设定，对源数据表中的数据进行汇总。用户可以设置多个汇总字段和汇总方式，以满足不同的用户需求。根据汇总结果，使用图表、函数等工具进行数据分析，为决策提供依据。

⑤ 结果呈现：将分析结果以图表、表格等形式直观地呈现出来，并使用WPS表格的格式化功能，如设置字体、颜色、边框等，使结果更加美观易读。

⑥ 保存：完成所有处理后，及时保存工作簿。

以上就是在WPS表格中处理参数表、源数据表、汇总表时的一般工作流程。需要注意的是，具体的工作流程可能会因实际需求和数据特点而有所不同。因此，在处理过程中应根据实际情况灵活调整。

5.2.5　WPS表格数据录入及有效性

在WPS表格中，各种类型数据的录入方法多种多样，这些数据类型包括数值、日期或时间、文本、公式等。以下是对这些数据类型的录入方法：

1. 数值数据的录入

① 基本数值：任何由数字组成的单元格输入项都被当作数值。WPS表格可以自动识别并应用相应的格式，如整数、小数、负数、百分比等。

② 负数：在输入数值前面带有一个负号（-），WPS表格将识别为负数。

③ 百分比：在输入数值后面加一个百分比符号（%），WPS表格将识别为百分数，并自动应用百分比格式。

④ 货币：在输入数值前面加一个系统可识别的货币符号（如￥），WPS表格会识别为货币值，并自动应用相应的货币格式。

⑤ 科学记数：如果输入的数值中包含有半角逗号和字母E，且放置的位置正确，WPS表格会识别为科学记数符号。例如，“5E+5”会被识别为5乘以10的5次幂，即500 000。

2. 日期或时间数据的录入

日期和时间在WPS表格中是以一种特殊的数值形式存储的。标准日期格式分为长日期和短日期两种类型。长日期以“2024年6月11日”的形式显示，短日期以“2024/6/11”的形式显示。有效的日期格式包括使用短杠（-）、斜杠（/）和中文“年月日”间隔等格式，如“2024-07-12”或“2024年7月12日”。

说明：

① 输入年份时，可以使用4位年份（如2024）或两位年份（如24，但可能引起的歧义）。

② 当输入的日期数据只包含年份与月份时，系统会自动将这个月的1日作为它的日期值。

③ 当输入的日期只包含月份和天数时，系统会自动将当前年份值作为它的年份。

3. 文本数据的录入

文本数据通常包括中/英文字符、空格、标点符号、特殊符号、数字等。在WPS表格中，如果直接输入数字，但希望将其视为文本（如身份证号、手机号等），可以采取以下方法：

① 在输入前加上英文的单引号（'），如'0123456789。

② 先将单元格格式设置为文本，再输入数据。

③ 使用数据分列功能，将已输入的数字转换为文本格式。

④ 文本数据单元格左上角通常会出现一个绿色的小三角。

4. 公式数据的录入

在WPS表格中，公式用于执行计算并返回结果。输入公式时，通常以等号“=”开头，表示接下来输入的是公式内容。公式可以包含常数、运算符、单元格引用、函数等元素。举例：要计算A1到A5单元格内数值的平均值，可以输入公式=AVERAGE(A1:A5)。

5. 错误值与逻辑值

WPS表格还能识别错误值（如#N/A、#DIV/0!等）和逻辑值（如TRUE、FALSE）。这些值通常是在执行特定操作或函数时自动生成的。

综上所述，WPS表格支持多种类型的数据录入，用户可以根据需要选择合适的数据类型和录入方法。同时，了解并掌握这些基本的数据录入技巧，将有助于提高工作效率和准确性。

6. 录入序列

在WPS表格中，使用自动填充功能来快速完成录入序列，可以帮助用户快速完成数据序列的填充、复制等操作。以下是关于WPS表格中自动填充数据的方法：

（1）直接拖动填充柄

① 在一个单元格中输入初始数据，将鼠标指针移动到该单元格的右下角，直到指针变为一个小黑十字（填充柄）。

② 按住鼠标左键，向下或向右拖动填充柄，直到达到想要的范围，再释放鼠标左键，WPS会自动根据初始数据和拖动方向填充数据。默认情况下，如果是数字或日期，WPS会按照升序填充；如果是文本，WPS可能会尝试进行模式匹配填充（如输入“一月”后拖动填充柄，WPS会填充“二月”、“三月”等）。

③【Ctrl】+鼠标左键拖动填充柄，这种方法会以复制单元格的形式填充数据，即填充的内容与初始单元格的内容完全相同。

（2）右键拖动填充柄

在一个单元格中输入初始数据，将鼠标指针移动到该单元格的右下角，直到指针变为填充柄。右键拖动填充柄至需要填充数据的单元格或单元格区域，会弹出一个菜单，并在菜单中选择不同的填充选项，如复制单元格、以序列方式填充、仅填充格式、序列等，如图5-11所示。下面是不同选项的操作方式及结果：

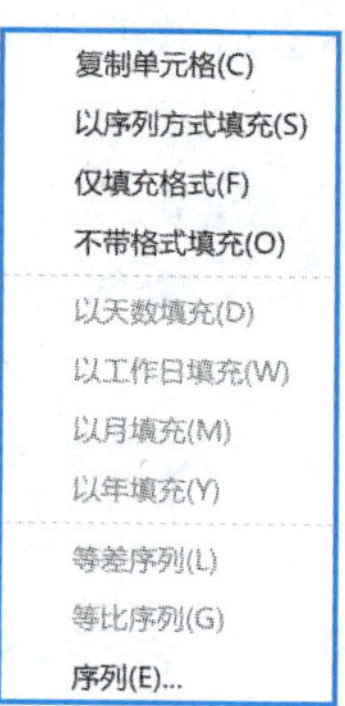

图 5-11　单元格填充菜单

① 复制单元格：将单元格中输入的初始数据复制到需要填充数据的单元格或单元格区域。

② 以序列方式填充：根据初始数据和选定的单元格区域自动计算填充的序列，如数字、日期等。默认情况下，如果填充的是数字或日期，WPS会按照递增的序列填充；如果填充的是文本，WPS会默认进行复制填充。

③ 仅填充格式：将选中的单元格或单元格区域的格式应用到目标单元格区域。

④ 不带格式填充：将单元格中输入的初始数据复制到需要填充数据的单元格或单元格区域，但仅复制数据内容，而不复制任何格式。

⑤ 序列：自动填充的序列选项是以特定规律（如等差数列、等比数列等）快速填充单元格。在“序列”对话框中，可以选择序列的类型（如等差序列、等比序列、日期序列等）：对于等差序列，设置步长（即每个序列值之间的差值）；对于等比序列，设置比率（即每个序列值是前一个序列值的多少倍）；对于日期，可以设置日期单位，包括年、月、日、工作日等；还可以设置序列的方向（按行或按列填充）和终止值。设置好序列参数后，单击“确定”按钮，WPS将按照指定的序列规律填充选定的单元格区域。

（3）自定义填充序列

在WPS表格中，自定义填充序列是一种提高工作效率的实用功能，允许用户根据自己的需求创建并填充一系列特定的数据。以下是自定义填充序列的详细步骤：

① 单击“文件”|“选项”选项，弹出“选项”对话框。在“选项”对话框中的“自定义序列”中选择“新序列”，如图5-12所示。

② 在“输入序列”的文本框按照需求输入序列的数据，这些数据可以是数字、文本或其他任何类型的数据。输入每个数据项，每个数据项占一行，或者使用英文逗号将多个

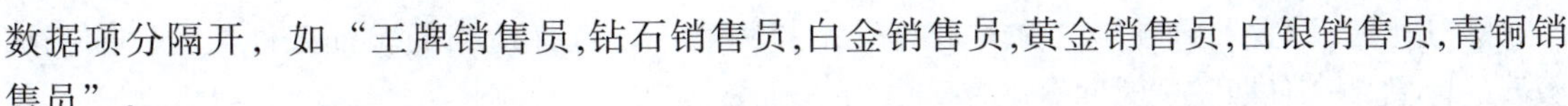

数据项分隔开，如“王牌销售员,钻石销售员,白金销售员,黄金销售员,白银销售员,青铜销售员”。

③ 输入完序列数据后，单击“添加”按钮将序列添加到“自定义序列”列表中，再单击“确定”按钮来保存设置。

④ 在WPS表格的某个单元格中，输入自定义序列的第一个数据项，将鼠标指针移动到该单元格的右下角，直到出现“+”字形的填充柄。按住鼠标左键不放，拖动填充柄至要填充的单元格区域。在拖动过程中，WPS将自动根据自定义序列填充数据。

⑤ 当拖动到目标单元格区域后，释放鼠标左键。此时，WPS将按照自定义序列填充所选区域的数据。

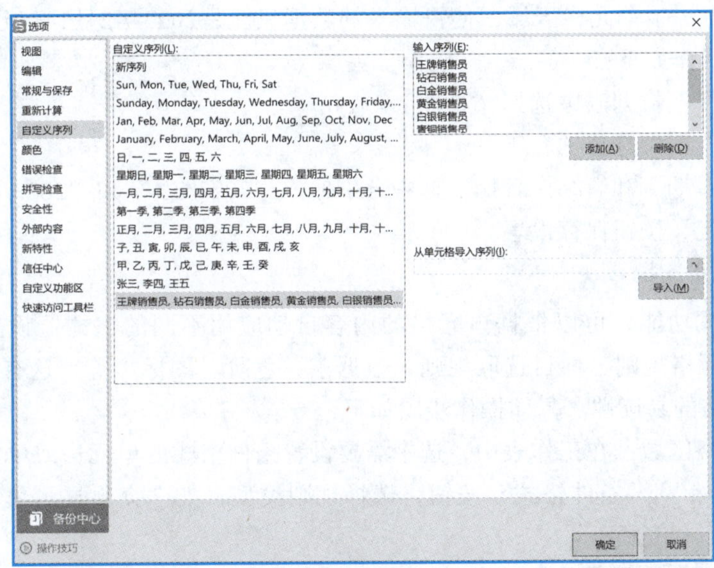

图 5-12 自定义填充序列

(4) 双击填充柄

选定初始值单元格后，双击填充柄，WPS会自动根据初始值和周围的数据模式，填充到该列的隔壁已有数据列的行范围。这种方法特别适用于快速填充长序列的数据。在某些情况下，可以使用快捷键（如【Ctrl+D】）来实现数据的快速填充。但请注意，快捷键的具体使用方式可能因WPS版本和设置的不同而有所差异。

7. 数据有效性

在WPS表格中设置数据有效性，包括数据验证和数据条件格式，是确保数据输入准确性和提升数据处理效率的重要步骤。以下是详细的操作步骤和示例：

(1) 设置数据有效性

① 打开WPS表格，选中需要设置数据有效性的单元格或单元格区域。

② 单击“数据”|“有效性”|“有效性”选项，如图5-13所示弹出“数据有效性”对话框。

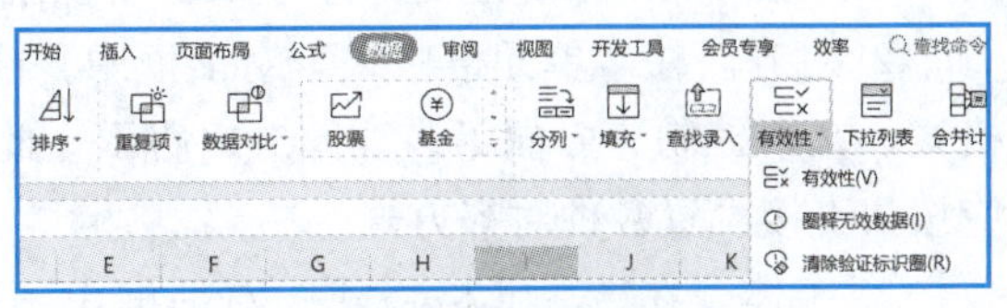

图 5-13 “数据有效性”列表

③ 选择“设置”选项卡，在“允许”下拉列表中，选择适当的验证条件类型，如“整数”“小数”“日期”“时间”“序列”等。

④ 根据选择的验证条件类型，设置相应的条件值。例如，如果选择“日期”，则可以设置日期范围；如果选择“序列”，则可以输入下拉列表中的选项，选项之间用英文逗号隔开。

⑤ 在“输入信息”和“出错警告”选项卡中，设置输入时的提示信息和输入无效数据时的警告信息。

⑥ 设置好验证条件后，单击“确定”按钮保存设置。

（2）示例

假设需要设置一个单元格区域，使得输入的数据只能是2023年2月1日至2023年8月1日之间的日期。具体操作如下：

① 在“允许”下拉列表中选择“日期”。

② 在“数据”框中选择“介于”。

③ 在“开始日期”和“结束日期”框中分别输入“2023/2/1”和“2023/8/31”。

④ 单击“确定”按钮保存设置。

8. 设置单元格条件格式

利用条件格式功能，可以根据单元格的内容自动应用不同的格式。设置条件格式方式有：突出显示单元格规则、项目选取规则、数据条、色阶、图标集等，这有助于突出显示特定数据，提高表格的易读性。具体操作步骤如下：

① 选中单元格区域：在工作表中，选中需要设置条件格式的单元格或单元格区域。

② 单击“开始”|“条件格式”按钮，选择规则类型，如“突出显示单元格规则”“新建规则”等。

③ 如果选择“突出显示单元格规则”，则可以直接选择预设的条件（如大于、小于、等于某个值）和格式（如字体颜色、填充颜色）。

④ 如果选择“新建规则”，则可以自定义条件。在弹出的“新建格式规则”对话框中，选择条件类型（如单元格值、公式等），并设置具体的条件和格式。

⑤ 确定并应用：设置好条件后，单击“确定”按钮保存设置，并应用条件格式到选定的单元格区域。

5.2.6 WPS表格的美化

WPS表格的美化操作涉及多个方面，包括表格的排版、边框、字体、颜色等设置，旨在提升表格的美观度和易读性。以下详细介绍这些操作步骤：

① 设置单元格格式。选中需要美化的工作表单元格或区域，单击“开始”|“单元格”|“设置单元格格式”选项，弹出“单元格格式”对话框。

② 对齐。在“单元格格式”对话框中，选择“对齐”选项卡，可以设置单元格文本对齐格式、文本控制、方向等，如图5-14所示。此外，也可以在“开始”选项卡的功能区选择相应按钮直接设置各种对齐方式。

③ 字体。在“单元格格式”对话框中，选择“字体”选项卡，可以设置单元格字体格式，包括字体、字形、字号、颜色、特殊效果等，如图5-15所示。此外，也可以在“开始”

选项卡的功能区选择相应按钮直接设置字体格式、字号、加粗、倾斜、颜色等。

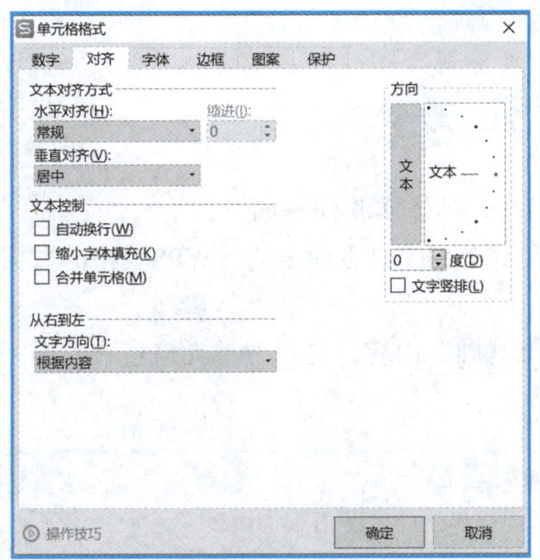

图 5-14　设置单元格对齐格式

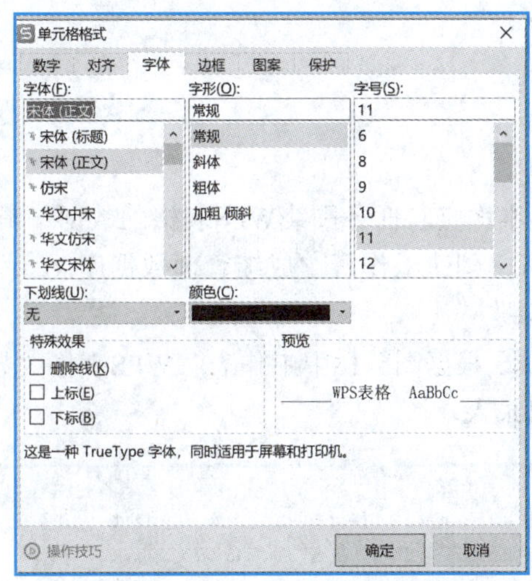

图 5-15　设置单元格字体格式

④ 填充颜色。选中单元格或区域后，单击“开始”|“填充颜色”按钮，为单元格背景设置颜色。

⑤ 边框。在“单元格格式”对话框中，选择“边框”选项卡，可以设置单元格边框格式，包括边框线条样式和粗细、设置边框、颜色等，如图5-16所示。此外，也可以选择“开始”|“绘图边框”下拉按钮设置边框网格、线条颜色、线条样式等。

⑥ 图案。在“单元格格式”对话框中，选择“图案”选项卡，可以设置单元格图案格式，包括单元格底纹颜色、填充效果、图案样式、图案颜色等，如图5-17所示。在使用WPS表格统计数据报表时，可以填充单元格背景颜色或者填充单元格底纹图案来重点突出单元格数据。

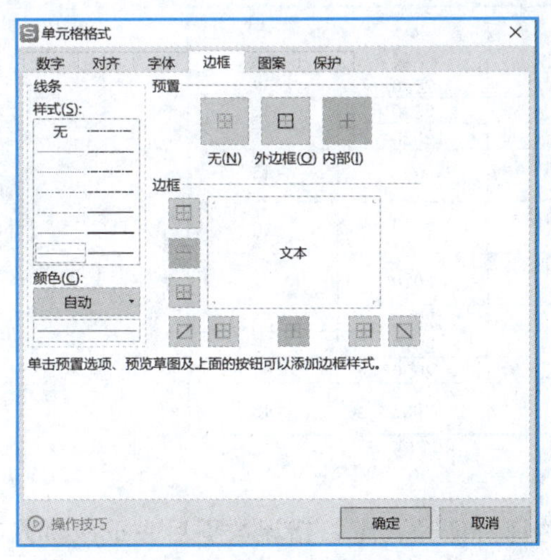

图 5-16　设置单元格边框格式

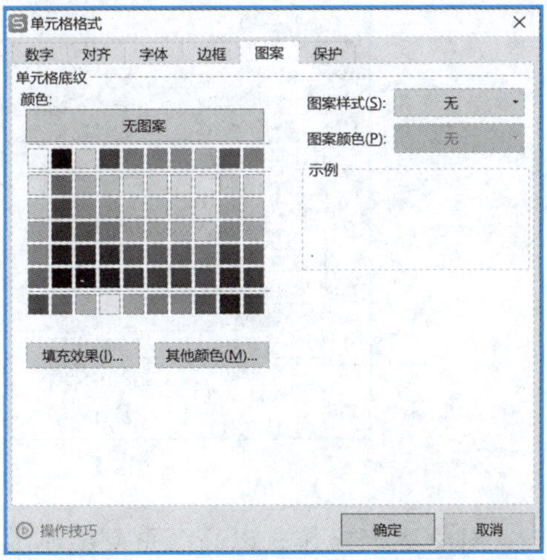

图 5-17　设置单元格图案格式

⑦ 表格样式。打开需要美化的工作表，选择单元格或单元格区域，单击“开始”|“表格样式”下拉按钮，打开“表格样式”下拉列表。下拉列表中包括预设样式（浅色系、

中色系、深色系）、新建表格样式等，用户可以根据表格需要及风格选择合适的表格样式。

5.3 实验任务

本次实验任务围绕WPS表格的数据编辑基础展开，具体实验任务如下：

① 创建工作簿“成绩管理数据库.xlsx”，将工作表Sheet1重命名为“WPS表格的数据编辑基础”。

② 根据图5-18中工作表“WPS表格的数据编辑基础”内容，先设置单元格格式，再完成数据录入。

	A	B	C	D	E	F	G	H	I	J
1	WPS表格的数据编辑基础									
2	文本	正数	小数	分数	百分比	货币	科学记数	日期	时间	特殊
3	001	1233	23.50	65/97	78%	$ 12.00	1.21212E+11	1933年10月18日	12:04:01	叁万肆仟伍佰陆拾柒
4	13879106666	-1233	0.91	10 5/7	78.00%	$566.00	2.31E-11	2024年2月20日	12:04 PM	叁万肆仟伍佰陆拾柒元整
5	003	213.534	-1,212.64	67/100	0.90%	€34.00	3.23E+11	2024/2/20	12时04分01秒	一万四千五百七十八
6	要求：掌握单元格格式设置及各类数据的输入方法，完成上述数据的录入。									

图 5-18　WPS 表格的数据编辑基础

③ 在工作簿“成绩管理数据库.xlsx”中创建班级表、学生表、课程表、成绩表，并录入相关数据，如图5-19至图5-22所示。具体要求如下：

- 在数据录入前，需要确定每张表数据结构。例如，课程表表结构包括：课程编号、课程名称、学分、总学时、课程类别、先修课程等字段。
- 确定每张表的数据结构后，创建参数表，用于说明每张表中每个字段的数据类型、数据宽度、约束条件及数据有效性规则、计算列的计算公式等，并使用数据有效性设置并进行数据验证，避免录入错误数据。
- 参照参数表，给班级表、学生表、课程表、成绩表录入正确数据。

	A	B	C	D	E
1	班号	学院	专业	年级	人数
2	会计学201	会计学院	会计学	2020	52
3	会计学202	会计学院	会计学	2020	53
4	会计学203	会计学院	会计学	2020	51
5	计算机科学与技术201	信息管理学院	计算机科学与技术	2020	30
6	计算机科学与技术202	信息管理学院	计算机科学与技术	2020	30
7	计算机科学与技术203	信息管理学院	计算机科学与技术	2020	31
8	金融201	金融学院	金融学	2020	55
9	金融202	金融学院	金融学	2020	55
10	金融203	金融学院	金融学	2020	54
11	计算机科学与技术211	信息管理学院	计算机科学与技术	2021	45

图 5-19　班级表

④ 对学生表操作，以高亮重复项显示重复的身份证号，审核错误数据后去重或者修改内容。

⑤ 在当前工作簿中复制“成绩表”，重命名为“成绩表副本”，并将“成绩表”冻结至第1行A列。

A	B	C	D	E	F	G	H	I	J
序号	学号	姓名	性别	身份证号	民族	籍贯	班号	是否贷款	照片
001	2202001299	李相东	男	360102199603132540	汉族	江西	计算机科学与技术201	FALSE	
002	2202001234	刘雨健	男	500106200209191254	汉族	重庆	计算机科学与技术201	TRUE	m1(1).jpg
003	2202001235	杨志雅	女	510105200109172154	汉族	四川	计算机科学与技术201	FALSE	f1(1).jpg
004	2202001299	李相东	男	360102199603132540	汉族	江西	计算机科学与技术201	FALSE	
005	2202001237	陈江	男	530111200207123681	汉族	云南	计算机科学与技术203	FALSE	m3(1).jpg
006	2202002381	李嘉伟	男	220111200206272548	汉族	吉林	会计学202	FALSE	m4(1).jpg
007	2202002382	黄佳豪	男	520106200109172658	汉族	黑龙江	会计学203	FALSE	m5(1).jpg
008	2202002383	乐羿	男	310206200211012323	汉族	上海	会计学203	FALSE	m6(1).jpg
009	2202002384	曹俊	女	360102199603132540	汉族	江苏	会计学203	TRUE	f2(1).jpg
010	2202002415	井傲祺	男	330110200206211478	蒙古族	浙江	计算机科学与技术201	FALSE	m7(1).jpg
011	2202002416	吴欣宇	女	340108200208312587	汉族	安徽	计算机科学与技术202	TRUE	f3(1).jpg
012	2202002417	程潞茜	女	350000200303132654	汉族	福建	计算机科学与技术203	FALSE	f4(1).jpg
013	2202002418	涂欣怡	女	360103200204035603	回族	江西	计算机科学与技术203	FALSE	f5(1).jpg
014	2202002419	熊宇庆	女	370103200111301456	汉族	山东	计算机科学与技术203	FALSE	f7(1).jpg
015	2202004530	蒋俊淘	男	410000200108123546	汉族	河南	会计学201	TRUE	m8(1).jpg
016	2202004531	降依含	女	420111200212123289	汉族	湖北	会计学202	FALSE	f9(1).jpg

图 5-20　学生表[①]

课程编号	课程名称	学分	总学时	课程类别	先修课程
1004700403	编译方法	3	48	选修课	
1004701982	金融信息系统	2	32	选修课	1004702473
1004702473	软件工程	3	48	必修课	
1004700693	大数据管理技术	3	48	必修课	1004700433
1004700433	并行与分布式计算	3	48	选修课	
1004702432	人工智能技术	2	32	选修课	
1004702754	数据结构与算法	4	64	必修课	
1004700492	财经数据分析*	2	32	选修课	1004702933
1004702933	数据挖掘*	3	48	必修课	
1004701824	计算机组成原理	4	64	必修课	
1004703634	线性代数(工)	4	64	必修课	
1004704403	Python语言与数据处理	3	48	必修课	1004704382
1004704382	数据库与数据处理	2	32	必修课	

图 5-21　课程表

A	B	C	D
学号	课程编号	学期号	成绩
2202001237	1004700403	221	95
2202001234	1004700403	221	93
2202001236	1004700403	221	88
2202004535	1004700403	221	84
2202001235	1004700403	221	72
2202001299	1004700433	212	95
2202001234	1004700433	212	92
2202004535	1004700433	212	92
2202001236	1004700433	212	90
2202001237	1004700433	212	90
2202001235	1004700433	221	83
2202001235	1004700433	212	53
2202004796	1004701982	222	96
2202004793	1004701982	222	95
2202004795	1004701982	222	95

图 5-22　成绩表

⑥ 对成绩表操作，对成绩字段设置单元格条件格式，凸显不及格成绩，并设置成绩表表格样式为“表样式浅色3”。

5.4　实验指导

本次实验任务的操作步骤如下：

① 双击“WPS Office 教育版”软件，单击“文件”|“新建”|“新建”选项，选“空白

①表中学生信息为虚拟，后面操作用到此表，不逐一说明。

文档”按钮，新建一个工作簿，并保存为“成绩管理数据库.xlsx”。右击工作簿“成绩管理数据库”中工作表Sheet1，在弹出的快捷菜单中选择“重命名”选项，更名为“WPS表格的数据编辑基础”。

② 根据工作表“WPS表格的数据编辑基础”内容，录入数据的具体操作如下：

- 在工作表“WPS表格的数据编辑基础”中，选中A1:J1单元格区域，单击“开始”|“合并居中”按钮，录入“WPS表格的数据编辑基础”。
- 单击合并单元格A1，选择“开始”|“字体”组合框下拉按钮，选择“宋体”；选择“开始”|“字号”组合框下拉按钮，选择“10号”；单击“开始”|“加粗”按钮；选择“开始”|“填充颜色”下拉按钮，选择主题颜色“巧克力黄，着色2，浅色80%”。
- 分别在A2单元格到J2单元格中输入“文本、正数、小数、分数、百分比、货币、科学记数、日期、时间、特殊”，选中A2:J2，设置此单元格格式为“宋体、10号、加粗”。
- 分别在A3:J5单元格区域设置相应的单元格格式，包括“数字”选项卡、“字体”选项卡等，并录入图5-18中所示数据。
- 选中A6:J6单元格区域，单击“开始”|“合并居中”选项，录入：“要求：掌握单元格格式设置及各类数据的输入方法，完成上述数据的录入。”
- 单击合并单元格A6，选择“开始”|“字体”组合框下拉按钮，选择“宋体”；选择“开始”|“字号”组合框下拉按钮，选择“10号”；单击“开始”|“加粗”按钮；选择“开始”|“填充颜色”下拉按钮，选择主题颜色“巧克力黄，着色2，浅色80%”。

③ 单击工作表列表区域的“+”，新建工作表并重命名为“班级表”；单击工作表列表区域的“+”，新建工作表并重命名为“课程表”；单击工作表列表区域的“+”，新建工作表并重命名为“学生表”；单击工作表列表区域的“+”，新建工作表并重命名为“成绩表”；单击工作表列表区域的“+”，新建工作表并重命名为“参数表”。下面是录入各表数据具体要求：

- 设置班级表表头字段为：班号、学院、专业、年级、人数；设置学生表表头字段为：序号、学号、姓名、性别、身份证号、民族、籍贯、班号、是否贷款、照片；设置课程表表头字段为：课程编号、课程名称、学分、总学时、课程类别、先修课程；设置成绩表表头字段为：学号、课程编号、学期号、成绩。
- 分析上述四张表的表结构及相关约束或规则，在参数表中录入每张表的字段格式要求、字段格式举例、容易输错的字段格式说明（字段约束或规则），包括每个字段的数据类型、数据宽度、约束条件及数据有效性规则、计算列的计算公式等，如图5-23至图5-26所示。

班级表字段格式要求				
班号	学院	专业	年级	人数
文本	文本	文本	文本	数值

班级表字段格式举例				
班号	学院	专业	年级	人数
会计学201	会计学院	会计学	2020	52
会计学202	会计学院	会计学	2020	53

班级表容易输错的字段设置说明				
班号	学院	专业	年级	人数
			学生入学年份，=TEXT(YEAR(TODAY()),"0000")	根据学生表中同一班级学生人数进行统计

图 5-23　班级表参数设置

学生表字段格式要求								
序号	学号	姓名	性别	身份证号	民族	籍贯	班号	是否贷款
文本	文本	文本	文本	文本	文本	文本	文本	逻辑值

学生表字段格式举例								
序号	学号	姓名	性别	身份证号	民族	籍贯	班号	是否贷款
001	2202001299	李相东	男	360102199603132540	汉族	黑龙江	计算机科学与技术201	FALSE
002	2202001234	刘雨健	男	500106200209191254	汉族	重庆	计算机科学与技术201	TRUE

学生表字段设置说明								
序号	学号	姓名	性别	身份证号	民族	籍贯	班号	是否贷款
3位数字	10位数字，第2位到第5位为系统当前年份		男	长度18位数字			参照班级表中班号	FALSE
			女					TRUE

图 5-24　学生表参数设置

课程表字段格式要求					
课程编号	课程名称	学分	总学时	课程类别	先修课程
文本	文本	数值	数值	文本	文本

课程表字段格式举例					
课程编号	课程名称	学分	总学时	课程类别	先修课程
1004700403	编译方法	3	48	必修课	
1004701982	金融信息系统	2	32	选修课	1004702473

课程表容易输错的字段设置说明					
课程编号	课程名称	学分	总学时	课程类别	先修课程
10位数字，前6位数字代表教学单位，后四位为流水号		学分与课程编号最后一位相同	总学时=学分*16	必修课	必须是已经存在的课程
				选修课	

图 5-25　课程表参数设置

• 给班级表录入数据，其中：

年级为系统当前年份，计算公式为“=TEXT(YEAR(TODAY()),"0000")”，属于文本数据。

人数为计算列，必须根据学生表中各班学生人数统计得出。

• 给学生表录入数据，其中：

序号为三位数字的文本，取值从“001”开始，双击填充柄完成自动填充。

学号是10位数字，第1位设为2，第2位到第5位为系统当前年份，后5位是流水号。

班号取值必须参照班级表中的班号。

性别只能取值“男”或“女”。单击“数据”|“下拉列表”按钮，弹出“插入下拉列表”对话框，选择“手动添加下拉选项”，输入“男”“女”，单击“确定”按钮，如图5-27所示。

是否贷款只能取值“FALSE”或“TRUE”。单击“数据”|“下拉列表”按钮，弹出“插入下拉列表”对话框，选择“手动添加下拉选项”，输入“FALSE”“TRUE”，单击“确定”按钮。

• 给课程表录入数据，其中：

课程编号为十位数字的文本，前六位代表教学单位，后四位为流水号。

学分取值与课程编号最后一位相同；总学时=学分*16。

课程类别只能取“必修课”或“选修课”。

先修课程取值为课程编号，必须是课程表中已经存在的课程编号。

成绩表字段格式要求			
课程编号	学号	学期号	成绩
文本	文本	文本	数值
成绩表字段格式举例			
课程编号	学号	学期号	成绩
1004700403	2202001299	221	48
1004701982	2202001234	222	32
成绩表容易输错的字段设置说明			
课程编号	学号	学期号	成绩
10位数字（参照课程表中课程编号）	10位数字（参照学生表中学号）	3位数字	成绩取值0~100之间

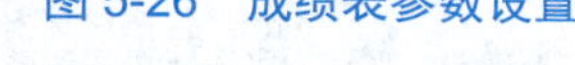

图 5-26　成绩表参数设置

图 5-27　插入下拉列表

• 给成绩表录入数据，其中：

课程编号为10位数字（参照课程表中课程编号）。

学号为10位数字（参照学生表中学号）。

学期号为3位数字，如“221”，表示“2022—2023学年第一学期”。

成绩为数值型数据，设置成绩有效性为0~100之间。以下是详细的操作步骤：

选中单元格区域：选中需要设置数据有效性的工作表单元格或单元格区域。

单击“数据”|“有效性”|“有效性”选项，以打开“数据有效性”对话框。

在“数据有效性”对话框中，选择“设置”选项卡。在“允许”下拉列表中，选择“整数”；在“数据”下拉列表中，选择“介于”；最小值下的文本框中输入“0”；最大值下的文本框中输入“100”；单击“确定”按钮保存设置，如图5-28所示。

选择“输入信息”选项卡，勾选 “选定单元格时显示输入信息”复选框，标题下的文本框中输入“成绩录入提示”、输入信息下的文本框中输入“请输入0~100之间的有效成绩！”单击“确定”按钮保存设置，如图5-29所示。

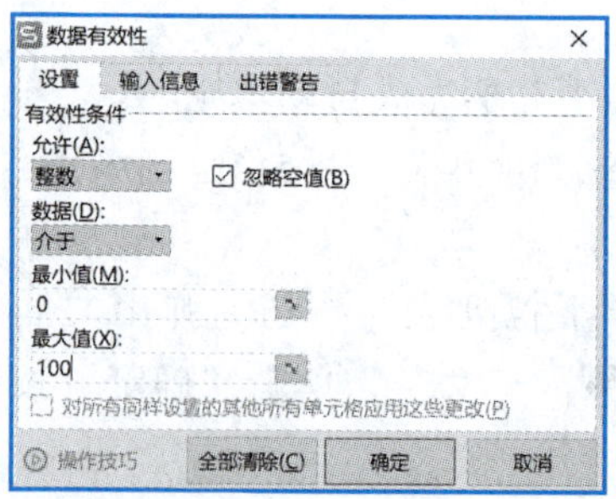

图 5-28　数据有效性—设置

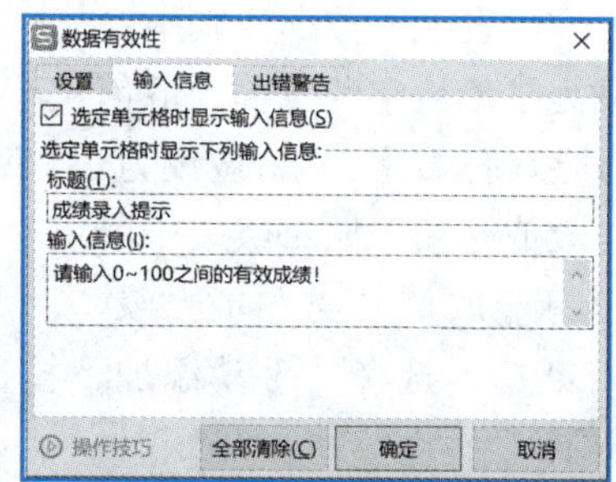

图 5-29　数据有效性—输入信息

选择“出错警告”选项卡中，勾选 “输入无效数据时显示出错警告”复选框，样式下拉列表中选择“警告”，标题下的文本框中输入“成绩有效值”，错误信息下的文本框中输入“成绩必须在0~100之间！”单击“确定”按钮保存设置，如图5-30所示。

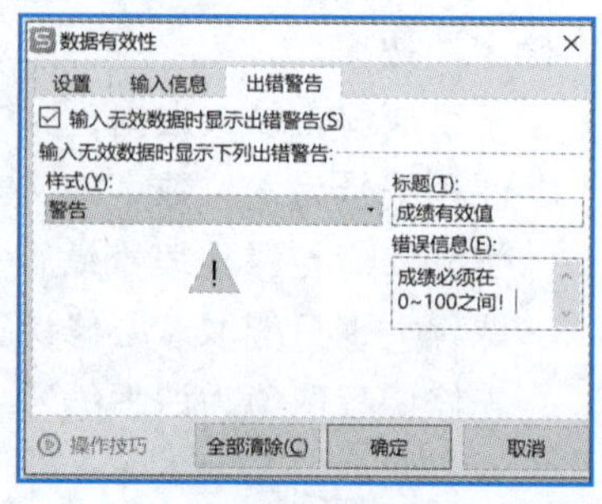

图 5-30　数据有效性—出错警告

选择要输入数据的单元格，单元格下方会出现输入有效数据的输入信息提示；若输入的数据不符合数据有效性规则，系统自动弹出“出错警告”相关提示信息。

④ 选择“学生表”中身份证号对应字段，单击“数据”|“重复项”|“设置重复项”选项。弹出“高亮显示重复值”对话框后，默认对话框内容，单击“确定”按钮。此时，身份证号字段中有重复值的单元格已被橙色填充，如图5-31所示，对录入错误的数据进一步修改。

⑤ 右击工作表“成绩表”标签，选择“移动或复制工作表”选项，弹出“移动或复制工作表”对话框，如图5-32所示；在“工作簿”下拉列表中选择“成绩管理数据库.xlsx”，在“下列选定工作表之前”下拉列表中选择“成绩表”，勾选“建立副本”复选框，单击“确定”按钮，得到工作表“成绩表（2）”；右击“成绩表（2）”，在弹出的快捷菜单中选择“重命名”选项，录入“成绩表副本”。

	A	B	C	D	E	F	G	H	I	J
1	序号	学号	姓名	性别	身份证号	民族	籍贯	班号	是否贷款	照片
2	001	2202001299	李相东	男	360102199603132540	汉族	江西	计算机科学与技术201	FALSE	
3	002	2202001234	刘雨健	男	500106200209191254	汉族	重庆	计算机科学与技术201	TRUE	m1(1).jpg
4	003	2202001235	杨志雅	女	510105200109172154	汉族	四川	计算机科学与技术201	FALSE	f1(1).jpg
5	004	2202001299	李相东	男	360102199603132540	汉族	江西	计算机科学与技术201	FALSE	
6	005	2202001237	陈江	男	530111200207123681	汉族	云南	计算机科学与技术203	FALSE	m3(1).jpg
7	006	2202002381	李嘉伟	男	220111200206272548	汉族	吉林	会计学202	FALSE	m4(1).jpg
8	007	2202002382	黄佳豪	男	520106200109172658	汉族	黑龙江	会计学203	FALSE	m5(1).jpg
9	008	2202002383	乐羿	男	310206200211012323	汉族	上海	会计学203	FALSE	m6(1).jpg
10	009	2202002384	曹俊	女	360102199603132540	汉族	江苏	会计学203	TRUE	f2(1).jpg
11	010	2202002415	井傲祺	男	330110200206211478	蒙古族	浙江	计算机科学与技术201	FALSE	m7(1).jpg
12	011	2202002416	吴欣宇	女	340108200208312587	汉族	安徽	计算机科学与技术202	TRUE	f3(1).jpg
13	012	2202002417	程潞茜	女	350000200303132654	汉族	福建	计算机科学与技术203	FALSE	f4(1).jpg
14	013	2202002418	涂欣怡	女	360103200204035603	回族	江西	计算机科学与技术203	FALSE	f5(1).jpg
15	014	2202002419	熊宇庆	女	370103200111301456	汉族	山东	计算机科学与技术203	FALSE	f7(1).jpg
16	015	2202004530	蒋俊洵	男	410000200108123546	汉族	河南	会计学201	TRUE	m8(1).jpg
17	016	2202004531	隆依含	女	420111200212123289	汉族	湖北	会计学202	FALSE	f9(1).jpg
18	017	2202004532	张弛	男	430109200111302154	汉族	湖南	会计学202	FALSE	m9(1).jpg
19	018	2202004533	王晶晶	女	440103200005062147	满族	广东	会计学202	FALSE	f10(1).jpg
20	019	2202004534	肖雯	女	450110200207125871	壮族	广西	会计学202	FALSE	f11(1).jpg
21	020	2202004535	刘圣琪	女	460107200302014258	汉族	海南	计算机科学与技术201	FALSE	f12(1).jpg
22	021	2202004536	刘铖銶	男	110460200209252314	汉族	北京	计算机科学与技术201	TRUE	m10(1).jpg
23	022	2202004537	张朝阳	男	120103200201013164	汉族	天津	计算机科学与技术201	FALSE	m11(1).jpg
	023	2202004538	许宇权	男	130102200112306541	侗族	河北	计算机科学与技术201	TRUE	m12(1).jpg
25	024	2202004539	周佳琛	女	140200200302062584	汉族	山西	计算机科学与技术202	FALSE	f13(1).jpg
26	025	2202004790	王祥宇	男	150103200110101245	蒙古族	内蒙	计算机科学与技术203	FALSE	m13(1).jpg
27	026	2202004791	张儒圻	女	210102200302042365	汉族	辽宁	会计学201	TRUE	f14(1).jpg
28	027	2202004792	纳木措	男	540106200110302981	藏族	西藏	金融201	FALSE	m14(1).jpg
29	028	2202004793	陈悦琪	女	610108200302016412	苗族	陕西	金融202	FALSE	f15(1).jpg
30	029	2202004794	柯涛	男	620206200206271458	汉族	甘肃	金融203	FALSE	m15(1).jpg
31	030	2202004795	次仁曲珍	女	630103200205051462	藏族	青海	金融203	FALSE	f16(1).jpg

图 5-31　设置重复项

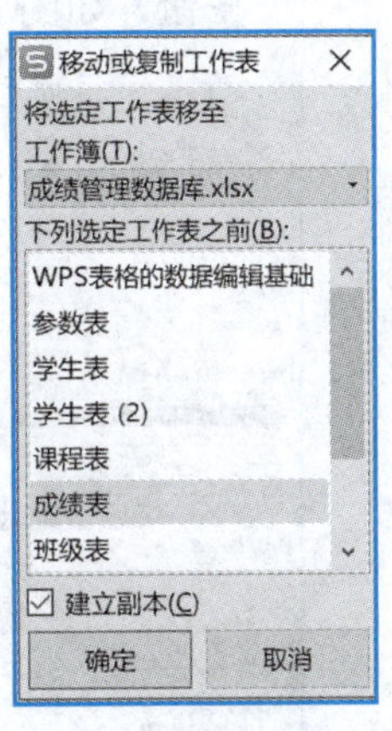

图 5-32　“移动或复制工作表”对话框

打开“成绩表”，选中B2单元格，单击“视图”|“冻结窗格”|“冻结至第1行A列”选项，完成冻结。

⑥ 突显成绩表中不及格成绩，并且设置表格样式，操作步骤如下：

- 选中成绩表中成绩这一列，单击“开始”|“条件格式”|“突出显示单元格规则”|“小于”选项，如图5-33所示，弹出“小于”对话框。在“小于”对话框中，在文本框中输入“60”，且设置为“浅红色填充深红色”，如图5-34所示。此时，成绩表成绩列中，凸显成绩小于60的单元格并且填充了“浅红色填充深红色”格式，如图5-35所示。

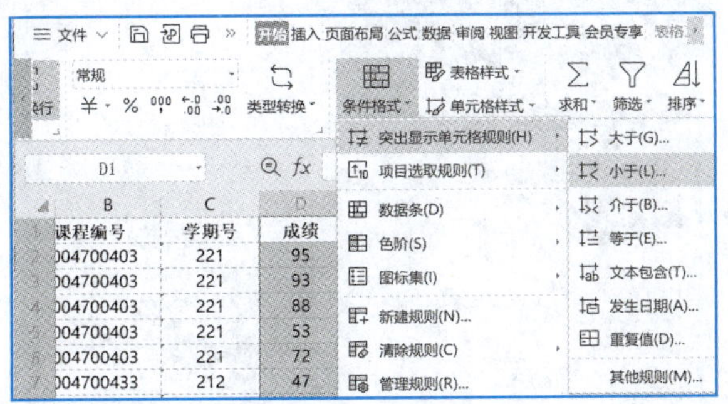

图 5-33　条件格式设置

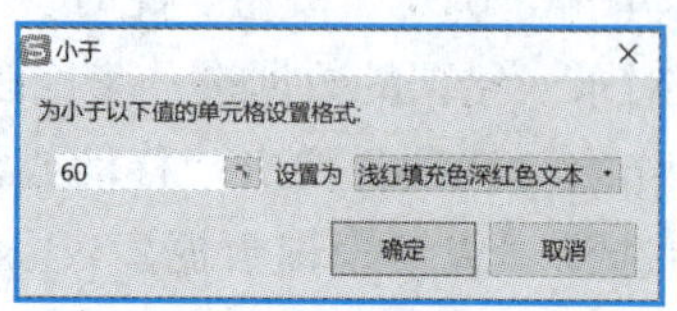

图 5-34　成绩列的条件格式

学号	课程编号	学期号	成绩
2202005404	1004704382	201	90
2202005403	1004704382	201	93
2202005401	1004704382	201	47
2202005380	1004701982	222	82
2202005380	1004703634	212	79
2202005380	1004703634	211	53
2202005380	1004704382	201	92
2202005379	1004702432	222	86
2202005379	1004702754	202	90

图 5-35　突显不及格成绩

• 选中成绩表数据区域A1:D97，单击“开始”|“表格样式”下拉按钮，选择下拉列表中浅色系的“表样式浅色3”，如图5-36所示。弹出“套用表格样式”对话框，确认数据来源，并勾选“表包含标题”复选框，取消勾选“筛选按钮”复选框，单击“确定”按钮，如图 5-37所示，套用表格样式结果如图5-38所示。

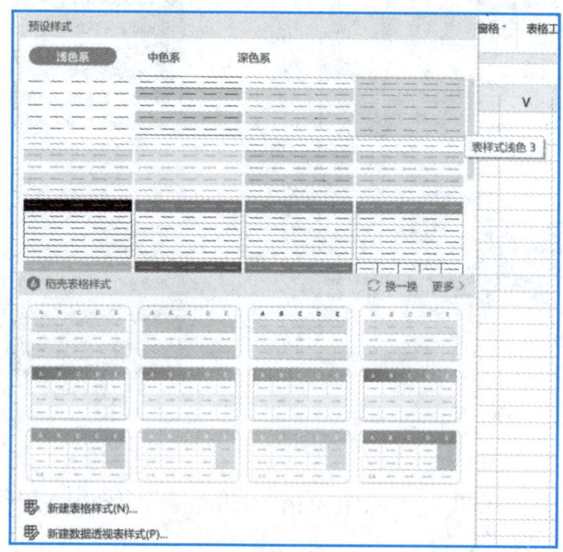

图 5-36　表格样式

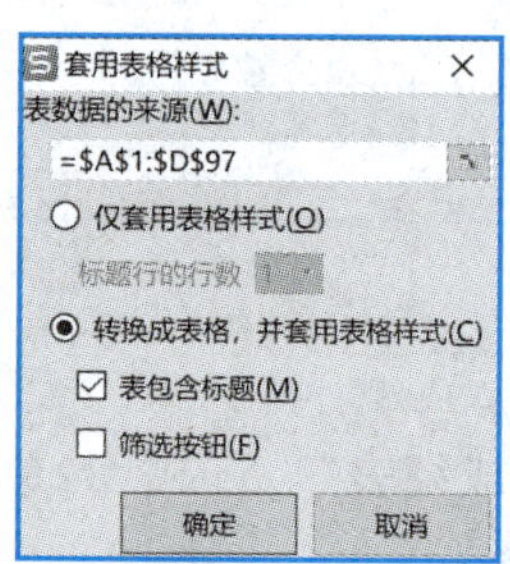

图 5-37　“套用表格样式”对话框

	A	B	C	D
1	学号	课程编号	学期号	成绩
2	2202005404	1004704382	201	90
3	2202005403	1004704382	201	93
4	2202005401	1004704382	201	47
5	2202005380	1004701982	222	82
6	2202005380	1004703634	212	79
7	2202005380	1004703634	211	53
8	2202005380	1004704382	201	92
9	2202005379	1004702432	222	86
10	2202005379	1004702754	202	90
11	2202005379	1004704403	202	94
12	2202005377	1004702432	231	80
13	2202005377	1004702432	222	88
14	2202005377	1004702754	202	93
15	2202005377	1004704403	211	86
16	2202005377	1004704403	202	78
17	2202005353	1004702432	231	80
18	2202005353	1004702432	222	65
19	2202005353	1004702754	202	95

图 5-38　成绩表套用表格样式

5.5　课后任务

现有某公司的产品销售数据库工作簿“产品销售数据库.xlsx”，该工作簿包含员工表、产品表、10月销售主表、10月销售明细表及参数表，要求完成以下任务：

① 根据参数表信息，参照“10月销售主表”和“10月销售明细表”数据，创建“11月销售主表”和“11月销售明细表”、“12月销售主表”和“12月销售明细表”。

② 销售主表中的销货单编号前8为系统当前日期，后3位为流水号；销售主表中的业务员编号必须来源于员工表中业务科员工编号；销售金额、排名为计算列，暂不录入；11月的第一张销货单的发票号码为“11246068”，12月的第一张销货单发票号码为“36336666”，自动填充其他销货单的发票号码。

③ 销售明细表中销货单编号取值必须参照销售主表中销货单编号；产品名称及价格取值来源于产品表中的产品名称及价格；现有库存是10月销售后的库存，每种产品的订购数量应低于库存数量，录入订购数量后应更新库存数量值；金额为计算列，暂不录入。

④ 设置所有销售主表、销售明细表的合并单元格A1格式：宋体、加粗、18号字、水平居中、填充颜色“巧克力黄，着色2，浅色80%”。

⑤ 设置各销售主表、销售明细表的A2:F2单元格区域格式：宋体、加粗、12号字、水平居中。

⑥ 设置所有销售主表、销售明细表的数据区域的边框为“所有边框”。

⑦ 将10月销售明细表冻结至第2行B列。

⑧ 设置员工表的表格样式为“表样式中等深浅6”。

实验6
WPS表格的数据计算与保护

6.1 实验目的

- 理解公式和函数的概念。
- 掌握公式的计算规则。
- 掌握常用函数的功能及其用法。
- 掌握表格的常用保护方法。

6.2 预备知识

WPS表格中的公式是一种强大的数据处理工具，它可以帮助用户快速、准确地完成各种计算任务，提高工作效率。函数是WPS表格中非常重要的工具之一，是一种特殊类型的公式，用于执行特定的计算或分析任务。

6.2.1 公式和函数的概念

在WPS表格中，公式是WPS表格中进行数学计算和数据处理的表达式。它通过一系列的数学运算符、函数、引用和常量，对单元格中的数据进行操作和计算。WPS表格中的公式是以“=”开头，不仅可以进行基本的数学运算，还包括比较运算、文本运算和逻辑运算等。公式还可以引用其他单元格中的值，通过单元格的引用来进行计算，也可以包含逻辑表达式和条件语句，用于进行数据筛选和判断。公式的组成包括运算符（如加、减、乘、除等）、值或字符串（如数字8或字符“A”）、函数及参数（如求和函数SUM及它的参数）、括号（用于控制计算顺序）以及单元格引用（可以引用当前工作表，也可以跨表引用），公式必须有一个返回值。

在WPS表格中，函数是一种特殊类型的公式，具有更高的灵活性和计算能力，是预先定义好的操作，用于执行特定的计算或处理任务。函数具有特定的语法结构，包括函数名、参数和返回值。函数可以接收一个或多个参数，可以根据用户提供的参数进行复杂的数学运算、逻辑判断、数据查找等操作，并将结果返回给单元格。函数名决定了它的功能，而参数则规定了函数执行计算时所使用的数据或条件。函数可以用于数学运算、日期和时间处理、文本处理等。函数之间可以进行嵌套和组合，以实现更复杂的计算和处理任务。

WPS表格中的公式与函数在数据处理和计算中扮演着重要的角色，它们各自具有独特的作用，用户可以根据具体需求选择使用合适的工具。公式适用于复杂的数学运算和逻辑判断，以及需要自定义计算过程的场景。函数适用于快速执行常见的计算和数据处理任务，如数学运算、统计分析、日期和时间处理、文本处理等。

6.2.2　公式的计算规则

WPS表格公式计算规则主要涉及公式的输入、编辑、运算符的使用、函数的应用以及公式的引用等方面。在使用时，应确保了解它们的用法和优先级，以便正确构建计算公式。以下是详细的规则说明：

1. 运算符的用法

在WPS表格中，公式的运算符主要分为算术运算符、比较运算符、逻辑运算符、引用运算符、文本连接运算符、其他运算符等。各种运算符的用法如表6-1 ~ 表6-6所示。

表 6-1　算术运算符

分　类	含　义
加法（+）	用于将两个或更多数值相加
减法（-）	用于从一个数值中减去另一个数值，或者表示负数
乘法（*）	用于将两个或更多数值相乘
除法（/）	用于将一个数值除以另一个数值
整数除法（\）	在某些软件中可用，返回两个数相除后的整数部分（忽略小数部分）
求余（% 或 MOD）	返回两个数相除后的余数
乘方（^ 或 **）	在某些软件中可用，表示一个数的幂

表 6-2　比较运算符

分　类	含　义
等于（=）	判断两个值是否相等
不等于（<> 或 !=）	判断两个值是否不相等
大于（>）	判断一个值是否大于另一个值
小于（<）	判断一个值是否小于另一个值
大于等于（>=）	判断一个值是否大于或等于另一个值
小于等于（<=）	判断一个值是否小于或等于另一个值

表 6-3　逻辑运算符

分　类	含　义
AND（AND(logical1, [logical2], ...)）	当所有参数都为 TRUE 时返回 TRUE
OR（OR(logical1, [logical2], ...)）	当任一参数为 TRUE 时返回 TRUE
NOT（NOT(logical)）	将参数的逻辑值反转（TRUE 变为 FALSE，FALSE 变为 TRUE）

表 6-4　引用运算符

分　类	含　义
冒号（:）	用于指定一个单元格区域的引用，如A1:B5
逗号（,）	用于合并多个单元格或区域的引用，常用于多区域求和或计算
空格	在某些情况下用作交叉运算符，表示两个区域的交叉部分，但这不是标准的运算符，更多是通过选择交叉区域来实现的

表 6-5　文本连接运算符

分　类	含　义
连接符（&）	用于将两个或多个文本字符串连接起来

表 6-6　其他运算符

分　类	含　义
括号( )	用于改变运算的优先级
数组运算符（在某些高级功能中）	用于数组公式的计算，如{=SUM(A1:A5*B1:B5)}

2. 公式中运算符的优先级顺序

在WPS表格中，公式的运算符主要分为算术运算符、比较运算符、逻辑运算符、引用运算符、文本连接运算符等几类，它们的优先顺序大致如下（从高到低）：

① 括号（()）：括号内的运算具有最高优先级，会首先进行计算。如果公式中有多个括号嵌套，则从最内层的括号开始，逐层向外进行计算。

② 算术运算符：算术运算符的优先级高于比较运算符、逻辑运算符等，但在括号内的运算完成后进行计算。其中，乘法和除法的优先级高于加法和减法，但同一级别的运算符按照从左到右的顺序进行计算。

③ 引用运算符：引用运算符用于指定单元格或单元格区域的引用方式，如冒号（:）表示连续区域引用，逗号（,）表示不连续区域引用等。虽然引用运算符本身不直接参与数值计算，但它们决定了参与计算的单元格或区域，因此在一定程度上也影响了公式的计算顺序。然而，从严格意义上讲，引用运算符并不直接参与运算符的优先级排序，而是与算术运算符等一起作用于公式中的单元格引用和数值。

④ 比较运算符：比较运算符的优先级通常低于算术运算符，但在逻辑运算符之前进行计算。

⑤ 逻辑运算符：逻辑运算符的优先级低于算术运算符和比较运算符，但在进行条件判断时非常重要。

⑥ 文本连接运算符（&）：文本连接运算符的优先级通常低于算术运算符、比较运算符和逻辑运算符，但在处理文本数据时非常有用。

当公式中同时包含多个运算符时，WPS表格会根据运算符的优先级和从左到右的顺序进行计算。如果需要改变计算的顺序，可以使用括号来明确指定。

需要注意的是，虽然这里给出了一个大致的优先级顺序，但具体的计算过程可能还受到其他因素的影响，如公式的具体结构、单元格的引用方式等。此外，WPS表格的版本更新可能会引入新的运算符或调整现有运算符的优先级顺序，因此建议用户在使用时参考最新的官方文档或帮助信息。

3. 公式的编辑

在WPS表格中，编辑公式主要涉及公式的输入、编辑和修改等操作。以下是编辑公式的基本步骤：

① 输入公式。在需要计算数据的单元格内输入“=”，进入到公式编辑状态。在“=”后面输入表达式。例如，如果要计算A5到E5三个单元格的和，用函数计算，则可以输入“=SUM(A5:E5)”；也可以直接在单元格中输入“=A5+B5+C5+D5+E5”。

② 编辑公式。如果输入公式后需要修改，可以双击包含公式的单元格，进入编辑状态，在编辑栏中修改公式。

③ 复制公式。如果需要将某个单元格中的公式复制到其他单元格，可以先选中包含公式的单元格，然后将鼠标指针移动到单元格的右下角，当鼠标指针变成实心加号时，按住鼠标左键并拖动到需要复制公式的单元格即可。

④ 删除公式。如果要删除某个单元格中的公式，可以先选中该单元格，然后按键盘上的【Delete】键或右击单元格并选择“清除内容”选项。

在编辑公式时，还需要注意以下几点：

① 确保公式中的函数名称和参数正确无误，避免出现语法错误或计算错误。

② 如果公式中引用了其他单元格的数据，需要确保引用的单元格地址正确，避免出现引用错误。

③ 在使用函数时，要注意函数的使用条件和参数要求，避免出现函数使用不当的情况。

4. 公式的引用

在表格计算中，使用复制公式，可以快速批量进行计算。复制公式时，会涉及三种引用模式：绝对引用、相对引用、混合引用。相对引用是指在复制或移动单元格时，公式中的引用地址会随着目标单元格的位置变化而相应变化，不用$符号表示，例如A1。绝对引用则是指公式中的引用地址在复制或移动单元格时保持不变，用$符号表示，例如$A$1。混合引用则结合了相对引用和绝对引用的特点，允许用户固定公式中的行号或列号，而让另一部分（行号或列号）随着单元格的复制或移动而自动调整。如：D$2 符号只添加在行号前，表示只固定了行；$D2 符号只添加在列号前，表示只固定了列。在使用引用时，可以通过按【F4】键在相对引用、绝对引用和混合引用之间快速切换。

① 相对引用。当需要在多行或多列中应用相同的公式，并且公式引用的单元格位置需要随着公式的复制或移动而自动调整时，可以使用相对引用。例如：在单元格A1中输入公式“=B1+C1”，并将该公式复制到A2单元格，则A2单元格中的公式会自动变为“=B2+C2”。

② 绝对引用。当需要在多个单元格中使用相同的固定引用地址时，可以使用绝对引用。例如：在单元格A1中输入公式“=$B$1+C1”，并将该公式复制到A2单元格，则A2单元格中的公式是=“$B$1+C2”，注意$B$1部分保持不变。

③ 混合引用。当需要在多个行或列中引用固定列（或行）的数据，同时保持对其他列（或行）的相对引用，即为混合引用。例如：

- 只固定行号的混合引用：在单元格A1中输入公式“=D$2+C1”，并将该公式复制到

A2单元格，则A2单元格中的公式变为“=D$2+C2”，注意$2部分保持不变。

- 只固定列号的混合引用：在单元格A1中输入公式“=$D2+C1”，并将该公式复制到B1单元格，则B1单元格中的公式变为“=$D2+D1”，注意$D部分保持不变。

④ 三维引用。在WPS表格中，引用同一工作簿中多个工作表上相同单元格或单元格区域中的数据时使用三维引用。这种引用方式允许用户在不单独引用每个工作表的情况下，对多个工作表上的相同位置的数据进行汇总、计算或其他操作。也就是说，通过在单元格引用前加上工作表名称的范围来实现，例如“=SUM(Sheet2:Sheet13!B5)”，该公式将计算从工作表2到工作表13中B5单元格内所有值的和。

6.2.3 常用函数

WPS表格中的函数可以根据其功能和应用领域进行分类，下面介绍常用函数分类、常用函数功能及其用法。

1. 常用函数分类

① 数学与三角函数。主要用于执行数学计算和三角函数运算。常见的函数包括三角函数SIN()、COS()等、四舍五入函数ROUND()、向下取整函数INT()、乘积函数PRODUCT()等。

② 统计函数。用于对数据进行统计分析。常见的函数包括计数函数COUNT()、非空单元格计数函数COUNTA()、条件计数函数COUNTIF()、多条件计数函数COUNTIFS()、排名函数RANK()、求和函数SUM()、条件求和函数SUMIF()、多条件求和函数SUMIFS()、平均值函数AVERAGE()、条件平均值函数AVERAGEIF()、多条件平均值函数AVERAGEIFS()、最大值函数MAX()、最小值函数MIN()等。

③ 逻辑函数。用于进行逻辑判断，如判断某个值是否为真、是否满足某个条件等，根据条件返回不同的结果。常见的函数包括条件判断函数IF()、逻辑与函数AND()、逻辑或函数OR()、逻辑非函数NOT()、多条件判断函数IFS()等。

④ 文本函数。用于处理文本数据，如连接、提取、查找、替换等。常见的函数包括文本连接函数CONCATENATE()、从左侧提取文本函数LEFT()、从右侧提取文本函数RIGHT()、从中间提取文本函数MID()、查找文本位置函数FIND()、替换文本函数REPLACE()、字符串个数函数LEN()等。

⑤ 日期与时间函数。用于处理日期和时间数据。常见的函数包括返回当前日期函数TODAY()、返回当前日期和时间函数NOW()、构造日期函数DATE()、构造时间函数TIME()、计算两个日期之间的差异函数DATEDIF()、获取日期的日值函数DAY()、获取日期的月份函数MONTH()、获取日期的年份函数YEAR()等。

⑥ 查找与引用函数。用于在表格中查找和引用数据。常见的函数包括垂直查找函数VLOOKUP()、水平查找函数HLOOKUP()、返回指定位置的值函数INDEX()、查找值的相对位置函数MATCH()、查找函数XLOOKUP()等。

⑦ 财务函数。用于进行财务计算，如计算贷款支付、折旧等。常见的函数包括计算贷款每期支付金额函数PMT()、计算投资现值函数PV()、计算投资未来值函数FV()、计算贷款每期利息支付金额函数IPMT()、计算贷款每期本金支付金额函数PPMT()、计算固定余额递减折旧函数DB()等。

⑧ 其他函数。WPS表格还提供了许多其他类型的函数，信息函数如ISNUMBER()、

ISTEXT()等，允许用户根据自己的需求编写函数的用户自定义函数等。

注意，以上分类是基于函数的主要功能和应用领域进行的归纳，并非绝对严格。在实际应用中，用户可以根据需要选择合适的函数来处理数据。同时，随着WPS表格版本的更新，可能会引入新的函数或改进现有函数的功能。因此，建议用户在使用时参考WPS表格的官方文档或在线帮助资源以获取最新和最准确的信息。

2. 常用函数功能及用法

WPS表格中常用的函数有很多，以下列举常用函数及其用法。

① ROUND(number,num_digits)：返回number参数指定的数字进行四舍五入操作后的结果。

参数说明：

- number 是需要进行四舍五入的数字。
- num_digits 为指定的位数，按此位数进行四舍五入。如果 num_digits 大于 0，则四舍五入到指定的小数位；如果 num_digits 等于 0，则四舍五入到最接近的整数；如果 num_digits 小于 0，则在小数点左侧进行四舍五入。

② INT(number)：将数字向下舍入到最接近的整数。

参数说明：

number 是需要进行向下舍入取整的实数。

③ SUM(number1,number2, ...)：返回某一单元格区域中所有数字之和。

参数说明：

- number1,number2, ... 为1~255个需要求和的参数。
- 直接输入到参数表中的数字、逻辑值及数字的文本表达式将被计算。
- 如果参数为数组或引用，只有其中的数字将被计算。数组或引用中的空白单元格、逻辑值、文本或错误值将被忽略。
- 如果参数为错误值或为不能转换成数字的文本，将会导致错误。

④ SUMIF(range,criteria,sum_range)：根据指定条件对若干单元格求和。

参数说明：

- range 为用于条件判断的单元格区域。
- criteria 为确定哪些单元格将被相加求和的条件，其形式可以为数字、表达式或文本。
- 只有在区域中相应的单元格符合条件的情况下，SUM_range 中的单元格才求和。
- 如果忽略了sum_range，则对区域中的单元格求和。

⑤ AVERAGE(number1,number2,...)：返回参数的平均值（算术平均值）。

参数说明：

- number1, number2, ... 为需要计算平均值的1~30个参数。
- 参数可以是数字，或者是包含数字的名称、数组或引用。
- 如果数组或引用参数包含文本、逻辑值或空白单元格，则这些值将被忽略；但包含零值的单元格将计算在内。

⑥ MAX(number1,number2,...)：用于查找最大值，可以在一系列数值中找出最大的数，返回一组值中的最大值。

参数说明：

- number1, number2, ... 是要从中找出最大值的1~30个数字参数。

- 可以将参数指定为数字、空白单元格、逻辑值或数字的文本表达式。如果参数为错误值或不能转换成数字的文本，将产生错误。
- 如果参数为数组或引用，则只有数组或引用中的数字将被计算。数组或引用中的空白单元格、逻辑值或文本将被忽略。如果逻辑值和文本不能忽略，请使用函数 MAXA 来代替。
- 如果参数不包含数字，函数返回 0（零）。

⑦ MIN(number1,number2,...)：用于查找最小值，可以在一系列数值中找出最小的数，返回一组值中的最小值。

参数说明：

- number1, number2,... 是要从中找出最小值的1~30个数字参数。
- 可以将参数指定为数字、空白单元格、逻辑值或数字的文本表达式。如果参数为错误值或不能转换成数字的文本，将产生错误。
- 如果参数是数组或引用，则函数仅使用其中的数字，空白单元格、逻辑值、文本或错误值将被忽略。如果逻辑值和文本字符串不能忽略，请使用 MINA 函数来代替。
- 如果参数中不含数字，则函数返回 0。

⑧ COUNT(value1,value2,...)：计算单元格区域或数字数组中数字字段的输入项个数。

参数说明：

- value1, value2, ... 为包含或引用各种类型数据的参数（1~30个），但只有数字类型的数据才被计算。
- 函数COUNT()在计数时，将把数字、日期或以文本代表的数字计算在内，但是错误值或其他无法转换成数字的文字将被忽略。
- 如果参数是一个数组或引用，那么只统计数组或引用中的数字，数组或引用中的空白单元格、逻辑值、文字或错误值都将被忽略。
- 如果要统计逻辑值、文字或错误值，可以使用函数CountA()。

⑨ COUNTIF(range,criteria)：计算区域中满足给定条件的单元格的个数。

参数说明：

- range为需要计算其中满足条件的单元格数目的单元格区域；criteria 为确定哪些单元格将被计算在内的条件，其形式可以为数字、表达式或文本。
- 函数COUNTIF()是区分大小写的，因此在设置条件时需要注意大小写匹配问题。
- 该函数只统计范围内的单元格，不包括空单元格。

⑩ RANK(number,ref,order)：返回一个数字在数字列表中的排位。

参数说明：

- number为需要找到排位的数字。
- ref为数字列表数组或对数字列表的引用。ref中的非数值型参数将被忽略。
- order为一数字，指明排位的方式。如果order为 0（零）或省略，WPS表格对数字的排位是基于ref按照降序排列的列表；如果order不为零，WPS表格对数字的排位是基于ref按照升序排列的列表。
- 函数对重复数的排位相同，但重复数的存在将影响后续数值的排位。

⑪ IF(logical_test, value_if_true, [value_if_false])：使用逻辑函数 IF函数时，如果条件为

真，该函数将返回一个值；如果条件为假，函数将返回另一个值。

参数说明：

- logical_test为必选，要测试的条件；value_if_true为必选，当logical_test 的结果为 TRUE 时应返回的值；value_if_false为可选，当logical_test 的结果为 FALSE 时应返回的值。
- 如果要在公式中使用文本，需要将文字用引号括起来（例如“Text”）。
- 当使用TRUE 和 FALSE时，表格能自动理解它们。

⑫ LEFT(text,num_chars)：基于所指定的字符数返回文本字符串中的第一个或前几个字符。

参数说明：

- text是包含要提取字符的文本字符串。
- num_chars指定要由LEFT所提取的字符数。Num_chars 必须大于或等于 0；如果 num_chars大于文本长度，则LEFT返回所有文本；如果省略 num_chars，则假定其为 1。

⑬ RIGHT(text,num_chars)：用于从文本字符串的右侧开始提取指定数量的字符。

参数说明：

- text 是包含要提取字符的文本字符串。
- num_chars 指提取的字符数。

⑭ MID(text,start_num,num_chars)：返回文本字符串中从指定位置开始的特定数目的字符，该数目由用户指定。

参数说明：

- text是包含要提取字符的文本字符串。
- start_num是文本中要提取的第一个字符的位置。文本中第一个字符的 start_num 为 1，以此类推。
- num_chars指MID()函数从文本中返回字符的个数。如果start_num 大于文本长度，则 MID()返回空文本 ()；如果start_num小于文本长度，但start_num 加上num_chars 超过了文本的长度，则MID()只返回至多直到文本末尾的字符；如果start_num 小于1，则MID() 返回错误值 #VALUE!；如果num_chars是负数，则MID()返回错误值 #VALUE!。

⑮ TODAY()：返回当前日期的序列号。序列号是 WPS表格日期和时间计算使用的日期-时间代码。如果在输入函数前，单元格的格式为常规，则结果将设为日期格式。

参数说明：

- WPS表格可将日期存储为可用于计算的序列号。
- 默认情况下，1899年12月31日的序列号是1，而2008年1月1日的序列号是39 448，这是因为它距1899年12月31日有39 448天。

⑯ NOW()：返回当前日期和时间所对应的序列号。如果在输入函数前，单元格的格式为“常规”，则结果将设为日期格式。

参数说明：

- 序列号中小数点右边的数字表示时间，左边的数字表示日期。例如，序列号5表示时间为中午12:00。

- 函数只有在重新计算工作表，或执行含有此函数的宏时改变。它并不会随时更新。

⑰ YEAR(serial_number)：返回某日期对应的年份。返回值为1900~9999之间的整数。

参数说明：

- serial_number 表示一个日期值，其中包含要查找的年份。
- 应使用 DATE() 函数来输入日期，或者将日期作为其他公式或函数的结果输入。

⑱ VLOOKUP(lookup_value, table_array, col_index_num, [range_lookup])：在表格或数值数组的首列查找指定的数值，并由此返回表格或数组当前行中指定列处的数值。默认情况下，表是升序的。

参数说明：

- lookup_value为需要在数据表第一列中进行查找的数值。lookup_value 可以为数值、引用或文本字符串。当vlookup函数第一参数省略查找值时，表示用0查找。
- table_array为需要在其中查找数据的数据表，使用对区域或区域名称的引用。
- col_index_num为table_array 中查找数据的数据列序号。col_index_num为1时，返回table_array第一列的数值，col_index_num为2时，返回table_array第二列的数值，以此类推。如果col_index_num小于1，函数VLOOKUP()返回错误值 #VALUE!；如果col_index_num大于table_array的列数，函数 VLOOKUP()返回错误值#REF!。
- range_lookup为一逻辑值，指明函数VLOOKUP()查找时是精确匹配还是近似匹配。如果为FALSE或0，则返回精确匹配，如果找不到，则返回错误值 #N/A。如果 range_lookup 为TRUE或1，函数VLOOKUP()将查找近似匹配值；如果找不到精确匹配值，则返回小于lookup_value 的最大数值。如果range_lookup省略，默认为1。

除了以上常见的函数外，WPS表格还支持很多其他函数，如日期函数、时间函数、文本函数等。需要注意函数的使用方法和语法规则，以确保计算结果的正确性。

6.2.4　表格的保护

WPS表格的保护功能是为了确保数据的安全性、完整性和准确性，WPS表格允许用户限制对工作簿或工作表的访问和编辑权限。保护机制可以防止意外或故意的改动，尤其是在多用户环境中，这非常关键。以下是WPS表格中几种主要的保护类型：

① 工作簿保护：工作簿保护可以防止对整个工作簿进行结构性更改，如添加、删除或重命名工作表等。通过设置工作簿保护，可以确保工作簿的布局和结构不被意外更改或破坏。工作簿的保护包括：设置打开密码、设置修改密码、保护工作簿结构。

② 工作表保护：通过设置工作表保护，可以设置密码，防止未经授权的用户对工作表进行更改；可以锁定特定的单元格或区域，防止用户对其进行编辑、删除或插入操作，同时允许未锁定的单元格被编辑；防止对工作表的结构（如行和列的删除、插入或移动）、窗口大小和格式的改变；还可以设置允许用户进行的操作范围，如允许用户进行筛选、排序等。

③ 限制编辑区域：在某些情况下，可能希望允许用户编辑工作簿的某些部分，但禁止编辑其他部分。通过限制编辑区域，可以指定哪些单元格或区域可以被编辑，而哪些区域则被锁定。

④ 单元格保护：单元格保护可以针对单个单元格进行设置，以防止其被修改或删除。通

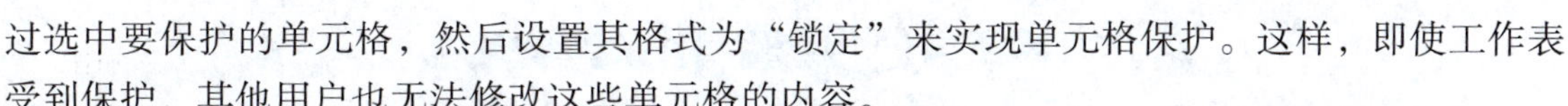

过选中要保护的单元格，然后设置其格式为“锁定”来实现单元格保护。这样，即使工作表受到保护，其他用户也无法修改这些单元格的内容。

⑤ 公式保护：在WPS表格中，可以隐藏单元格中的公式，以防止其他用户查看或修改。通过设置单元格格式为“隐藏”，可以将公式隐藏起来，只显示公式的结果。这样，其他用户就无法查看或编辑隐藏的公式了。只有工作表保护后，锁定单元格或隐藏公式才有效。

⑥ 密码保护：除了上述的保护方式外，WPS表格还支持设置密码来保护工作表或工作簿。通过设置密码，可以控制哪些用户有权访问和修改表格数据。只有知道密码的用户才能解除保护并进行更改。

⑦ 文档权限：控制谁可以查看或编辑文档，可以设置为私密文档，仅允许登录的用户访问，或者向特定用户分配查看和编辑权限。

⑧ 文档加密：使用加密技术保护文档，确保没有正确的密钥无法读取文档内容。

⑨ 审阅功能：包括跟踪更改和比较文档，有助于监控和管理文档的修订历史。

通过这些保护措施，WPS表格能够提供一个更加安全的工作环境，确保数据的准确性和机密性。

6.3 实验任务

本次实验任务主要是掌握公式和函数的使用。根据工作簿“成绩管理数据库.xlsx”中工作表“232学期学生成绩汇总表”的数据，如图6-1所示，请完成下列任务。

① 打开工作簿“成绩管理数据库.xlsx”，完成单元格区域编辑权限与公式隐藏、工作簿及工作表的保护，具体要求如下：

- 将工作表“232学期学生成绩汇总表”中单元格区域“I4:M8”及“C10:H15”设置为“允许用户编辑区域”区域，并隐藏该区域单元格的公式，其他区域的单元格不允许编辑。
- 保护工作表“232学期学生成绩汇总表”，密码设置为“123”。
- 保护工作簿“成绩管理数据库.xlsx”的结构，密码设置为“123”。

	A	B	C	D	E	F	G	H	I	J	K	L	M
1	232学期学生成绩汇总表												
2													
3	学号	姓名	编译方法	自然语言处理	人工智能技术	软件工程	大数据管理技术	数据库系统原理	最低成绩	最高成绩	总成绩	总成绩排名	挂科门数
4	2202001234	张钰欣	93	92	96	86	57	80					
5	2202001235	杨庆封	72	53	59	84	90	86					
6	2202001236	敖翔	90	95	87	83	82	68					
7	2202001237	李想	90	95	33	83	82	68					
8	2202001238	李思明	92	97	86	81	89	49					
9													
10	单科平均成绩												
11	单科最高成绩												
12	单科最低成绩												
13	获得成绩总人次												
14	不及格人次												
15	不及格人数												

图 6-1　232 学期学生成绩汇总表

② 对学生成绩进行统计汇总，完成以下任务：

计算每位学生的最低成绩、最高成绩、总成绩、总成绩排名及挂科门数；计算每门课程的平均成绩、最高成绩、最低成绩、获得成绩总人次、不及格人次及不及格人数。

6.4 实验指导

根据工作簿“成绩管理数据库.xlsx”中工作表“232学期学生成绩汇总表”的数据，完成本次实验的任务。

① 打开工作簿“成绩管理数据库.xlsx”，选择工作表“232学期学生成绩汇总表”，执行如下操作：

• 单元格区域编辑权限与公式隐藏，操作步骤如下：

a．选中单元格区域“I4:M8”及“C10:H15”，单击“开始”|“单元格”|“设置单元格格式”选项，弹出“单元格格式”对话框，如图6-2所示。

b．在弹出的对话框中，选择“保护”选项卡，去掉“锁定”选项，这将确保选定的单元格区域在工作表受到保护时可以被修改。

c．单击“审阅”|“允许用户编辑区域”，弹出“允许用户编辑区域”对话框，如图6-3所示。在此对话框中，单击“新建”按钮，弹出“新区域”对话框，如图6-4所示。

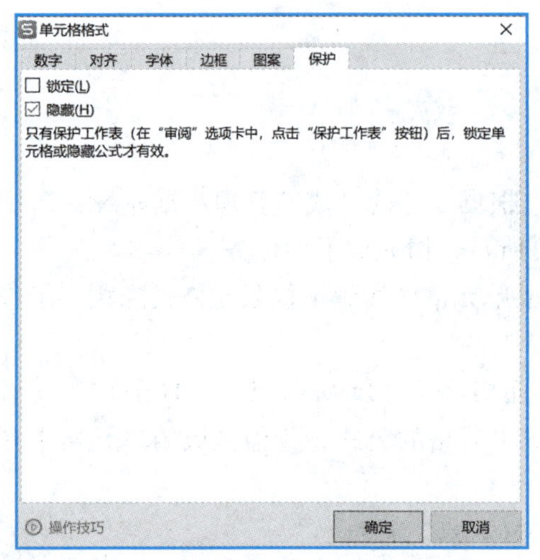

图 6-2　设置单元格格式—保护

图 6-3　“允许用户编辑区域”对话框

d．在“新区域”对话框中，设置“标题”为“成绩统计区域”，单击“引用单元格”后的“选择”按钮，选择需要允许编辑的单元格区域“I4:M8”及“C10:H15”（如果操作前已经选定单元格区域，此步可以不操作，选用默认值）。将“区域密码”设置为“123”，单击“确定”按钮。

• 保护工作表。单击“审阅”|“保护工作表”按钮，弹出“保护工作表”对话框，如图6-5所示。在对话框的“输入密码（可选）”中输入“123”，勾选“选定锁定单元格”及“选定未锁定单元格”复选框，再单击“确定”按钮，完成工作表的保护。此时，工作表中单元格区域“I4:M8”及“C10:H15”允许用户编辑，如图6-6所示。这两个区域已经隐藏公式，只显示公式的结果，如图6-7所示。工作表的保护下，其他区域的单元格的编辑操作都将被阻止，都不允许编辑。

需要注意的是，隐藏公式并不会删除或更改公式本身，只是使其在工作表受到保护时不可见。此外，只有拥有解除工作表保护权限的用户才能查看隐藏的公式。如果需要查看或编辑隐藏的公式，只需解除工作表保护并取消公式的隐藏设置即可。

新区域
标题(T):
成绩统计区域
引用单元格(R):
$I$4:$M$8,$C$10:$H$15
区域密码(P):
***
权限(E)...　确定　取消

图 6-4　“新区域”对话框

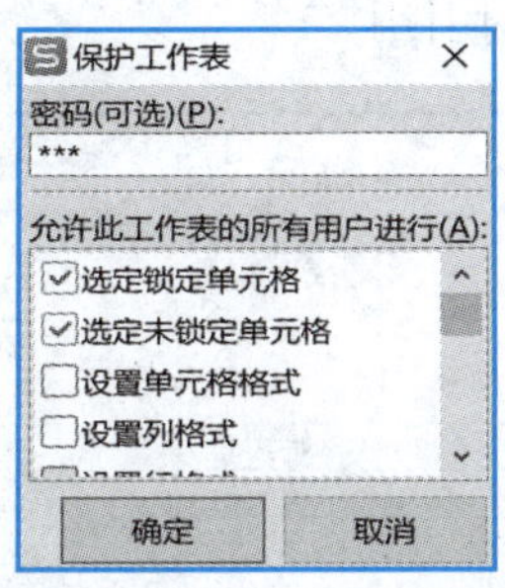

图 6-5　“保护工作表”对话框

MIN　fx　=MAX(C5:H5)

232学期学生成绩汇总表

学号	姓名	编译方法	自然语言处理	人工智能技术	软件工程	大数据管理技术	数据库系统原理	最低成绩	最高成绩	总成绩	总成绩排名	挂科门数
2202001234	张钰欣	93	92	96	86	57	80	57	96	504	2	1
2202001235	杨庆封	72	53	59	84	90	86	=MAX(C5:H5)			5	2
2202001236	敖翔	90	95	87	83	82	68	6 MAX（数值1，...）			1	0
2202001237	李想	90	95	33	83	82	68	33	95	451	4	1
2202001238	李思明	92	97	86	81	89	49	49	97	494	3	1
单科平均成绩												
单科最高成绩												
单科最低成绩												
获得成绩总人次												
不及格人次												
不及格人数												

图 6-6　允许用户编辑

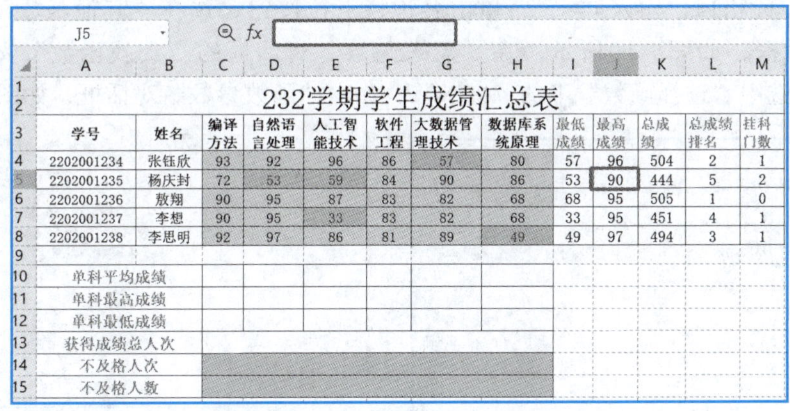

J5　fx

232学期学生成绩汇总表

学号	姓名	编译方法	自然语言处理	人工智能技术	软件工程	大数据管理技术	数据库系统原理	最低成绩	最高成绩	总成绩	总成绩排名	挂科门数
2202001234	张钰欣	93	92	96	86	57	80	57	96	504	2	1
2202001235	杨庆封	72	53	59	84	90	86	53	90	444	5	2
2202001236	敖翔	90	95	87	83	82	68	68	95	505	1	0
2202001237	李想	90	95	33	83	82	68	33	95	451	4	1
2202001238	李思明	92	97	86	81	89	49	49	97	494	3	1
单科平均成绩												
单科最高成绩												
单科最低成绩												
获得成绩总人次												
不及格人次												
不及格人数												

图 6-7　单元格区域隐藏公式

- 保护工作簿。单击“审阅”|“保护工作簿”按钮，弹出“保护工作簿”对话框，输入保护密码“123”，开启工作簿保护。此时，当前工作簿中的工作表就不会被删除、移动、重命名了。

② 计算每位学生的最低成绩、最高成绩、总成绩、总成绩排名及挂科门数。

- 最低成绩：在单元格I4中直接输入“=MIN(C4:H4)”，如图6-8所示，然后下拉填充柄复制公式至单元格I8。单击I5单元格，查看编辑栏公式，公式为“=MIN(C5:H5)”，如图6-9所示。可以看出，单元格的公式不会保持MIN(C4:H4)不变，而是随着单元格的位置变化而变化，即公式引用的单元格地址随着公式的复制而自动调整，这是公式的相对引用。

I4　=MIN(C4:H4)

	A	B	C	D	E	F	G	H	I	J	K	L	M
1–2	232学期学生成绩汇总表												
3	学号	姓名	编译方法	自然语言处理	人工智能技术	软件工程	大数据管理技术	数据库系统原理	最低成绩	最高成绩	总成绩	总成绩排名	挂科门数
4	2202001234	张钰欣	93	92	96	86	57	80	57	96	504	2	1
5	2202001235	杨庆封	72	53	59	84	90	86	53	90	444	5	2
6	2202001236	敖翔	90	95	87	83	82	68	68	95	505	1	0
7	2202001237	李想	90	95	33	83	82	68	33	95	451	4	1
8	2202001238	李思明	92	97	86	81	89	49	49	97	494	3	1

图 6-8　最低成绩公式编辑

I5　=MIN(C5:H5)

	A	B	C	D	E	F	G	H	I	J	K	L	M
1–2	232学期学生成绩汇总表												
3	学号	姓名	编译方法	自然语言处理	人工智能技术	软件工程	大数据管理技术	数据库系统原理	最低成绩	最高成绩	总成绩	总成绩排名	挂科门数
4	2202001234	张钰欣	93	92	96	86	57	80	57	96	504	2	1
5	2202001235	杨庆封	72	53	59	84	90	86	53	90	444	5	2
6	2202001236	敖翔	90	95	87	83	82	68	68	95	505	1	0
7	2202001237	李想	90	95	33	83	82	68	33	95	451	4	1
8	2202001238	李思明	92	97	86	81	89	49	49	97	494	3	1

图 6-9　最低成绩公式复制

若公式中使用函数时，也可以这样操作：

a．双击单元格I4，输入“=”，单击名称栏下拉按钮，选择“其他函数”，弹出“插入函数”对话框，如图6-10所示。在“插入函数”对话框的“查找函数”文本框中输入“MIN”，或选中“选择函数”下的“MIN”，弹出“函数参数”对话框，如图6-11所示。

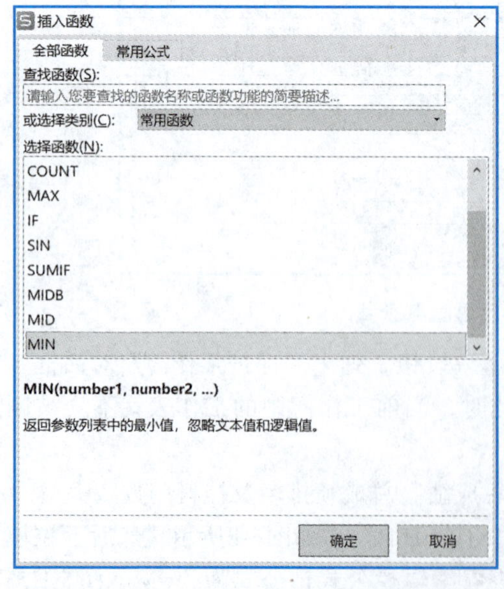

图 6-10　“插入函数”对话框

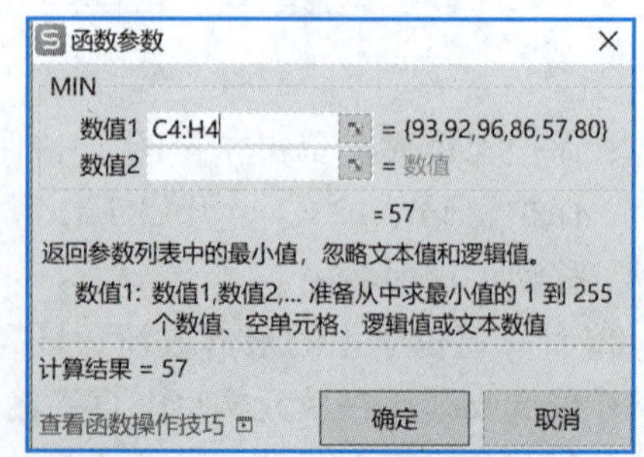

图 6-11　MIN 函数参数设置

b．单击“函数参数”对话框的“数值1”对应的参数框，再选择工作表中需要计算的单元格区域C4:H4，单击“确定”按钮，单元格I4返回单元格区域C4:H4中最小值。

- 最高成绩：在单元格J4中输入“=MAX(C4:H4)”，然后下拉填充柄复制公式至单元格J8。单击J5单元格，查看编辑栏公式，公式为“=MAX(C5:H5)”，可以看出，单元格的公式不会保持MAX(C4:H4)，而是随着单元格的位置变化而变化，即公式引用的单元格地址随着公式的复制而自动调整，这是公式的相对引用。
- 总成绩：在单元格K4中输入“=SUM(C4:H4)”，然后下拉填充柄复制公式至单元格K8。单击K5单元格，查看编辑栏公式，公式为“=SUM(C5:H5)”，可以看出，单元格的公式不会保持SUM(C4:H4)，而是随着单元格的位置变化而变化，即公式引用的单元格地址随着公式的复制而自动调整，这是公式的相对引用。
- 总成绩排名：指对总成绩单元格区域“K4:K8”的数据降序排序并返回排位值。在单元格L4中输入“=RANK(K4,$K$4:$K$8)”，如图6-12所示，然后下拉填充柄复制公式至单元格L8。该公式中既有相对引用，又有绝对引用，公式用法如下：

a．RANK(number,ref,order) 函数第一个参数number为需要排位的单元格的数值，该参数需要将公式引用的单元格地址随着公式的复制或移动而自动调整，即L4单元格公式中这个参数值为“K4”，L5单元格公式中这个参数值为“K5”，这是公式的相对引用。

b．函数第二个参数ref 为数字列表的引用，也就是参与排名的数据区域，这个区域不能改变，所以第二个参数为“$K$4:$K$8”，公式引用时必须是绝对引用。如果第二个参数单元格区域的内容没有使用公式绝对引用，公式会随着单元格地址的变化而变化，排名结果会因排名数字列表的单元格区域变化而出错。

c．函数第三个参数order为一数字，指明排位的方式。如果order为0（零）或省略，WPS表格对数字的排位是基于ref按照降序排列的列表；如果order不为零，WPS表格对数字的排位是基于ref按照升序排列的列表。所以，第三个参数省略，即基于ref按照降序排列方式。

L4　　fx =RANK(K4, $K$4: $K$8)

232学期学生成绩汇总表

	A	B	C	D	E	F	G	H	I	J	K	L	M
3	学号	姓名	编译方法	自然语言处理	人工智能技术	软件工程	大数据管理技术	数据库系统原理	最低成绩	最高成绩	总成绩	总成绩排名	挂科门数
4	2202001234	张钰欣	93	92	96	86	57	80	57	96	504	2	1
5	2202001235	杨庆封	72	53	59	84	90	86	53	90	444	5	2
6	2202001236	敖翔	90	95	87	83	82	68	68	95	505	1	0
7	2202001237	李想	90	95	33	83	82	68	33	95	451	4	1
8	2202001238	李思明	92	97	86	81	89	49	49	97	494	3	1
9													
10	单科平均成绩												
11	单科最高成绩												
12	单科最低成绩												
13	获得成绩总人次												
14	不及格人次												
15	不及格人数												

图 6-12　总成绩排名公式编辑

- 挂科门数：在单元格M4中输入“=COUNTIF(C4:H4,"<60")”，然后下拉填充柄复制公式至单元格M8。单击M5单元格，查看编辑栏公式，公式为“=COUNTIF(C5:H5,"<60")”，公式引用的单元格地址随着公式的复制或移动而自动调整，这是公式的相对引用。其中：

a．挂科门数是条件统计，设置COUNTIF(range,criteria)第一个参数为需要计算其中满足条件的单元格数目的单元格区域C4:H4。

b．第二个参数为单元格将被计算在内的条件，而挂科条件可以表达为“<60”。

- 单科平均成绩：在单元格C10输入“=AVERAGE(C4:C8)”，然后右拉填充柄复制公式至单元格H10，这是单元格相对引用。
- 单科最高成绩：在单元格C11输入“=MAX(C4:C8)”，然后右拉填充柄复制公式至单元格H11，这是单元格相对引用。
- 单科最低成绩：在单元格C12输入“=MIN(C4:C8)”，然后右拉填充柄复制公式至单元格H12，这是单元格相对引用。
- 获得成绩总人次：指计算所有学生所有课程成绩的单元格区域“C4:H8”单元格个数，用COUNT()进行计数。因此，在单元格区域C13中输入“=COUNT(C4:H8)”，按下回车键，返回计算结果，即获得成绩总人次。
- 不及格人次：指计算带条件（成绩低于60）的所有学生所有课程的单元格区域“C4:H8”单元格个数。在单元格C14输入“=COUNTIF(C4:H8,"<60")”，按下回车键，返回计算结果。
- 不及格人数：指有成绩不及格的学生人数。计算方法有两种：

根据挂科门数进行计算，如果单元格的值大于0，表示该学生为有不及格成绩的学生。因此，在合并单元格C15中输入“=COUNTIF(M4:M8,">0")”，按回车键，返回的计算结果就是不及格人数，如图6-13所示。

C15 =COUNTIF(M4:M8,">0")

	A	B	C	D	E	F	G	H	I	J	K	L	M
1-2	232学期学生成绩汇总表												
3	学号	姓名	编译方法	自然语言处理	人工智能技术	软件工程	大数据管理技术	数据库系统原理	最低成绩	最高成绩	总成绩	总成绩排名	挂科门数
4	2202001234	张钰欣	93	92	96	86	57	80	57	96	504	2	1
5	2202001235	杨庆封	72	53	59	84	90	86	53	90	444	5	2
6	2202001236	敖翔	90	95	87	83	82	68	68	95	505	1	0
7	2202001237	李想	90	95	33	83	82	68	33	95	451	4	1
8	2202001238	李思明	92	97	86	81	89	49	49	97	494	3	1
9													
10	单科平均成绩		87.4	86.4	72.2	83.4	80.0	70.2					
11	单科最高成绩		93	97	96	86	90	86					
12	单科最低成绩		72	53	33	81	57	49					
13	获得成绩总人次		30										
14	不及格人次		5										
15	不及格人数		4										

图 6-13　不及格人数计算公式编辑

根据最低成绩进行计算，如果单元格的值小于60，表示计算出不及格成绩的学生一人。因此，在合并单元格C15中输入“=COUNTIF(I4:I8,"<60")”，按回车键，返回的计算结果就是不及格人数。

6.5　课后任务

现有某公司的产品销售数据库工作簿“产品销售数据库.xlsx”，要求完成以下任务：

① 将产品表中员工编号字段单元格区域设为不允许编辑，其他单元格允许编辑。

② 隐藏所有销售主表的销售金额字段单元格区域公式，保护所有销售主表，设置密码为“123”。

③ 保护工作簿的结构，设置密码为“123”。

④ 分别计算“10月销售明细表”“11月销售明细表”“12月销售明细表”中的金额字段的值。

⑤ 分别计算“10月销售主表”“11月销售主表”“12月销售主表”中发票号码字段的值、销售金额及根据销售金额的排名。

⑥ 新建工作表“第四季度公司产品销售统计表”，要求：分别使用公式统计第四季度每个业务员的总销售金额、每种产品的总销售金额。

⑦ 在“第四季度公司产品销售统计表”中，使用公式统计第四季度每个业务员每种产品的销售总金额。

实验7 WPS表格的数据处理与分析

7.1 实验目的

- 掌握数据排序和筛选等操作。
- 掌握数据查找、替换及定位方法。
- 掌握分类汇总的数据分析方法。
- 掌握图表创建、编辑及美化等操作。
- 掌握创建数据透视表和数据透视图的方法。

7.2 预备知识

WPS表格提供了非常重要的数据计算和数据分析工具，如排序、筛选、分类汇总、图表、数据透视图和数据透视表等，这些工具可以帮助用户更好地理解数据、发现数据中的规律，以及进行数据的可视化展示。通过使用这些工具，用户可以更快速、更准确地获取所需的信息，提高数据分析的效率和准确性。

7.2.1 排序

在WPS表格中进行排序是一种常见的数据管理操作，可以帮助用户按照特定的顺序排列数据。用户应该确保在排序前数据是完整且一致的，缺失或错误的数据可能会影响排序结果。另外，选择正确的排序范围非常重要。如果只选择了一列的一部分，排序可能不会如预期那样影响整个数据集。下面介绍排序规则和排序方法。

1. 排序规则

在WPS表格中，排序规则允许用户根据不同的需求和数据类型对数据进行组织。排序可以是简单的字母顺序或数值大小，也可以是基于复杂条件的多列排序。以下是一些排序规则和使用方法：

（1）单列排序

① 升序排序：对于文本，按字母顺序从A到Z；对于数字，从最小值到最大值。

② 降序排序：与升序相反，对于文本是从Z到A，对于数字是从最大值到最小值。

（2）多列排序

多级排序：可以设置多个排序级别，先按第一列排序，如果第一列有相同值，则根据第二列的值继续排序，依此类推。

（3）数据类型排序

① 日期和时间排序：可以按日期或时间的先后顺序进行排序。

② 逻辑值排序：TRUE 和 FALSE，TRUE在FALSE之前。

③ 空白单元格排序：可以将空白单元格放在最前或最后。

（4）自定义排序

① 自定义列表排序：可以创建自定义的排序列表，例如按周几排序（周一至周日）。

② 按颜色或图标排序：根据单元格的填充颜色或单元格中的图标进行排序。

2. 排序方法

排序主要有快速排序、自定义排序等方式，以下是在WPS表格中进行排序的基本方法。

（1）快速排序

① 打开WPS表格文件，选择要排序的工作表中的区域。

② 单击“数据”|“排序”|“升序”或“降序”选项，整个表格的数据将根据排序选择的列重新排列。

（2）自定义排序

① 打开WPS表格文件，选择要排序的工作表或单元格区域。

② 单击“数据”|“排序”|“自定义排序”选项，弹出“排序”对话框。

③ 在弹出的“排序”对话框中，在“列”选项选择“主要关键字”；在“排序依据”选项中可以选择“数值”、“单元格颜色”、“字体颜色”或“条件格式图表”等；在“次序”选项中选择“升序”或“降序”，实现单列排序。

④ 若要实现多列排序，必须添加多个排序级别。在弹出的“排序”对话框中，单击“添加条件”按钮，然后分别选择“列”、“排序依据”及“排序方式”等。

⑤ 设置好所有排序条件后，单击“确定”按钮。数据区域先按第一列（主要关键字）排序，第一列有相同值的情况下再按第二列（次要关键字）排序，以此类推，完成排序。

7.2.2　筛选

在WPS表格中使用筛选功能可以帮助用户快速查找和查看满足特定条件的数据行，帮助用户对数据进行统计和分析，下面是WPS表格中进行筛选的基本方法。

1. 自动筛选

① 打开WPS表格文件，选择要筛选的工作表或数据范围。单击“数据”|“筛选”|“筛选”选项，或直接单击“数据”|“筛选”按钮，此时，所选范围内的每一列标题右边会出现筛选按钮，表示筛选功能已被激活。

② 单击要筛选的列标题旁的筛选按钮，在出现的对话框中，勾选“内容筛选”下的“名称”选项，对不需要的选项取消勾选，单击“确定”按钮，符合条件的数据行将显示出来，而不符合的行则会被暂时隐藏。

③ 如果单元格填充了颜色，可以按照颜色进行筛选。单击要筛选的列标题旁的下拉箭头，在出现的对话框中，选择“颜色筛选”下的颜色即可完成筛选。

④ 用户还可以创建自定义自动筛选器，通过“文本筛选”、“数字筛选”或“日期筛选”等方式来指定条件，按照所需的方式进行筛选。如选择“文本筛选”|“自定义筛选”选项，弹出“自定义自动筛选方式”对话框，如图7-1所示。在对话框中输入“课程名称”筛选条件为“等于编译方法或等于软件工程”，单击“确定”按钮。

自定义自动筛选方式
显示行：
课程名称
等于 编译方法
○ 与(A) ◉ 或(O)
等于 软件工程
可用 ? 代表单个字符
用 * 代表任意多个字符
确定 取消

图 7-1 “自定义自动筛选方式”对话框

2. 高级筛选

如果需要更复杂的筛选条件，可以使用高级筛选功能。例如，筛选课程表中具有先修课程且学分大于2学分的选修课，操作步骤如下：

① 打开WPS表格文件，选择要筛选的工作表，并在工作表的空白单元格区域设置多个筛选条件。

② 选择要筛选数据范围，单击“数据”|“筛选”|“高级筛选”选项。

③ 在弹出的“高级筛选”对话框中，选择“方式”以指定筛选结果显示位置，再选择“列表区域”和“条件区域”。列表区域是要筛选的数据范围，条件区域是包含筛选条件的范围，如图7-2所示。

课程编号	课程名称	学分	总学时	课程类别	先修课程
1004700403	编译方法	3	48	选修课	
1004701982	金融信息系统	2	32	选修课	1004702473
1004702473	软件工程	3	48	必修课	
1004700693	大数据管理技术	3	48	必修课	1004700433
1004700433	并行与分布式计算	3	48	选修课	1004702754
1004702432	人工智能技术	2	32	选修课	
1004702754	数据结构与算法	4	64	必修课	
1004700492	财经数据分析*	2	32	选修课	1004702933
1004702933	数据挖掘*	3	48	必修课	
1004701824	计算机组成原理	4	64	必修课	
1004703634	线性代数(工)	4	64	必修课	
1004704403	Python语言与数据处理	3	48	必修课	1004704382
1004704382	数据库与数据处理	2	32	必修课	

学分	课程类别	先修课程
>2	选修课	*

高级筛选
方式
○ 在原有区域显示筛选结果(F)
◉ 将筛选结果复制到其它位置(O)
列表区域(L)：课程表!$A$1:$F$14
条件区域(C)：课程表!$H$1:$J$2
复制到(T)：课程表!$A$17
☐ 扩展结果区域，可能覆盖原有数据(V)
☐ 选择不重复的记录(R)
确定 取消

图 7-2 高级筛选

④ 单击“确定”按钮，WPS表格将根据设定的条件筛选数据，如图7-3所示。

课程编号	课程名称	学分	总学时	课程类别	先修课程
1004700433	并行与分布式计算	3	48	选修课	1004702754

图 7-3 筛选结果

说明： 在条件区域筛选条件的设置中，设在同一行上的条件是“与”条件，而不同行上的条件是“或”条件。条件区域至少有两行，第一行用来放置列标题，下面的行则放置筛选条件。需要注意的是，这里的列标题一定要与数据清单中的列标题完全一样。高级筛选可以设置行与行之间的“或”关系条件，也可以对一个特定的列指定三个以上的条件，还可以指定计算条件，这些是它比自动筛选优越的地方。

3. 清除筛选

当完成筛选操作，想要恢复显示所有数据时，可以再次单击“数据”|“筛选”按钮，这将清除所有列上的筛选器。

7.2.3　数据查找与替换

在WPS表格中，数据查找、替换、定位是常用的数据处理功能，它们能够帮助用户快速定位和处理数据。

1. 查找功能

在WPS表格中使用“查找”功能的详细步骤如下：

① 打开表格：启动WPS表格程序并打开包含用户想要查找数据的工作簿。

② 调用查找功能方法如下：

方法一：单击“开始”|“查找”|“查找”选项，弹出“查找”对话框。

方法二：使用组合键【Ctrl + F】快速调出“查找”对话框，如图7-4所示。

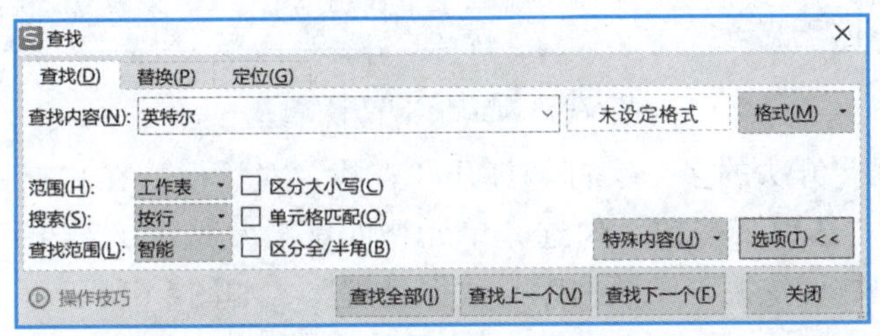

图 7-4　“查找”对话框

③ 输入查找内容：在弹出的“查找”对话框中，输入需要查找的内容。支持输入数字、文本，甚至可以选择以下一些高级选项：

- 查找范围：可以选择是在当前工作表还是在整个工作簿中进行查找。
- 查找方向：可以选择是从当前单元格开始向上或向下查找。
- 搜索选项：

按行/按列搜索：选择是否按行或按列进行搜索。

查找公式/查找值/查找批注：选择查找的是公式本身、公式的计算结果还是单元格中的批注。

区分大小写：如果勾选，则查找时会区分大小写。

单元格匹配：如果勾选，则仅当整个单元格内容与查找内容完全匹配时才被标记。

区分全/半角：选择是否区分全角和半角字符。

- 特殊内容：使用通配符进行更复杂的查找，例如：

任意单字符：使用问号（?）表示任意单个字符。

任意字符：使用星号（*）表示任意数量的字符。

④ 执行查找：单击“查找全部”或“查找上一个”或“查找下一个”按钮开始查找。如果单击“查找全部”按钮，WPS会在下方列出所有匹配的结果，并显示每个结果的位置。完成查找后，关闭对话框。

在WPS表格中常常使用通配符实现模糊型的信息查找匹配。其中：问号（?）代表任意单个字符；星号（*）代表任意多个字符，包括0个字符；（~）代表波浪符右侧的通配符转换为普通字符，即不是作为通配符使用。示例及操作步骤如下：

- 打开要查找数据的工作簿“成绩管理数据库.xlsx”中的工作表“课程表”。
- 查找以“数据”开头的四个字符。使用查找组合键【Ctrl+F】，弹出“查找”对话框，在“查找内容”中输入“数据？？”，单击“选项”按钮，勾选“单元格匹配”复选框，结果可以查找到“数据挖掘”，如图7-5所示。

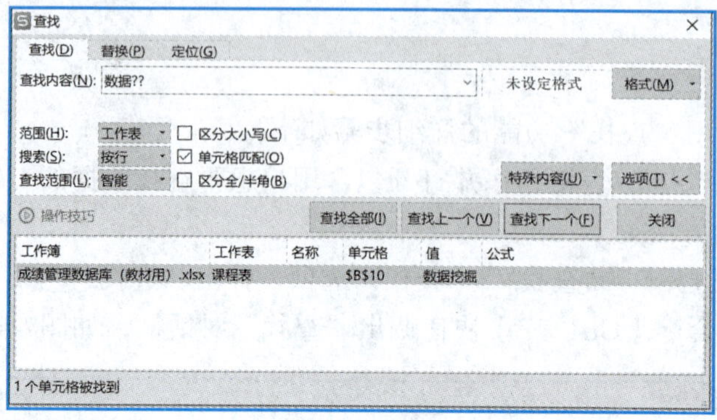

图 7-5　通配符“？”查找

- 查找以“数据”开头的多个字符。打开“查找”对话框，在“查找内容”中输入“数据*”。单击“选项”按钮，勾选“单元格匹配”复选框，结果可以查找到“数据结构与算法”“数据挖掘”“数据库与数据处理”，如图7-6所示。

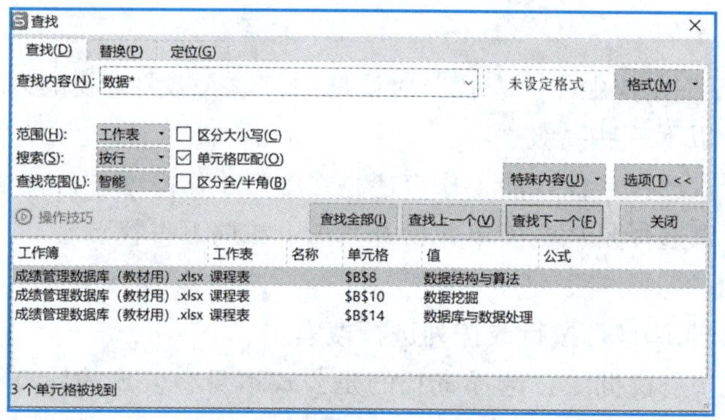

图 7-6　通配符“*”查找

- 查找含“*”的字符。打开“查找”对话框，在“查找内容”中输入“~*”，结果可以查找到“软件工程*”“财经数据分析*”，如图7-7所示。

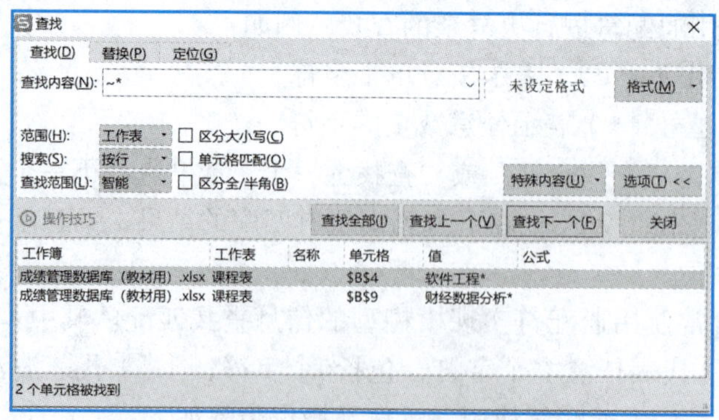

图 7-7　利用波形符“~”的转义字符查找

2. 替换功能

在WPS表格中使用“替换”功能的详细步骤如下：

① 打开表格：首先，启动WPS表格程序并打开包含用户想要替换数据的工作簿。

② 调用查找功能方法如下：

方法一：单击 “开始” | “查找” | “替换” 选项，弹出 “替换” 对话框。

方法二：使用组合键【Ctrl + H】快速调出 “替换” 对话框，如图7-8所示。

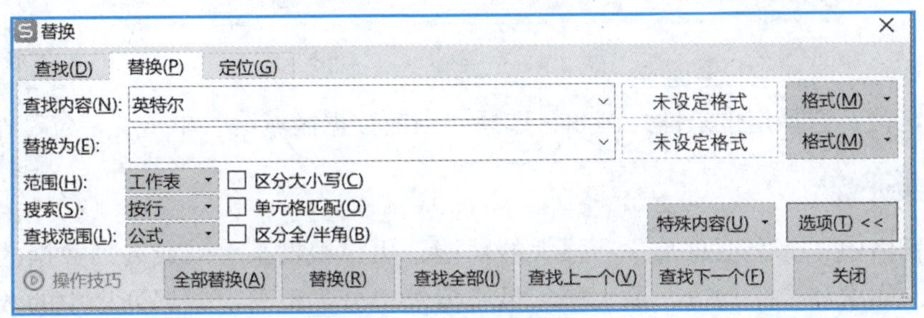

图 7-8　“替换” 对话框

③ 输入查找与替换内容：在 “替换” 对话框中，在 “查找内容” 框中输入需要查找的文字或数值（即原内容），然后在 “替换为” 框中输入新的文字或数值（即替换后的内容）。与查找功能类似，替换功能可以选择高级选项。

④ 执行替换：单击 “替换” 按钮将逐一替换查找到的内容。如果希望一次性替换所有匹配的内容，可以单击 “全部替换” 按钮。但请注意，在首次使用替换功能且文档中内容较多时，建议先单击 “替换” 按钮以减少操作失误。完成替换操作后，关闭对话框。

3. 定位功能

在WPS表格中，数据定位功能可以帮助用户快速跳转到满足特定条件的单元格。快速定位到单元格有三种方法：

方法一：组合键快速定位。【Ctrl+Home】组合键定位到第一个单元格；【Ctrl+End】组合键定位到区域内有数据的最后一个单元格；【Ctrl+↑】【Ctrl+←】也可定位到第一个单元格；【Ctrl+↓】【Ctrl+→】可定位到表格的最后一个单元格。

方法二：单元格或单元格区域定位。在名称框中，输入单元格的列标+行号，例如B100，按回车键；要定位连续单元格区域，输入单元格区域第一个和最后一个单元格的标号，例如A6:D7，按回车键；要定位到多个不连续的单元格，输入单元格的标号，用逗号分开，例如A6,A8,C6，按回车键。

方法三：使用 “定位” 的功能。以下是使用WPS表格中的 “定位” 功能的详细步骤：

① 打开WPS表格：启动WPS表格程序并打开包含用户想要定位数据的工作簿。

② 调用定位功能方法如下：

- 单击 “开始” | “查找” | “定位” 选项，弹出 “定位” 对话框。
- 使用组合键【Ctrl+H】快速调出 “定位” 对话框，如图7-9所示。

③ 使用定位功能：在弹出的 “定位” 对话框中，可以选择定位指定数据（含常量、公式等）、数据类型（含数字、文本、逻辑值、错误等）、批注、空值、可见单元格、最后一个单元格以及当前数据区域、对象、行内容差异单元格、列内容差异单元格等。

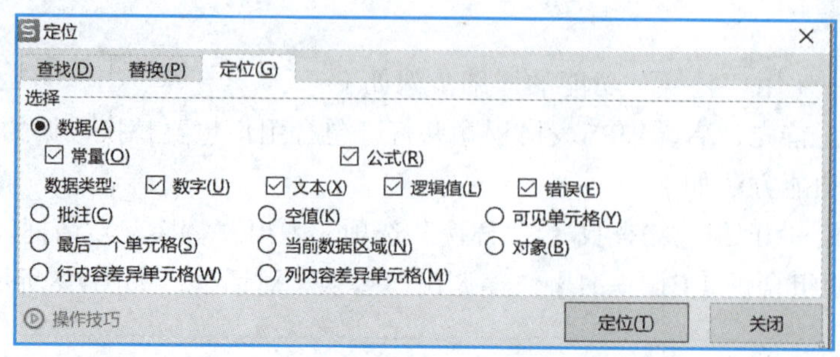

图 7-9 “定位”对话框

④ 执行定位：选择定位条件，例如，选择“当前数据区域”，单击“定位”按钮即可。

7.2.4 分类汇总

在WPS表格中，分类汇总是一项强大的功能，用户根据某一列或多列数据的类别自动计算汇总信息，如求和、平均值、最大值、最小值等。分类汇总对数据列表中的数据进行各种统计，要对其进行分类汇总计算的每个列的第一行都具有一个标签，每个列中都包含类似的数据，并且该区域不包含任何空白行或空白列。为保证得到正确汇总结果，汇总前应对区域中的数据按分类列的值进行过排序或已经有序，否则分类汇总的结果不可信。

分类汇总分为单项分类汇总和多项分类汇总，用户可以根据需要对数据创建分类汇总。单项分类汇总，就是按照一个字段进行汇总。多项分类汇总，是在一个分类汇总的基础上，对其他字段进行再次分类汇总。分类汇总的基本步骤：

1. 创建分类汇总

① 打开表格：打开需要进行分类汇总的WPS表格。

② 排序数据：在进行分类汇总之前，通常需要先对数据进行排序，以便将要进行分类汇总的行组合到一起。单击“数据”|“排序”按钮对数据进行排序。

③ 选择分类汇总：单击“数据”|“分类汇总”按钮，打开“分类汇总”对话框。

④ 设置分类汇总参数：在“分类汇总”对话框中，需要设置分类字段、汇总方式和选定汇总项。分类字段是用户希望根据哪个字段进行分组的字段；汇总方式是指定的计算方式，WPS表格提供了多种汇总方式，如求和、平均值、计数等；选定汇总项则是用户希望进行汇总的具体数据列，在“选定汇总项”列表框中，勾选汇总的数据项。

⑤ 确定分类结果：单击“确定”按钮，WPS表格将根据设置自动进行分类汇总计算，并在数据区域下方显示汇总结果。

⑥ 如果要删除分类汇总，可以单击“分类汇总”对话框中的“全部删除”按钮。

2. 操作分类数据

创建分类汇总后，用户可以查看分类数据，或者根据需要将汇总的结果复制到新的工作表中。

① 查看分类数据。表格完成汇总，系统自动分成了三级显示。单击分类汇总左上角的“1”按钮，可以查看“总计”信息。单击“2”按钮，可以查看汇总数据。单击“3”按钮，可以查看所有的分类汇总数据。

② 复制汇总结果。单击分类汇总左上角的“2”按钮，只显示汇总数据，单击“开

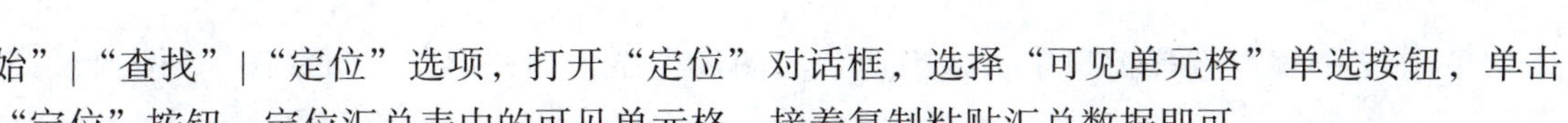

始”|“查找”|“定位”选项，打开“定位”对话框，选择“可见单元格”单选按钮，单击“定位”按钮。定位汇总表中的可见单元格，接着复制粘贴汇总数据即可。

7.2.5　图表

WPS图表功能主要用于数据的可视化呈现、数据分析和比较、展示数据变化趋势以及提供决策依据等。通过图表，用户可以更直观地理解数据之间的关系和趋势。用户可以根据数据的特性和分析需求选择合适的图表类型来展示数据。图表的数据源主要来源于工作表中的单元格区域。用户需要选定工作表中的数据，然后插入图表来展示这些数据。普通图表通常不具备交互性，只是一个静态图表，用户无法直接通过图表对数据进行筛选、排序或更改展示方式等操作。以下是各种类型图表适应场合的简单介绍。

① 柱状图：通常用于对较小的数据集进行分析，直观地对比数据差异。它能够清晰地展示各个数据项之间的对比关系。

② 折线图：用于显示数据随时间或其他连续变量的变化趋势，能够清晰地展示数据的变化轨迹和趋势。

③ 饼图：适合于表达个体与整体的比例关系。它以扇区的形式来表达某一数据系列，与完整饼图分离，以便更清晰地对比表达。它适用于展示分类数据的分布情况。

④ 条形图：与柱状图类似，但通常用于水平方向展示数据。它同样适用于对比不同数据项之间的差异。

⑤ 面积图：是用阴影或颜色填充折线下方区域的折线图，它强调数量随时间而变化的程度，也可用于引起人们对总值趋势的注意。例如，表示随时间而变化的利润数据可以绘制在面积图中以强调总利润。

⑥ 散点图：适合于表示表格中数值之间的关系，用于观察数据点在坐标系平面上的分布情况，适用于展示两个变量之间的关系，如相关性分析。

⑦ 气泡图：是一种特殊的XY散点图，常用于显示三个变量的关系，它以三个数值为一组对数据进行比较，通过气泡的大小表示变量的值，适用于较小的数据集。

⑧ 股价图：常用于显示股票市场的波动，可使用它显示特定股票的最高价、最低价与收盘价。

⑨ 曲面图：适合于显示两组数据的最优组合。

⑩ 圆环图：与饼图一样，圆环图显示整体中各部分的关系。但与饼图不同的是，它能够绘制超过一列或一行的数据。

⑪ 雷达图：用于比较大量数据系列的合计值，可以显示数值相对于中心点的变化情况，一般用于描述4～6个变量之间的关系。

⑫ 组合图：是将两种或多种图表类型绘制在同一绘图区中的图表，适用于同时展示多种类型的数据和关系。

WPS表格中的图表类型丰富多样，用户可以根据数据的特点和分析需求选择合适的图表类型进行展示。通过合理的图表选择和设计，可以更加直观地展示数据关系和分析结果。

WPS表格中，制作常用图表的基本步骤如下：

① 打开需要制作图表的工作表，单击并拖动鼠标来选择数据区域。

② 单击“插入”|“全部图表”|“全部图表”命令，打开一个“图表”选择框。

③ 在“图表”选择窗口中，选择适合的图表类型，如柱形图、折线图、饼图、条形图等。

④ 选择图表类型后，再选择对应的图表子类型，生成一个基本的图表。

⑤ 右击图表，在弹出的快捷菜单中选择“选择数据”选项，弹出“编辑数据源”对话框，在对话框中修改图表的数据源。

⑥ 单击图表，单击右侧的“设置”选项，选择图表的类型、标题、系列、标签、图例、颜色、阴影等，使图表更加美观和易读。

⑦ 完成图表的制作后，保存工作表，可以将图表保存为图片或其他格式。

7.2.6 数据透视表与数据透视图

WPS表格中的数据透视表和数据透视图是紧密相关且相辅相成的数据分析工具，它们共同为用户提供了强大的数据分析和可视化功能，帮助用户更好地理解和分析数据。

1. 数据透视表

数据透视表可以深入分析数值数据，可以将庞杂的数据按照指定的字段进行分类和汇总，可以通过快速建立多维数据分析模型，帮助用户快速提取、分析和展示数据的关键特征和规律。

数据透视表的主要功能有：

① 数据汇总与分类：数据透视表能够将庞杂的数据按照指定的字段进行分类和汇总，快速提取关键信息。用户可以根据需要，将不同字段拖动到行标签、列标签和值区域，实现数据的多维度分类和汇总。

② 数据筛选与排序：数据透视表支持灵活的筛选功能，用户可以根据需求筛选出特定的数据子集进行分析。同时，数据透视表还支持对数据的排序，包括升序和降序排序，帮助用户快速找到数据中的规律。

③ 数据分析与计算：数据透视表可以对数据进行多种计算，如求和、平均值、最大值、最小值等，帮助用户深入了解数据的统计特征。用户还可以添加自定义的计算字段，根据实际需求进行复杂的数据分析。

④ 动态更新：数据透视表是基于原始数据的动态表格，当原始数据发生变化时，只需刷新数据透视表，即可得到最新的数据分析结果。

⑤ 报表生成与可视化：数据透视表可以生成直观的报表，帮助用户更好地理解和展示数据分析结果。结合图表和条件格式，数据透视表可以进一步提升报表的可视化效果，使数据更加易于理解。

⑥ 强大的交互性：WPS表格中的数据透视表提供了丰富的交互功能，如切片器等，用户可以通过图形化的方式快速筛选和查看数据。

⑦ 灵活性与自定义：用户可以根据需要调整数据透视表的布局和样式，如更改字段的显示方式、设置数据的格式等。同时，数据透视表还支持多种数据源和多种输出格式，满足用户的不同需求。

通过这些功能，数据透视表成为了数据分析、报表制作和决策支持的重要工具，广泛应用于财务、销售、市场、人力资源等多个领域。

2．数据透视图

数据透视图是以图表形式来形象呈现数据透视表中的汇总数据，以便用户能够轻松查看比较模式和趋势。数据透视图除了可以使用工作表中的数据区域作为数据源外，还可以使用外部数据库作为数据源。这使得数据透视图在处理来自不同来源的数据时更加灵活。数据透视图一般包括柱形图、条形图、饼图、折线图等形式，可以根据需要选择适当的图表类型来展示数据。例如，柱形图和条形图主要用于比较数值大小，饼图比较的是占比，折线图则常用于反映变化趋势。需要注意的是，数据透视图不能使用散点图、股价图等特定图表类型，这主要是由于数据透视图的设计初衷和特性所决定的。

WPS表格中数据透视图的主要功能：

① 数据汇总与分析：数据透视图能够从数据透视表中提取并聚合数据，利用预设的计算函数（如SUM()、AVERAGE()、COUNT()、MAX()、MIN()等）对数据进行汇总，从而实现复杂的数据分析，这有助于揭示数据集中的总体趋势和细节。

② 动态交互性与灵活性：用户可以通过简单的拖动操作，在数据透视图上添加、删除或重新排列数据透视表的行、列和数据字段，即时更新图表展示，这种动态交互能力使得用户能够在不同的数据视图间快速切换，进行深入的数据挖掘和分析。

③ 多维数据分析：支持多维数据的分析，允许用户同时查看多个变量之间的关系，通过设置不同维度的层次结构，可以进行层级分析，如按时间、地理位置、产品类别等进行细分，以洞察数据的内在结构。

④ 丰富的图表类型：提供了多种图表类型的选择，包括但不限于柱状图、条形图、折线图、饼图、散点图、雷达图等，每种图表类型都有其适用场景，可以帮助用户针对不同类型的数据和分析目的选择最合适的可视化表达。

⑤ 自定义样式与设计：用户可以个性化定制图表的外观，包括颜色方案、字体样式、图例布局、背景设置等，确保图表的视觉效果既美观，又符合特定的分析需求或品牌标准。

⑥ 条件格式与视觉编码：允许用户通过条件格式化技术对图表中的数据点应用不同的颜色、形状或大小，以此强调某些数据特征或趋势，增强数据的可读性和解读效率。

⑦ 实时更新与维护：数据透视图与数据源紧密相连，一旦基础数据发生变更，图表将自动更新，保持数据的时效性和准确性，减少手动维护的负担。

⑧ 集成与分享：数据透视图可以轻松地嵌入到工作簿中，与工作表中的其他数据和分析工具协同工作，形成完整的分析报告。此外，图表可以导出为静态图像或作为活动对象与其他用户共享，便于在会议、演讲或报告中使用。

3．数据透视表和数据透视图的关系

数据透视表和数据透视图报表都能帮助用户关注企业中的关键数据，从而做出明智决策，是WPS表格数据分析的重要工具。数据透视表和数据透视图的关系如下：

① 数据透视表是数据透视图的基础。用户首先通过数据透视表对数据进行汇总、分析，并设置所需的字段和布局。然后，基于数据透视表的结果，用户可以进一步创建数据透视图，将数据以图表的形式展示出来。

② 数据透视表和数据透视图之间具有紧密的交互性。用户在对数据透视表进行筛选、排序、分组等操作时，数据透视图会实时更新，展示相应的图表变化。这种交互性使得用户能

够更加灵活地探索和分析数据。

③ 数据透视表和数据透视图的共同目标都是帮助用户更好地理解和分析数据。通过这两种工具的结合使用，用户可以从多个角度、多个层面深入了解数据的内在规律和趋势，从而作出更加准确和科学的决策。

4．创建和操作数据透视表与数据透视图

在WPS表格中，创建和操作数据透视表与数据透视图旨在帮助用户有效地分析和可视化复杂数据集，具体操作步骤如下：

① 数据整理：确保数据是结构化的，每一列代表一个变量，每一行代表一个观测值。数据应无重复标题，无空白行或列，且数据区域应包含标题行。

② 创建数据透视表：选中包含需要分析的数据的整个数据区域；单击“数据”|“数据透视表”，在弹出的“创建数据透视表”对话框中，确认数据源和放置数据透视表的位置（新工作表或现有工作表），单击“确定”按钮，弹出“数据透视表字段列表”对话框。

③ 定义数据透视表字段：在“数据透视表字段列表”中，将所需的字段拖放到“行标签”、“列标签”、“值”和“筛选器”区域，以定义数据透视表的结构。

④ 创建数据透视图：选中数据透视表，单击“插入”|“数据透视图”，弹出“图表”对话框。在“图表”对话框中，选择适合数据展示需求的图表类型，如柱状图、折线图、饼图等。

⑤ 设定图表属性：选中数据透视图，单击“分析”|“字段列表”按钮，使用“字段列表”面板来调整图表的布局，通过拖放字段来控制图表的筛选器、图例（系列）、轴（类别）、值等元素。

⑥ 添加图表元素：选中数据透视图，单击“图表工具”|“添加元素”下拉按钮，设置图表标题、坐标轴标题、图例和数据标签等元素的格式。

⑦ 美化图表：选中数据透视图，单击“文本工具”选项卡的各组按钮，分别进行“字体设置”“设置文本效果格式：文本框”“设置形状格式”等操作，完成图表美化。

⑧ 分析和解读数据：通过数据透视图的交互性，探索数据的不同切片和切块，观察数据趋势和模式；完成数据分析后，可以导出数据透视图作为图像文件，或将其整合到演示文稿、报告或论文中，以分享分析结果。

⑨ 维护和更新：定期刷新数据透视表和数据透视图，以确保分析结果与最新数据保持一致。

通过遵循上述步骤，用户可以在WPS表格中高效地构建和操作数据透视图，进行深入的数据分析和可视化。这不仅增强了数据的可理解性和吸引力，而且促进了基于数据的决策制定过程。

7.3 实验任务

本次实验任务主要是围绕WPS表格数据处理与分析的方法，根据工作簿“成绩管理数据库.xlsx”，完成下列任务：

① 先按成绩表的课程编号升序排，再按成绩表的学期号降序排序。

② 在成绩表中筛选出“1004700433”或“1004702432”这两门课程成绩低于60的成绩信息。

③ 查找“学生表”中身份证号以“36”开头的单元格，即查找“江西籍”学生。

④ 打开工作表“成绩表”，用分类汇总方法计算每门课程每个学期的平均成绩，分级查看汇总数据。

⑤ 打开工作表“成绩表”，创建“数据透视表”和“数据透视图”，统计并展示每门课程平均成绩。

⑥ 对数据透视图添加必要的元素，并编辑美化图表。

7.4 实验指导

根据本次实验任务要求，打开工作簿“成绩管理数据库.xlsx”，完成下列操作：

① 打开成绩表，选中需要排序的成绩表数据区域。

- 单击“数据”|“排序”|“自定义排序”，弹出“排序”对话框。
- 在“列”参数框下“主要关键字”参数框内选择“课程编号”，“排序依据”参数框下选择“数值”，“次序”参数框下选择“升序”。
- 单击“添加条件”按钮，在“次要关键字”参数框中选“学期号”，“排序依据”参数框下选择“数值”，“次序”参数框下选择“降序”，如图7-10所示。
- 单击“确定”按钮，即可在选定的工作表中显示排序结果。

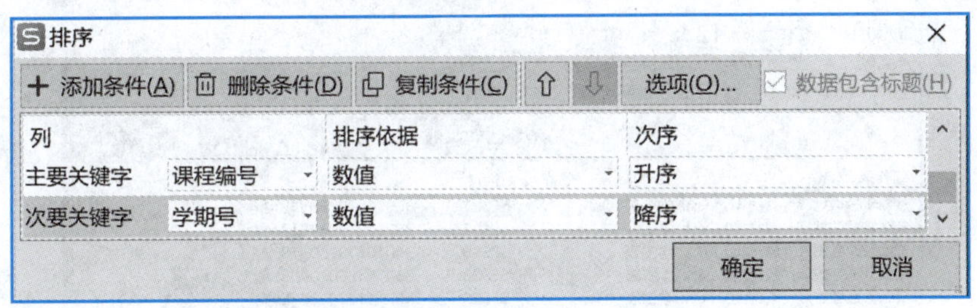

图 7-10　“排序”对话框

② 打开工作表“成绩表”，选中需要筛选的成绩表数据区域。

- 单击“数据”|“筛选”按钮，成绩表进入筛选状态，首行各列右边出现筛选按钮。
- 单击“课程编号”列标题旁的筛选按钮，在出现的对话框中，选择“文本筛选”|“自定义筛选”选项，弹出“自定义自动筛选方式”对话框，如图7-11所示。在对话框中设置“等于”“1004700433”“或”“等于”“1004702432”，单击“确定”按钮。
- 单击成绩的列标题旁的筛选按钮，在出现的对话框中，选择“数字筛选”|“自定义筛选”选项，弹出“自定义自动筛选方式”对话框，如图7-12所示。在对话框中设置“小于”“60”，单击“确定”按钮。
- 查看成绩表，结果筛选出“1004700433”或“1004702432”这两门课程成绩低于60的成绩信息，结果如图7-13所示。

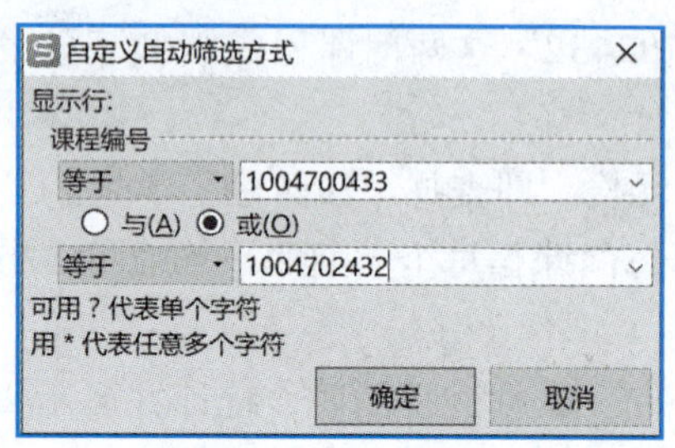

图 7-11　文本筛选

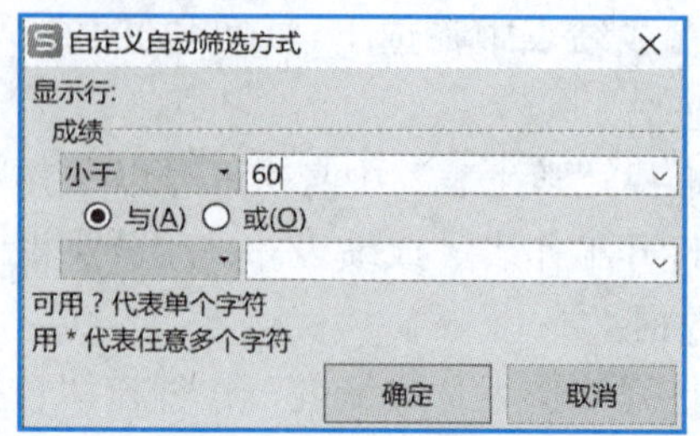

图 7-12　数字筛选

③ 查找“江西籍”学生，操作步骤如下：

- 选择“学生表”中“身份证号”所在列，单击“开始”|“查找”|“查找”选项，弹出“查找”对话框。
- 在“查找”对话框的“查找内容”中输入“36*”，再单击“选项”按钮，勾选“单元格匹配”复选框。

学号	课程编号	学期号	成绩
2202001299	1004700433	212	47
2202001235	1004700433	212	53
2202005377	1004702432	222	59
2202005353	1004702432	222	58

图 7-13　成绩筛选结果

- 单击“查找全部”按钮，可以查找到身份证号以“36”开头的所有单元格，如图7-14所示。

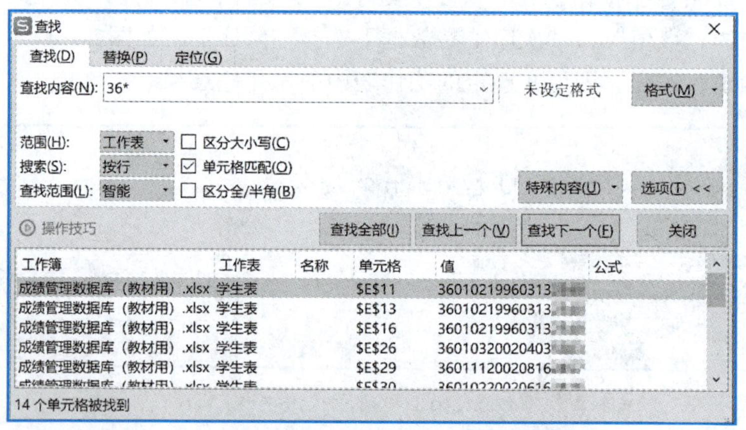

图 7-14　“查找”对话框

④ 打开工作表“成绩表”，执行下列操作步骤：

- 先对成绩表按“课程编号”升序，再按“学期号”降序的排序，否则分类汇总可能出错。
- 选择“数据”|“分类汇总”按钮，弹出“分类汇总”对话框。
- 在对话框中，分类字段选择“课程编号”，汇总方式选择“平均值”，汇总项选择“成绩”。
- 勾选“替换当前分类汇总”复选框，取消勾选“每组数据分页”复选框，再单击“确定”按钮，表格完成汇总。此时，系统自动分成了三级：单击“1”是成绩平均值的“总计”汇总，“2”是以课程编号分类的汇总，“3”查看所有的分类汇总数据的详情，如图7-15所示。

- 再次选择“数据”|“分类汇总”按钮，弹出“分类汇总”对话框。
- 在对话框中，分类字段选择“学期号”，汇总方式选择“平均值”，汇总项选择“成绩”，取消勾选“替换当前分类汇总”复选框，取消勾选“每组数据分页”复选框，如图7-16所示。

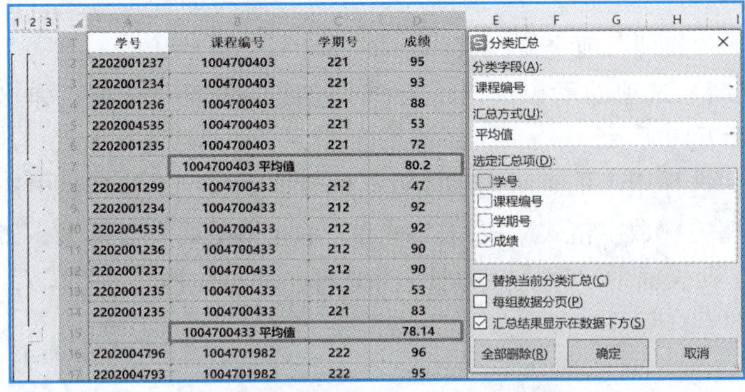

学号	课程编号	学期号	成绩
2202001237	1004700403	221	95
2202001234	1004700403	221	93
2202001236	1004700403	221	88
2202004535	1004700403	221	53
2202001235	1004700403	221	72
	1004700403 平均值		80.2
2202001299	1004700433	212	47
2202001234	1004700433	212	92
2202004535	1004700433	212	92
2202001236	1004700433	212	90
2202001237	1004700433	212	90
2202001235	1004700433	212	53
2202001235	1004700433	221	83
	1004700433 平均值		78.14
2202004796	1004701982	222	96
2202004793	1004701982	222	95

图 7-15　按课程编号汇总平均成绩

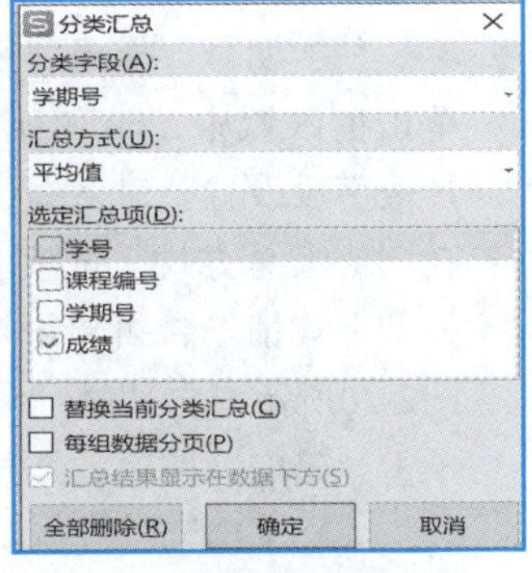

图 7-16　按学期号汇总平均成绩

- 单击“确定”按钮，表格完成汇总。此时，系统自动分成了四级，分级查看汇总数据，如图7-17所示。

⑤ 打开工作表“成绩表”，执行下列操作：

- 打开工作表“成绩表”，选中成绩表数据区域。
- 单击“插入”|“数据透视表”按钮，弹出“创建数据透视表”对话框，如图7-18所示。

	A	B	C	D
31		1004701982　平均值		91.36363636
32	2202005353	1004702432	231	80
33	2202005377	1004702432	231	80
34			231　平均值	80
35	2202001234	1004702432	222	96
36	2202001237	1004702432	222	95
37	2202002416	1004702432	222	92
38	2202002418	1004702432	222	89
39	2202004535	1004702432	222	88
40	2202005345	1004702432	222	87
41	2202002417	1004702432	222	86
42	2202002419	1004702432	222	86
43	2202005379	1004702432	222	86
44	2202001236	1004702432	222	85
45	2202001235	1004702432	222	84
46	2202002415	1004702432	222	82
47	2202004986	1004702432	222	82
48	2202005377	1004702432	222	59
49	2202005353	1004702432	222	58
50			222　平均值	83.66666667
51	2202002416	1004702432	212	68
52			212　平均值	68
53		1004702432　平均值		82.38888889
54	2202004535	1004702473	221	96
55	2202001235	1004702473	221	90
56	2202001236	1004702473	221	87
57	2202001237	1004702473	221	87
58	2202001234	1004702473	221	86
59			221　平均值	89.2
60		1004702473　平均值		89.2

图 7-17　每门课程每个学期平均成绩结果

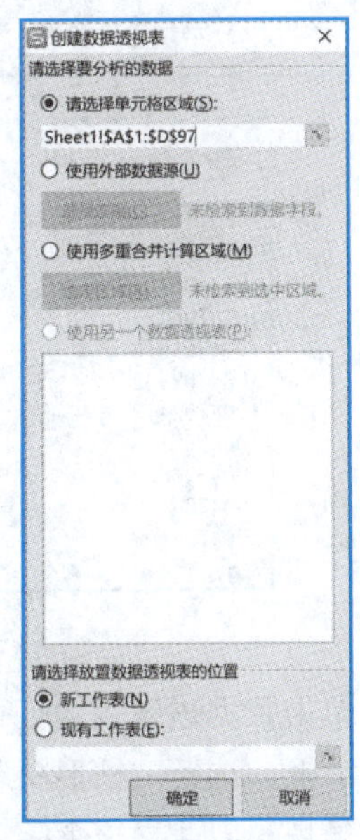

图 7-18　“创建数据透视表”对话框

- 在“创建数据透视表”对话框中，选择“请选择单元格区域”单选按钮，确认（或选择）需要汇总的表格区域。同时，选择放置数据透视表放置的位置为“新工作表”，单击“确定”按钮。
- 在新工作表出现一个空白的数据透视表，同时在右侧显示一个“数据透视表”窗格。勾选字段列表中的“课程编号”“学期号”“成绩”，并将“课程编号”拖至行区域、“学期号”拖至列区域、“成绩”拖至值区域。
- 单击值区域中“求和项：成绩”选项的下拉按钮，选择“值字段设置”选项，弹出“值字段设置”对话框，如图7-19所示。
- 在“值汇总方式”选项卡中“选择用于汇总所选字段数据的计算类型”下拉列表中选择“平均值”，再单击对话框中“数字格式”按钮，弹出“单元格格式”对话框，如图7-20所示。再选择“分类”列表框中“数值”选项，并选择“小数位数”为“1”，单击“确定”按钮，结果如图7-21所示。

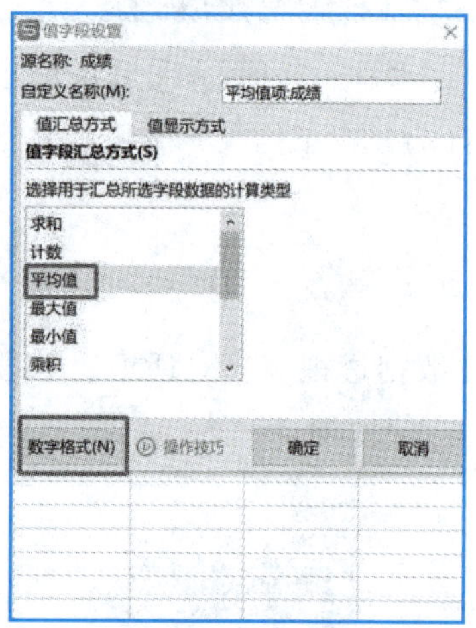

图 7-19　值字段设置

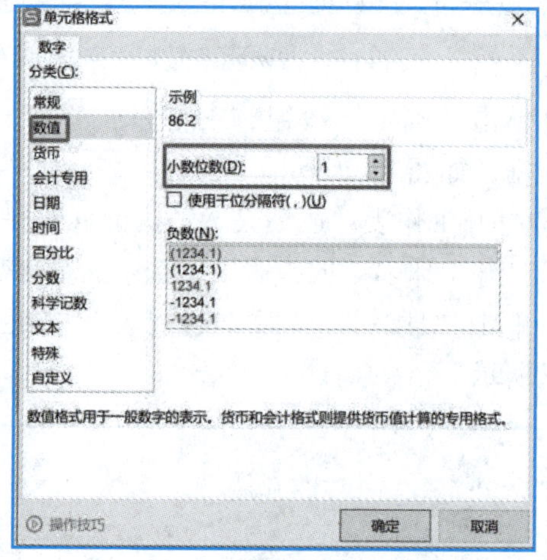

图 7-20　“单元格格式”对话框

平均值项:成绩	学期号							
课程编号	201	202	211	212	221	222	231	总计
1004700403					80.2			80.2
1004700433				77.3	83.0			78.1
1004701982						91.4		91.4
1004702432				68.0		83.7	80.0	82.4
1004702473					89.2			89.2
1004702754		76.1		80.0		70.0		75.9
1004703634			83.3	79.0				82.9
1004704382	92.0							92.0
1004704403		56.6	88.7	72.0				69.0
总计	92.0	71.2	84.7	76.3	84.5	86.3	80.0	82.4

图 7-21　数据透视表

- 单击数据透视表内任一单元格，单击“插入”|“数据透视图”按钮，弹出“图表”对话框，选择“柱形图”选项。
- 呈现每门课程每个学期的平均成绩的数据透视图，如图7-22所示。

⑥ 添加图表元素、美化图表，具体操作步骤如下：

- 选中图表，单击“图表工具”|“添加元素”下拉按钮，如图7-23所示。

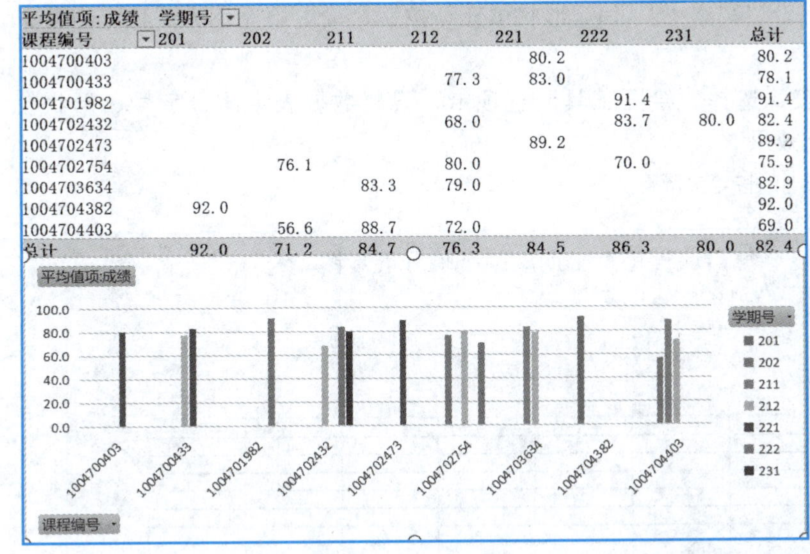

平均值项:成绩	学期号							
课程编号	201	202	211	212	221	222	231	总计
1004700403					80.2			80.2
1004700433				77.3	83.0			78.1
1004701982						91.4		91.4
1004702432				68.0		83.7	80.0	82.4
1004702473					89.2			89.2
1004702754		76.1		80.0		70.0		75.9
1004703634			83.3	79.0				82.9
1004704382	92.0							92.0
1004704403		56.6	88.7	72.0				69.0
总计	92.0	71.2	84.7	76.3	84.5	86.3	80.0	82.4

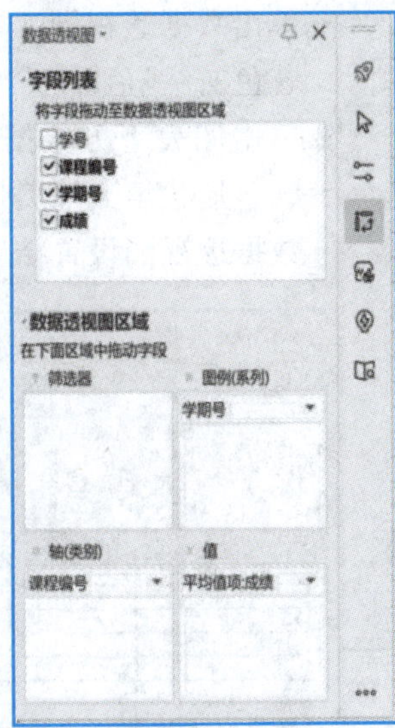

图 7-22　每门课程各学期的平均成绩的数据透视图

- 选择“图表标题”|“图表上方”选项，数据透视图柱形图上方出现图表标题框，输入标题“每门课程每个学期成绩平均分展示图”。
- 选择“数据标签”|“数据标签外”选项，柱形图上方出现平均成绩数据。
- 选择“数据表”|“无图例项标示”选项，在柱形图下方出现数据表，展示每门课程每学期的平均成绩数据。
- 选择“图例”|“右侧”选项，柱形图右侧出现各学期的图例。
- 右击间距紧密的图例，如“系列222”，选择“设置数据系列格式”选项，弹出“系列选项”窗格，调整“主坐标轴”的“系列重叠”“分类间距”等，如图7-24所示。

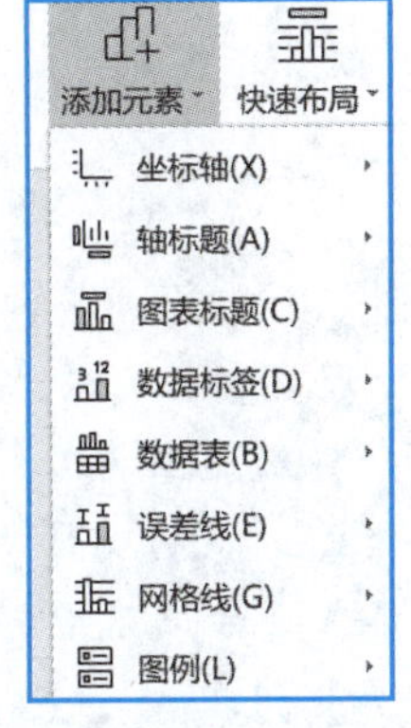

图 7-23　添加图表元素

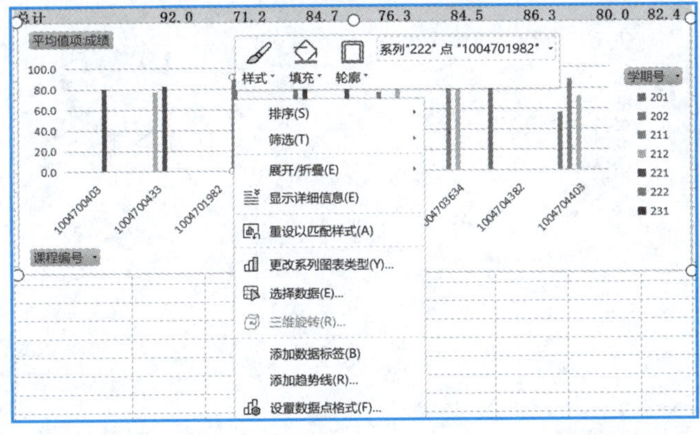

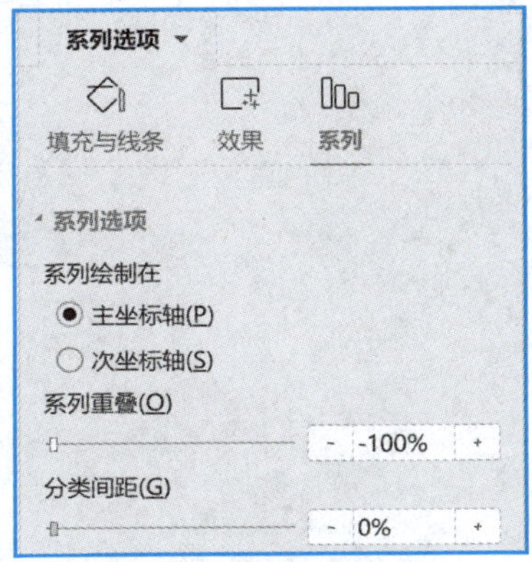

图 7-24　图例系列选项

- 单击图表标题，选择“文本工具”选项卡，对图表标题中的文本设置字体、字号、颜色、形状填充等。

- 单击数据透视图，单击“文本工具”|“形状填充”按钮，设置填充色为“巧克力黄，着色2，浅色80%”。
- 单击图表下方数据表，选择“绘图工具”选项卡，设置数据表字体、字号、形状轮廓、形状填充等美化效果。
- 数据透视图设置结果如图7-25所示。

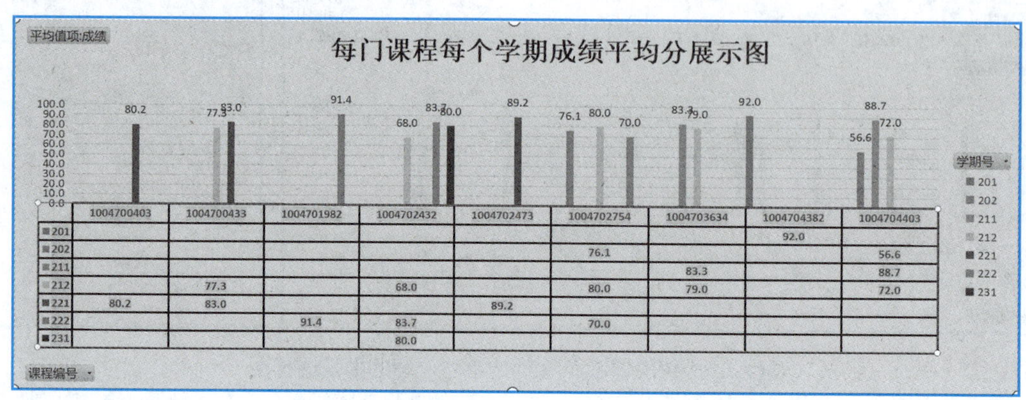

	1004700403	1004700433	1004701982	1004702432	1004702473	1004702754	1004703634	1004704382	1004704403
201								92.0	
202						76.1			56.6
211							83.3		88.7
212		77.3		68.0		80.0	79.0		72.0
221	80.2	83.0			89.2				
222			91.4	83.7		70.0			
231				80.0					

图 7-25　每门课程每个学期成绩平均分展示图

7.5 课后任务

现有某公司的产品销售数据库工作簿“产品销售数据库.xlsx”，要求完成以下任务：

① 筛选出员工表中业务科女员工的信息。

② 对10月销售明细表进行分类汇总，计算10月每个员工每种产品的销售总金额，并将每个员工每种产品的销售总金额的汇总数据定位后复制到新工作表中保存。

③ 根据10月、11月、12月销售主表和销售明细表数据，创建数据透视表，统计第四季度每个业务员每种产品销售总金额。

④ 用数据透视图展示数据透视表统计结果，要求对数据透视图添加必要的元素，并美化数据透视图。

实验8 WPS演示文稿编辑基础

8.1 实验目的

- 熟悉WPS演示的主要工作界面。
- 掌握演示文稿管理操作（新建、打开、保存和关闭）。
- 掌握幻灯片管理操作（插入、选定、删除、隐藏、移动、复制）。
- 掌握幻灯片基本编辑操作（各类图文对象的插入、编辑和格式设置）。
- 理解母版的作用并掌握母版编辑基本操作。
- 掌握应用模板美化幻灯片外观的基本方法。
- 掌握幻灯片的切片效果和动画设置操作。
- 掌握幻灯片基本的放映和打印操作。

8.2 预备知识

WPS演示是金山办公推出的WPS Office中的功能组件之一，拥有简洁直观的操作界面，以及丰富的功能和模板，可以帮助用户轻松创建和展示演示文稿。WPS可以创建的演示文稿类型主要为WPS演示文件（文件扩展名为.dps）和PowerPoint演示文件（文件扩展名为.pptx或.ppt）。

8.2.1 WPS演示的工作界面

WPS演示的主要工作界面有新建文档界面、文档编辑界面和文档展示界面三种。

1. WPS演示的新建文档界面

在WPS首页单击“新建”按钮或执行“文件”|“新建”菜单命令，选择创建“演示”文档后，即打开了WPS演示的新建文档界面。如图8-1所示，在新建文档界面上单击“+”按钮将立即进入空白演示文稿的编辑界面；“+”按钮的右方和下方均为各类PPT模板资源，供用户选择使用。

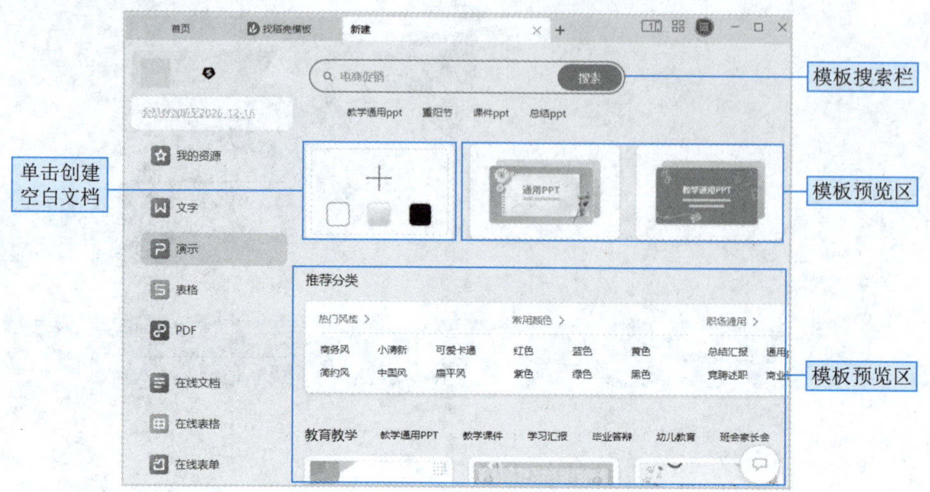

图 8-1　WPS 演示新建文档界面

2．WPS演示的文档编辑界面

普通视图下，WPS演示的文档编辑界面在总体布局上与WPS文字相似，主要在中间区域的操作界面与后者不同。如图8-2所示，WPS演示的文档编辑界面（普通视图）从上到下依次为标题栏（含WPS首页）、功能区（含“文件”菜单、快捷访问工具栏、选项卡区）、中间工作区（含导航窗格、幻灯片编辑区、备注编辑区、任务窗格）、状态栏。

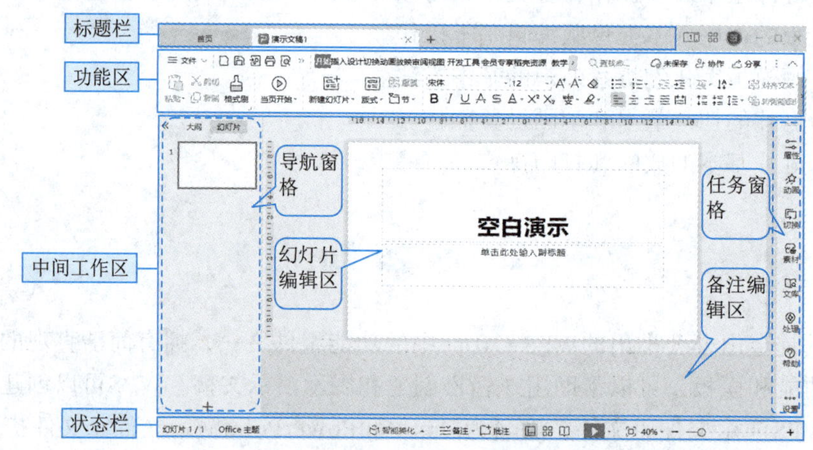

图 8-2　WPS 演示的文档编辑界面

标题栏主要用于显示当前窗口中打开的所有WPS演示文稿的文件名，单击相应文件名即可快速切换进行编辑。

功能区是WPS演示工作界面中的核心部分，它包含所有用于创建和管理演示文稿的工具和命令。功能区的设计旨在提供直观的访问方式，让用户能够快速找到并使用各种功能。功能区主要包含一个名为“文件”的菜单、一个快速访问工具栏和多个选项卡。

“文件”菜单包含了相关的文件管理命令，如新建、打开、保存、另存为、打印等。用户可以通过这个菜单进行各种文件管理操作。

快速访问工具栏提供了常用操作功能按钮，如新建幻灯片、插入图片、图表、视频等。用户可以通过快速访问工具栏快速进行演示文稿的编辑和排版。

一个功能区选项卡中包含多个命令组，每个命令组中包含一些功能相近或互相关联的命令控件，显示在选项卡面板中，鼠标指针悬停在这些控件上会自动显示相应的功能名称。WPS演示将文稿编辑中需要的各种基本操作命令组织成多张标准选项卡，并叠加在功能区，可通过单击各选项卡名称进行切换。如图8-3所示，常用的标准选项卡有开始、插入、设计、动画、放映、视图等。

- 开始：提供文本编辑、字体样式、段落格式、颜色主题等基本功能。
- 插入：允许用户插入新的幻灯片、文本框、图片、图表、表格、媒体（如视频和音频）、形状、SmartArt等对象。
- 设计：提供幻灯片设计模板、主题、背景样式、幻灯片母版等设计工具。
- 动画：用于设置幻灯片中对象的动画效果，包括进入、强调、退出动画和动画路径。
- 放映：包含开始放映、设置放映类型、自定义放映、录制幻灯片等选项。
- 视图：允许用户在不同的视图之间切换，如普通视图、幻灯片浏览视图、幻灯片放映视图等。

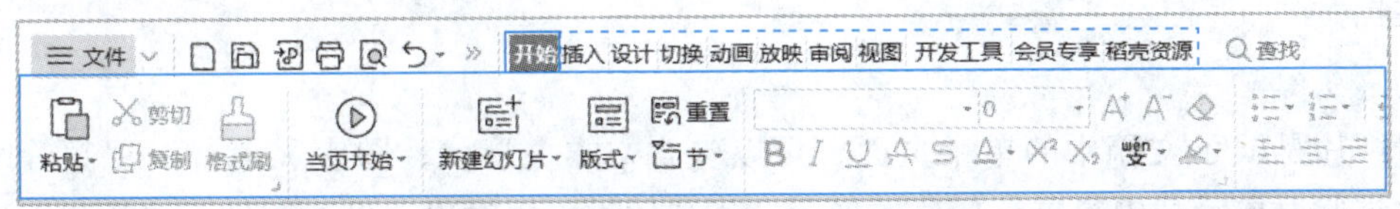

图 8-3　常用标准选项卡

幻灯片缩略图展示了当前演示文稿的所有幻灯片缩略图，用户可以通过单击缩略图进行幻灯片的切换和编辑。

幻灯片编辑区显示当前选中的幻灯片的详细内容，用户可以在这里进行文字的输入、编辑和排版，以及插入各种对象，如图片、图表、动画等。

备注编辑区用来输入与当前幻灯片相关而又无须展示在幻灯片上的附属信息，一般在这里输入的是配合演讲的提示文字。备注编辑区的隐藏和显示可以通过状态栏上的专用控制按钮设置。

状态栏用于展示当前文档的一些状态信息和视图控制功能，例如幻灯片编号和总幻灯片数、备注区控制按钮、视图切换按钮组、视图缩放比例等。

任务窗格将常用处理中涉及的相关命令及参数设置以窗口的形式显示在中间区域右侧，便于快速操作，以提高工作效率，不同的处理所显示的任务窗格的内容会不同。

3. WPS演示的文档展示界面

单击功能区“放映”选项卡，选择“从头开始”或“当页开始”放映当前演示文稿，即进入WPS演示的幻灯片放映窗口，如图8-4（a）所示。连接有多台显示器的个人计算机上，可选择在另一台显示器上同步打开操作者视图窗口，如图8-4（b）所示。

如果仅有幻灯片放映窗口可用时，演讲者可直接用鼠标和键盘进行幻灯片切换，或操作浮动工具栏配合演讲。操作者视图除了切换幻灯片之外，还可以同时查看备注内容作为演讲提示。

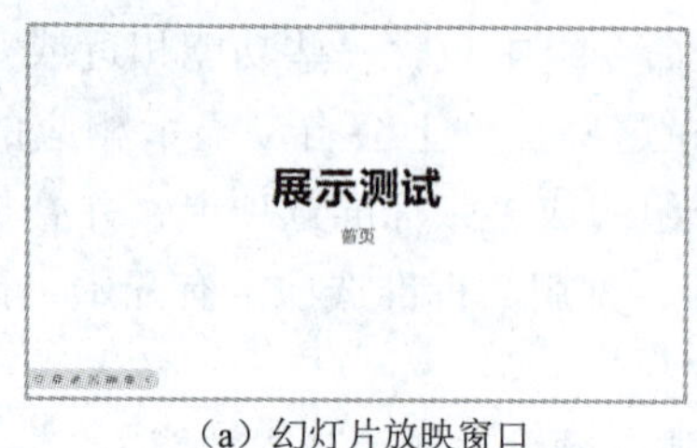

（a）幻灯片放映窗口

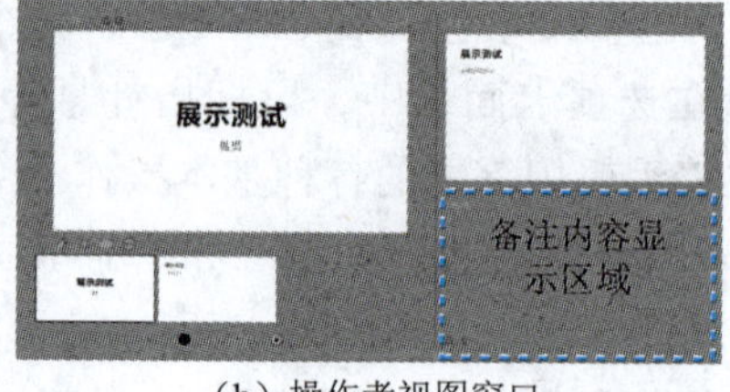

（b）操作者视图窗口

图 8-4　WPS 演示的展示界面

8.2.2　WPS演示的基础概念

了解以下WPS演示基础概念，可以更有效地使用WPS演示来创建和编辑演示文稿，进行演讲和展示。

1．演示文稿

演示文稿是一系列幻灯片的集合，用于展示信息、数据或概念。演示文稿保存后即成为演示文档。

2．幻灯片

幻灯片是演示文稿中的单个页面，可以包含文本、形状、图表、声音、视频等图文对象，由这些对象承载内容进行信息的展示。用户通过编辑对象、设置属性，再添加上适当的过渡和动画完成一张张幻灯片，最终形成一份完整的演示文稿。

3．动画

可以为幻灯片中的对象添加动画效果，使得在播放演示时各类对象可以动态出现或消失，增加视觉效果。动画效果利用“动画”选项卡进行设置。

4．过渡

放映时，幻灯片之间的切换可以添加过渡效果，使幻灯片切换时更加生动。过渡效果利用“切换”选项卡进行设置。

5．备注

编辑幻灯片时可以同时添加备注内容，放映时这些备注只有演讲者自己能看到，用于在演示时提供提示信息。备注在“备注编辑区”中进行编辑。

6．视图

WPS演示提供了多种视图模式，包括普通视图、幻灯片浏览视图、备注页视图、阅读视图等，方便用户在不同场景下编辑和预览演示文稿。用户可通过“视图”选项卡或状态栏右侧的功能按钮切换视图模式。

7．版式

幻灯片版式是指幻灯片上显示的所有内容的格式、位置和占位符框构成的组合，用以确定幻灯片页面的排版和布局。常用的版式有标题幻灯片、标题和内容、两栏内容、仅标题、空白等。新建幻灯片时，可在“开始”选项卡“版式”下拉列表下进行版式选择，如图8-5所示。具体编辑一张幻灯片时仍然可以按需调整其空间布局，不受所用版式的约束。

8．占位符和母版

占位符就是先占住一个固定的位置、后续可往里面添加图文内容的代表符号。在WPS演示中占位符用于设计版式，其代表符号为方形虚线框。版式中常见的标准占位符有标题占位符、文本占位符、对象占位符、日期展位符、页脚区占位符和页码占位符。

母版是整个演示文稿的基础，从布局、外观上控制相应对象的整体风格。母版分为幻灯片母版、讲义母版和备注母版三种类型。常用的是幻灯片母版。

幻灯片母版用于对演示文稿中的所有幻灯片的版式、外观、动态效果进行全局设置，比如设置统一的背景、字体、占位符等，具体包括版式管理、项目符号和字体的格式、占位符大小和位置、背景设计和填充、配色方案、过渡效果和动画等。

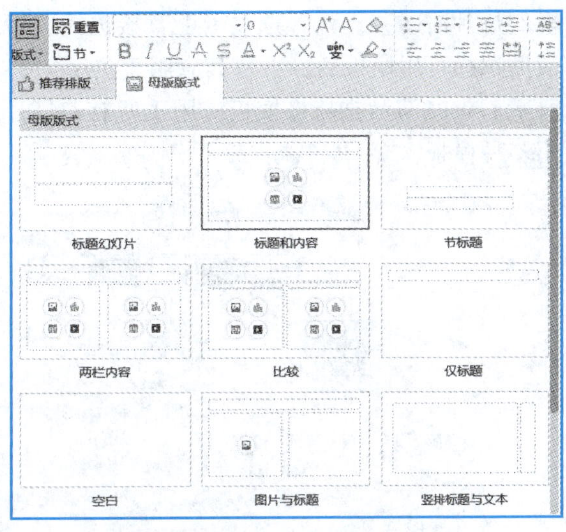

图 8-5　默认母版下可用的版式示意

可从“设计”选项卡或“视图”选项卡上选择母版相关的功能按钮进入当前演示文稿的母版编辑状态，如图8-6所示。一套幻灯片母版中有多个幻灯片版式，修改某一幻灯片版式，将会同步更新至该版式下在用的所有幻灯片中。

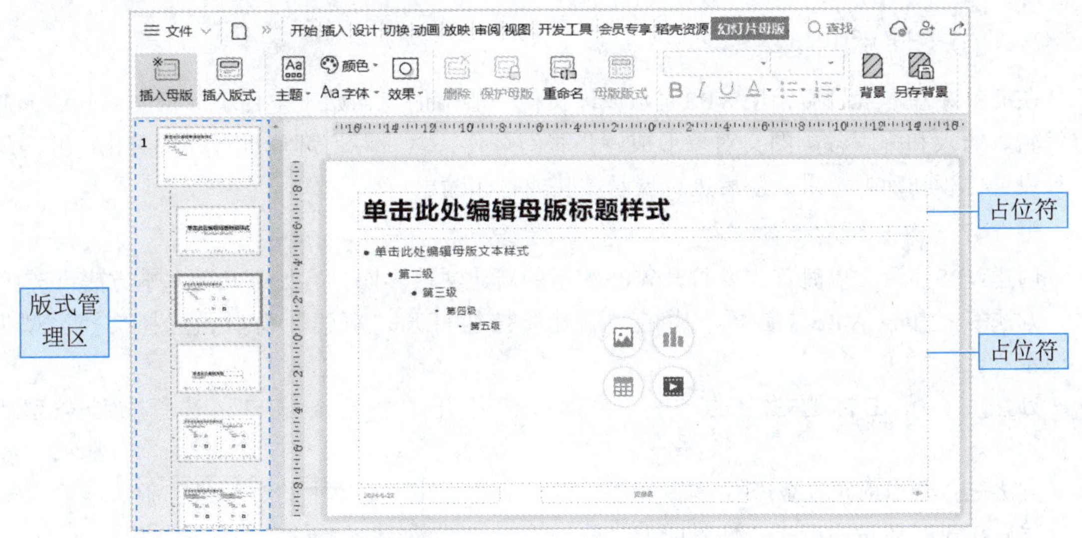

图 8-6　幻灯片母版编辑视图

9. 模板

模板是指事先已经设计好的一种WPS文件，文件中集合了内容、对象、样式以及母版于一体，包括文字内容及其格式、图形对象及其属性、版式以及幻灯片母版。用户可在模板基础之上进行内容替换和对象修改，以形成自己的演示文稿；也可以通过应用模板美化正在编辑的幻灯片。

WPS演示默认提供了大量免费的模板，帮助用户设计美观、专业的演示文稿外观。在“新建”界面创建演示文稿时，可以选择合适模板并单击导入使用，如图8-1所示；也可在编辑幻灯片时在“设计”选项卡上直接选择应用或单击“更多设计”按钮打开“全文美化”对话框选择可用模板后，再将其应用于演示文稿，实现版式、字体或配色的统一设置，如图8-7所示。WPS演示支持将模板应用于所有幻灯片或部分幻灯片，也支持在单个的演示文稿中应用多种模板。

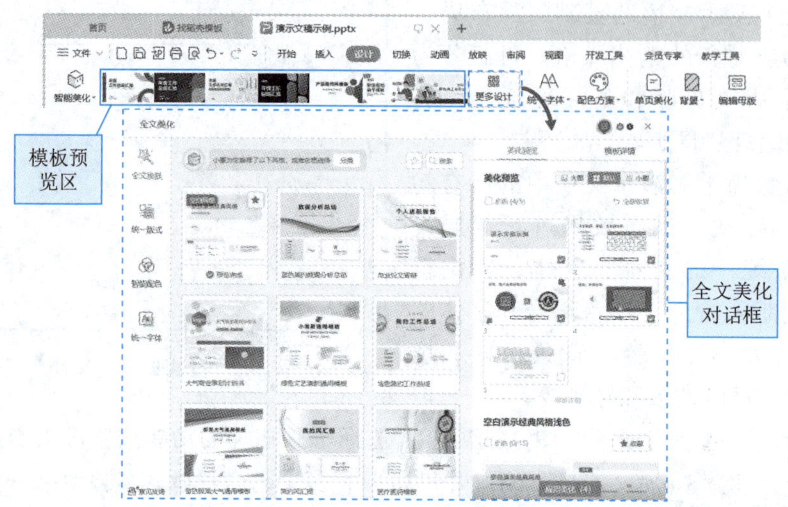

图 8-7　“设计”选项卡上选择模板

8.2.3　WPS演示的基本操作

在准备好基本素材后，用WPS演示设计文档一般由创建初始（空白）演示文稿开始，通过编辑、插入和排版各类图文对象形成一张张幻灯片，然后对幻灯片进行外观美化，并为幻灯片设置过渡和动画效果，最后进行展示放映或打印输出。

1. 演示文稿创建与保存

创建WPS演示文稿时首先要打开WPS演示的新建文档界面，有如下几种基本方法可选：

方法一：单击WPS“首页”中的“新建”按钮打开“新建”窗口，选择文档类型为“演示”。

方法二：单击标题栏上的“+”快捷按钮打开“新建”窗口，选择文档类型为“演示”。

方法三：若当前正在WPS中编辑文档，可单击“文件”菜单中的“新建”命令。

然后在WPS演示的新建文件界面上，单击“+”按钮创建初始的空白演示文稿。

在WPS演示的新建界面上，也可以根据个人需要选择合适的模板，单击导入模板完成初始演示文稿的创建。

在演示文稿的编辑过程中，可随时保存正在编辑的演示文稿，保存演示文稿的常用操作方法如下。

方法一：单击快速访问工具栏上的“保存”按钮。

方法二：单击“文件”菜单中的“保存”或“另存为”命令。

WPS演示文稿创建与保存的相关操作按钮或命令如图8-8所示。

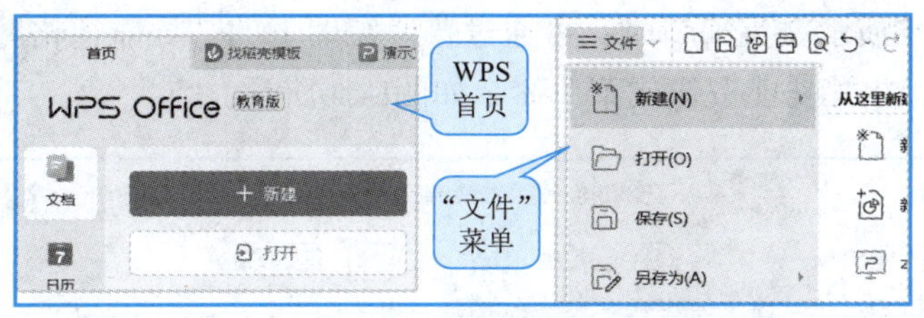

图 8-8　WPS 演示文稿创建与保存操作

2.演示文稿视图切换

WPS演示文稿编辑界面共有四种类型的视图，可通过"视图"选项卡上的视图按钮进行快速切换。

① 普通视图：是WPS演示文稿编辑时的默认视图，用于撰写和设计演示文稿。普通视图下编辑界面从左到右主要划分为"导航窗格"、"幻灯片编辑区"、"备注编辑区"和"任务窗格"四个部分。

② 幻灯片浏览视图：是便于浏览和管理所有幻灯片时使用的视图。浏览视图如同放大版的导航窗格，用缩略图的方式列出所有幻灯片，以方便幻灯片的移动、复制和删除等管理操作。

③ 备注页视图：在此视图下，当前幻灯片及其备注内容同时出现，备注区出现在幻灯片的下方，尺寸比较大，便于编辑。用户可以拖动滚动条切换不同的幻灯片，实现对每张幻灯片的备注内容修改。

④ 阅读视图：是用户在逐张审阅幻灯片时常用的视图。该视图下，每张幻灯片将在当前窗口中全屏显示，以方便用户查看。

实现视图切换的视图按钮及相应的视图式样如图8-9所示。

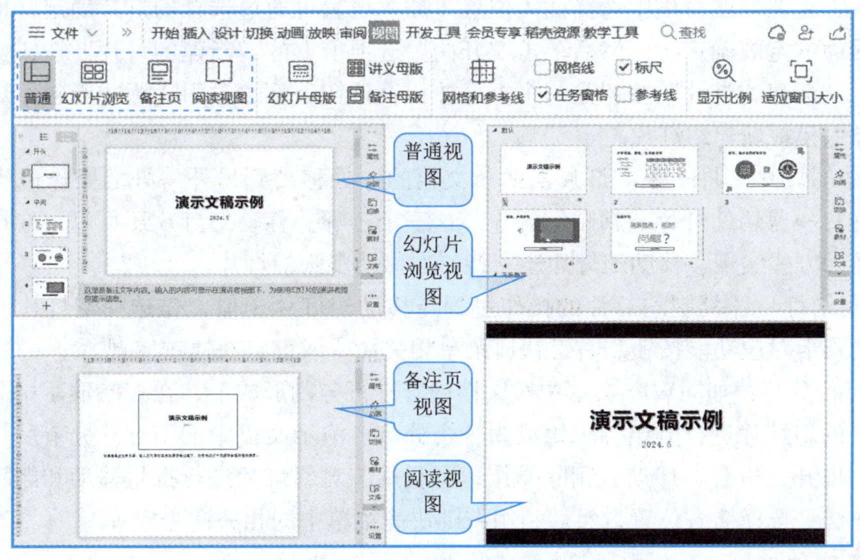

图 8-9　WPS 演示文稿编辑时的四种视图

3．幻灯片管理操作

幻灯片管理指选择幻灯片、新建幻灯片、删除幻灯片、移动幻灯片、复制幻灯片、幻灯片分节等操作。WPS演示文稿编辑时，可通过普通视图下的“导航窗格”或幻灯片浏览视图实现这些管理操作，相关功能按钮或菜单命令如图8-10所示。

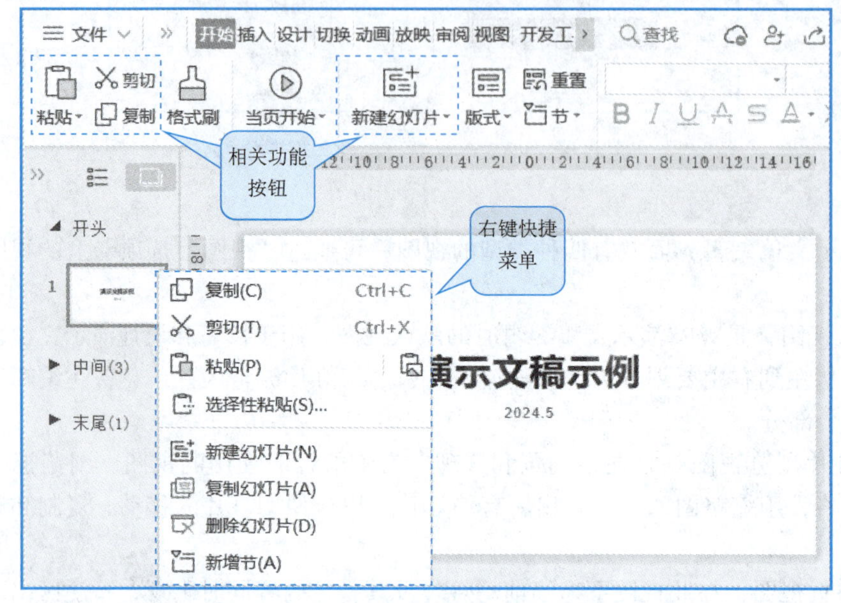

图 8-10　幻灯片管理操作相关功能按钮和菜单命令

① 选择幻灯片：在普通视图下，单击“导航窗格”中的缩略图即可选中幻灯片。多张幻灯片的选择可结合组合键【Alt】或【Ctrl】实现连续选择或任意选择。幻灯片浏览视图下的选择操作类似。

② 新建幻灯片：WPS演示中编辑演示文稿时，可根据需要在当前文稿的任意位置插入新的幻灯片。首先在导航窗格中选择插入位置（插入位置可通过选择幻灯片确定，也可通过单击幻灯片后面的空隙确定），然后单击“开始”选项卡上的“新建幻灯片”按钮实现插入操作。注意：“新建幻灯片”按钮是一个拆分按钮，按钮上部通过引用版式新建幻灯片；按钮下部表示导入模板新建幻灯片。

③ 移动幻灯片：将一张幻灯片从演示文稿的一处移动到另外一处的操作过程大致分为“选择幻灯片→剪切幻灯片→粘贴幻灯片”这三个步骤。移动幻灯片还可以在选择幻灯片后通过鼠标拖动方式实现。移动幻灯片还支持一次移动多张幻灯片。

④ 复制幻灯片：复制幻灯片的操作过程与移动幻灯片相似，先选择幻灯片，然后利用“开始”选项卡对应功能按钮、右键快捷菜单相关命令或键盘快捷键实现。

⑤ 幻灯片分节：如同WPS文字中对文档内容进行分割形成节，在WPS演示中分节是指对演示文稿中的幻灯片进行分组，每组成为一个分节。演示文稿中的幻灯片分节后，可对节进行重命名、展开、折叠、移动、删除操作；可利用节对幻灯片进行批量移动和删除。实现分节的操作方法：选择插入位置，然后利用右键快捷菜单中的相关命令实现。

4．幻灯片母版编辑

在WPS演示中，母版自身的布局、文字格式、背景和配色方案会作用于应用母版的幻灯片上，对母版进行编辑可以统一幻灯片的版式和外观。WPS演示共有幻灯片母版、讲义母版和备注母版这三种类型，分别适用于幻灯片、讲义页和备注区。这里只介绍幻灯片母版相关

编辑操作。

（1）进入母版编辑状态

单击“设计”选项卡“编辑母版”按钮或单击“视图”选项卡的“幻灯片母版”按钮均可进入幻灯片的母版编辑视图，同时功能区将新增相应的“幻灯片母版”选项卡，如图8-11所示。除了没有备注编辑区之外，幻灯片母版编辑视图的布局与演示文稿的普通视图相似，其左侧导航窗格中列出了当前在用的幻灯片母版及该母版下的版式。

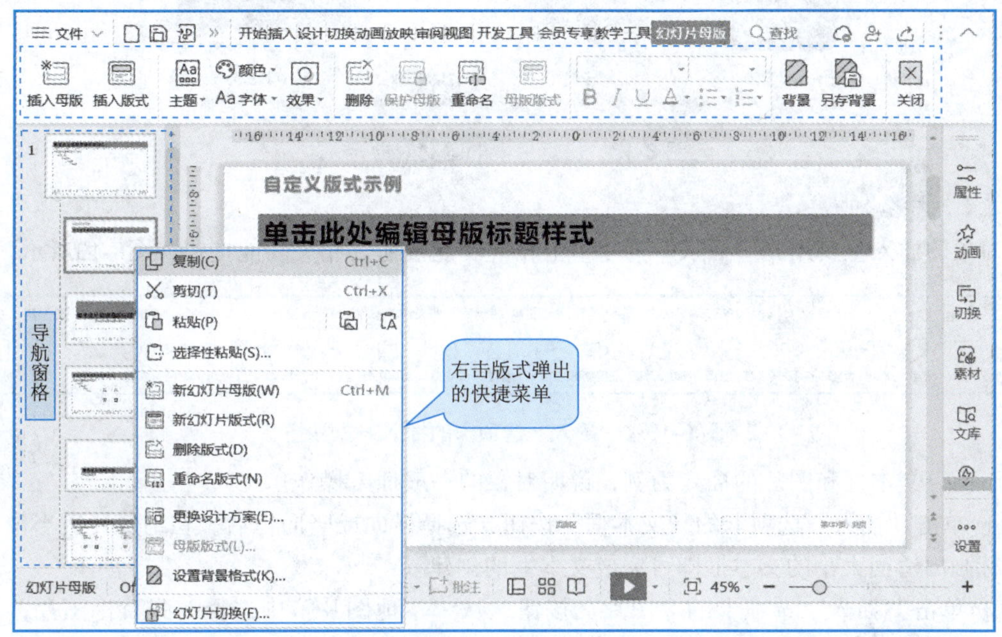

图 8-11　幻灯片母版视图及其主要功能按钮和命令

（2）版式编辑

一个幻灯片母版一般自带12个标准版式，其中，主题版式是其他所有版式的父类。主题版式上添加的图文对象及其属性会被其余11个子类版式自动继承，用户无法在子类版式中直接删除和编辑被继承的图文对象。反之，子类版式中添加的图文对象不影响母版和其他版式。

在幻灯片母版视图的导航窗格中可以增加自定义版式、删除未被引用的版式、修改已存在的版式。修改版式时可调整占位符的位置、各占位符中对象的格式、设置版式的背景、添加或修改各类图文对象等。注意：主题版式不可删除；正被引用的版式不可删除；修改版式会影响所有引用了该版式的幻灯片外观。

5. 幻灯片内容编辑

在演示文稿编辑界面下，创建新幻灯片后，用户将根据幻灯片上需要呈现的内容选择合适的图文对象进行对象插入、内容编辑和属性设置处理。在一张幻灯片上可插入的图文类对象主要有文本框、表格、图片、形状、图表、艺术字、公式、音频、视频等，如图8-12所示。

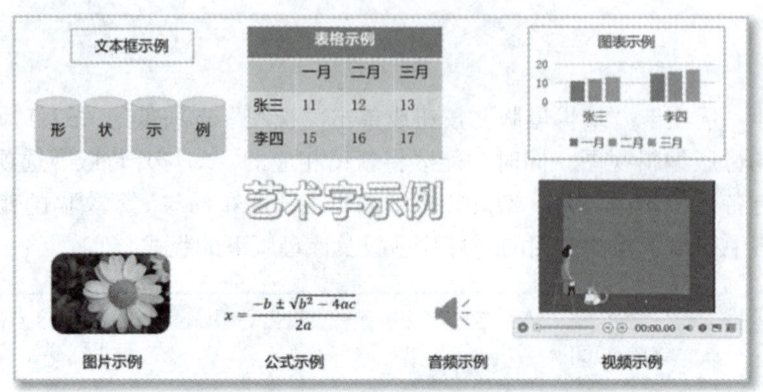

图 8-12　幻灯片中的图文对象示例

（1）对象插入

对象的插入主要用到“插入”选项卡上相应功能按钮，相关功能按钮如图8-13所示。

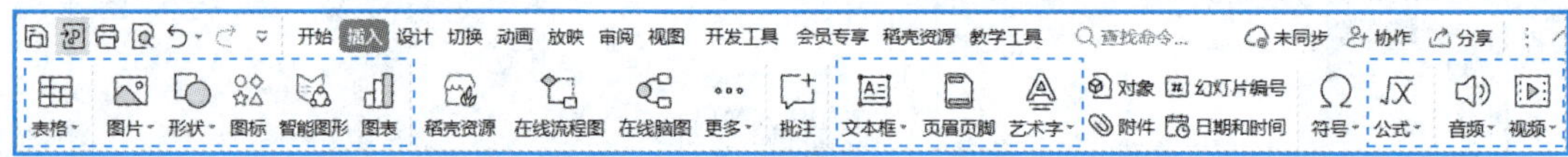

图 8-13　“插入”选项卡的插入对象按钮

下面以文本框和图片的插入为例，说明对象的一般插入操作。

① 单击“插入”选项卡的“文本框”按钮，选择横向或竖向框后，在幻灯片适当位置拖动鼠标画出适当大小的文本框即可完成文本框的创建。

② 单击“插入”选项卡的“图片”按钮，从“本地图片”中选择一张目标图片，单击“打开”即可完成图片插入。

其他对象的插入操作大同小异，在此不再赘述。

（2）文本编辑

应用版式后，一张幻灯片上会出现标题占位符或文本占位符，这些占位符中可直接输入文字；除占位符之外，文本框、形状、艺术字、图表、表格、公式等对象上一般都需要进行文本编辑。编辑文本时，通过“开始”选项卡或上下文选项卡“文本工具”即可对文字的字体、大小、颜色等格式和段落的对齐、缩进、间距等格式进行设置。相关功能按钮如图8-14所示。

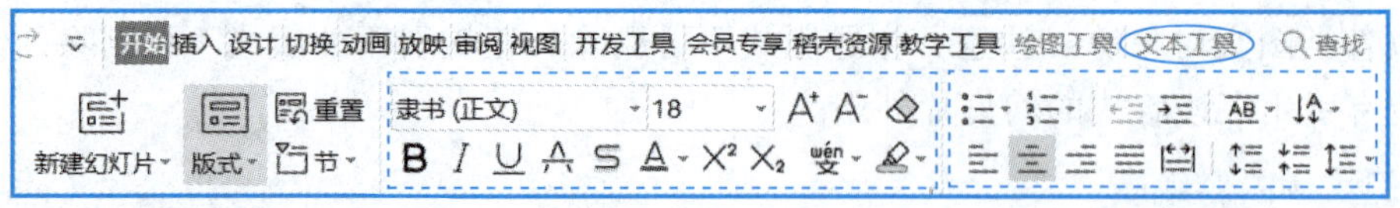

图 8-14　“开始”和“文本工具”选项卡文字格式相关功能按钮

（3）属性设置

图文对象插入后，其大小、位置或旋转姿态可用鼠标直接在对象上进行操作（利用对象四周的控制柄）。对图文对象的填充、轮廓、效果和文本选项等公共属性进行设置，则主要通过“任务窗格”中的“对象属性”面板进行。不同类型的图文对象其对应的属性面板上的

可设置项目也会有变化，如图8-15所示。

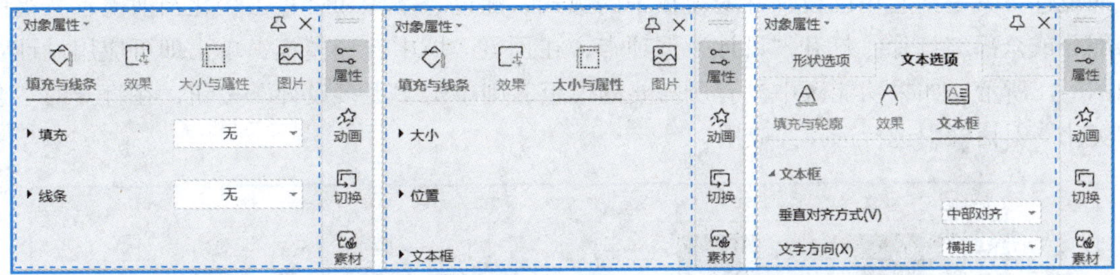

图 8-15　任务窗格中的对象属性设置面板

除了公用的对象属性设置面板外，选中不同类型的对象进行操作时，功能区还会根据对象的类型出现对应的上下文选项卡（指选中对象时才会出现的选项卡），主要有“文本工具”“绘图工具”“图片工具”“形状工具”“表格工具”“表格样式”“图表工具”“公式工具”“音频工具”“视频工具”，上下文选项卡一般出现在功能区最右侧，如图8-16所示。

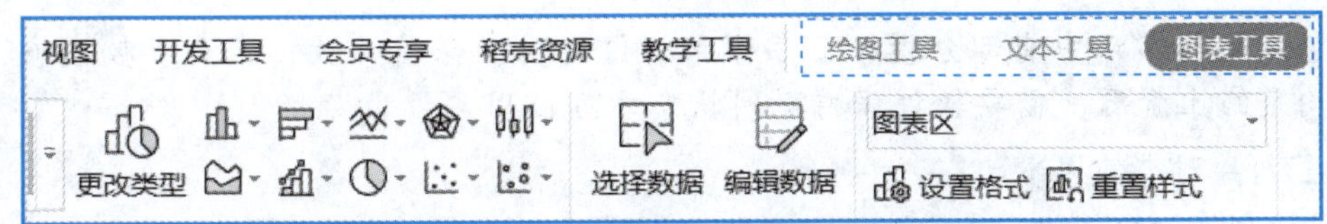

图 8-16　对象相关的上下文选项卡示意

用户可充分利用这些对象的上下文选项卡进行相应的属性设置。

（4）层次、组合与对齐

一张幻灯片出现多个图文对象时，出于美观起见，往往需要进行层次或对齐方式的控制。为此，WPS演示提供了相应的上下文浮动工具栏和上下文选项卡“绘图工具”。多个相关的图形对象还可以通过组合操作捆绑为一个整体，便于大小、位置和旋转姿态控制。相关功能按钮和浮动工具栏如图8-17所示。

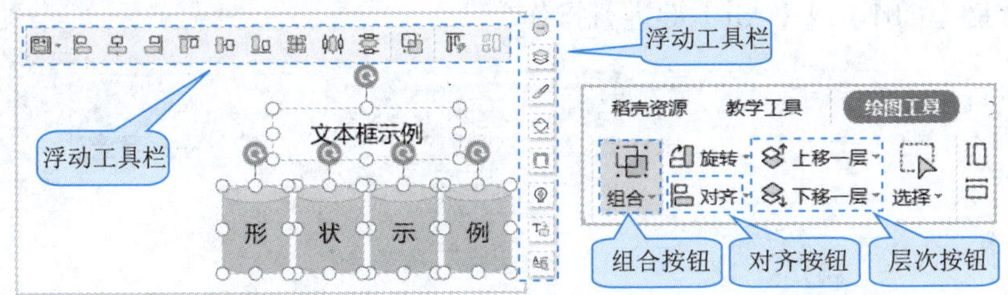

图 8-17　组合和对齐相关工具栏和功能按钮

6. 幻灯片外观设计

外观设计是指为幻灯片设计恰当的背景图案、协调的配色和必要的动态效果，可以增强幻灯片的表现力。对幻灯片外观进行美化修饰主要有四种途径，即：通过逐个编辑幻灯片内容、通过应用模板、通过编辑母版和通过智能美化完成外观设计。显然逐个编辑幻灯片内容的方法最为费时费力，一般情况下尽量用其余的三种方法来完成外观设计。

WPS演示通过模板提供了大量设计方案（又称主题），用户可直接选择应用。应用模板中的设计方案是指套用已设计好的模板中的版式、配色、字体和背景去美化当前演示文稿中的部分或全部幻灯片。打开“设计”选项卡，在预览区域中选择模板，单击即可应用设计，如图8-18所示。如果功能区中没有所需要的模板，则单击“更多设计”按钮，在打开的“全文美化”对话框中进行选择并应用。

图 8-18　应用设计选项卡上的美化方案

用户也可以分别调整设计方案中的背景颜色、字体搭配以及其他展示效果来进一步细化幻灯片的外观。在“设计”选项卡，可以单击“统一字体”按钮、“配色方案”按钮或“背景”拆分按钮对幻灯片颜色配色方案、字体搭配方案或背景图案分别进行调整。

在“设计”选项卡，还可以单击“单页美化”按钮或“智能美化”按钮启用WPS演示提供的智能美化单张幻灯片和整个演示文稿的功能。

注意：WPS演示中有部分模板、字体素材仅对付费会员开放；绝大多数模板、字体等素材均是线上资源，需要软件保持联网状态才可应用。

7. 幻灯片动态效果设计

幻灯片制作中除了讲究内容上的布局和美化效果之外，还需要在放映时配置上一定的动态效果，使得幻灯片放映过程更富有趣味性、更能吸引观众的注意力和突出重点。在WPS演示中，放映时的动态效果包括幻灯片的切换特效和对象的动画两种。

（1）幻灯片切换设置

切换效果是指一张幻灯片放映时的片头特效，一般用于前后幻灯片切换时进行中间过渡，丰富观众的视觉感受。

在普通视图或浏览视图下的导航窗格中，先选择要添加切换效果的幻灯片，打开“切换”选项卡，单击所需要的切换效果即可，如图8-19所示。如果需要选中多张幻灯片，可以结合键盘组合键【Ctrl】或【Alt】键进行操作。

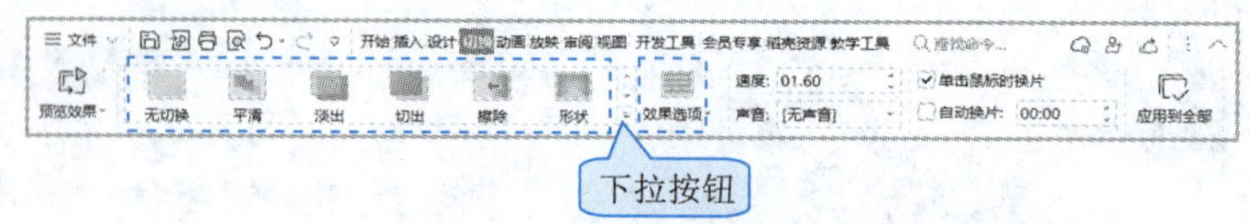

图 8-19　“切换”选项卡

在“切换”选项卡上，可以单击列表框右下角的下拉按钮，可以在弹出的下拉列表中看到更多的切换效果。如果需要对选定的切换效果进行更多的设置，可以单击“效果选项”下拉按钮进行设置。

在“切换”选项卡上，针对当前幻灯片上应用的切换效果，还可以根据需要对切换速度、声音、是否自动换片及其时间等参数进行设置。

（2）幻灯片动画设置

这里的幻灯片动画设置是指在WPS演示中可以给幻灯片中的文本（框）、图形、图表等对象添加进入、退出和强调的动画效果，控制对象的放映流程，提高演示文稿的趣味性，提升放映效果。设置幻灯片动画需要使用“动画”选项卡和“动画窗格”，如图8-20所示。

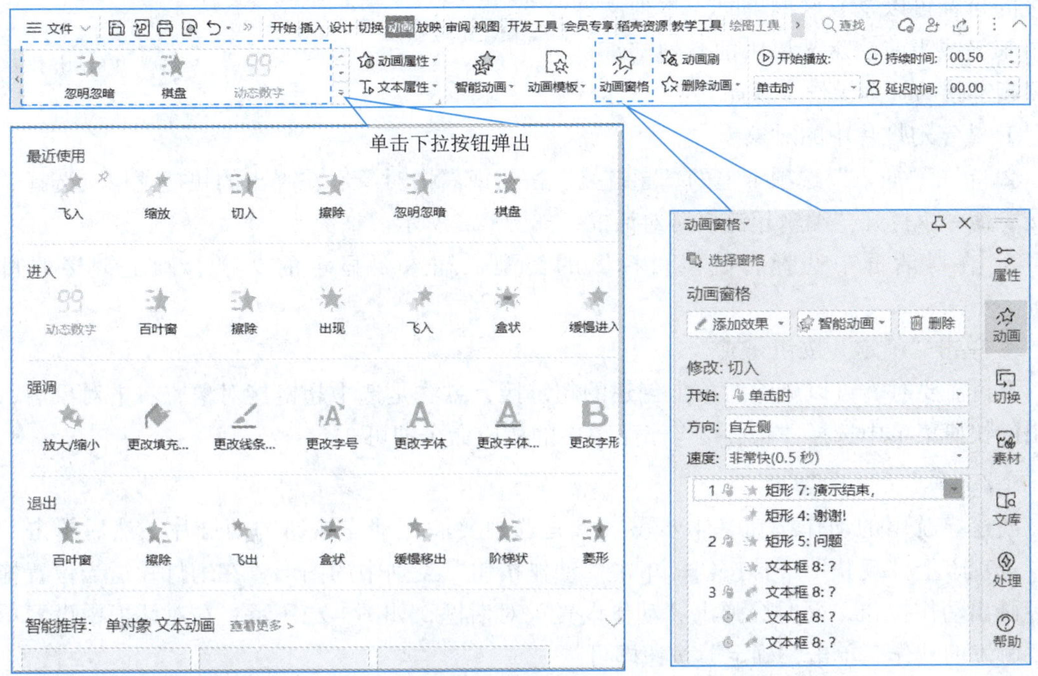

图 8-20　动画选项卡功能按钮及相关设置面板

给幻灯片上对象设置动画的基本操作步骤为：

① 选定需要设置动画的对象，一次可以选中多个。

② 单击“动画”选项卡合适的动画样式（更多样式单击下拉按钮获取）为目标对象设置相应类型的动画。

③ 在“动画”选项卡上，单击相应的控件设置动画的开始播放方式、播放方向、播放时间等控制参数。

④ 单击“动画”选项卡上的“动画窗格”按钮打开动画窗格，对幻灯片中的所有动画调整参数、设置前后播放顺序。

⑤ 反复运用以上基本步骤按需设置好幻灯片各对象的动画后，可以利用“动画”选项卡上的“预览效果”按钮或“动画窗格”上的播放按钮进行预览，以达到满意的效果。

注意：动画的样式分为“进入”、“退出”、“强调”和“动作路径”四种类型，顾名思义，用户可以根据需要进行选择；重复执行基本操作步骤可以在同一个对象上设置多个动画效果。

8. 幻灯片导航设置

幻灯片导航是指在放映幻灯片时跳转到其他幻灯片或其他目标位置的一种切换手段，以增加演示文稿的交互性。在WPS演示中，可以通过添加超链接或动作按钮实现。设置超链接和动作按钮主要用到“插入”选项卡上的“超链接”拆分按钮、“插入”选项卡上的“形状”下拉列表中的“动作按钮”，如图8-21所示。

（1）超链接设置

WPS演示可在图文对象上设置超链接，链接的目标可以是互联网网页、本地文件、电子邮箱或当前演示文稿中的其他幻灯片。设置超链接的基本操作步骤如下：

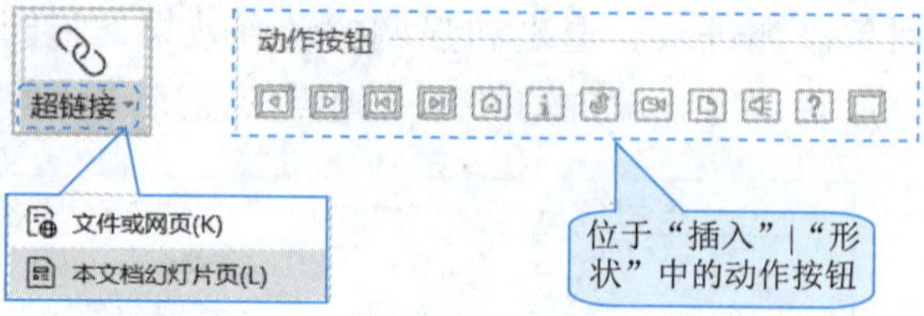

图 8-21　链接和导航设置相关功能按钮

① 选定幻灯片中的对象。

② 单击“插入”选项卡上的“超链接”按钮或右击对象后在弹出的快捷菜单上选择“超链接”命令，打开“编辑超链接”对话框，如图8-22所示。

③ 在对话框中选择“链接目标”的类型，输入要显示的文字，确定链接的目标地址。

④ 单击“确定”按钮完成。

不再需要时，可以删除对象上创建的超链接，方法是选中超链接对象，右击对象后，在弹出的快捷菜单中选择“超链接”子菜单中的相应命令即可。

（2）动作按钮设置

创建导航用的动作按钮基本步骤：首先选中要插入动作按钮的幻灯片；然后单击“插入”选项卡上“现状”下拉按钮，单击“动作按钮”类别中的图形，在幻灯片适当位置拖动鼠标画出动作按钮，同时会弹出“动作设置”对话框，如图8-22所示；在对话框中设置单击时要触发的动作，单击“确定”按钮即可。

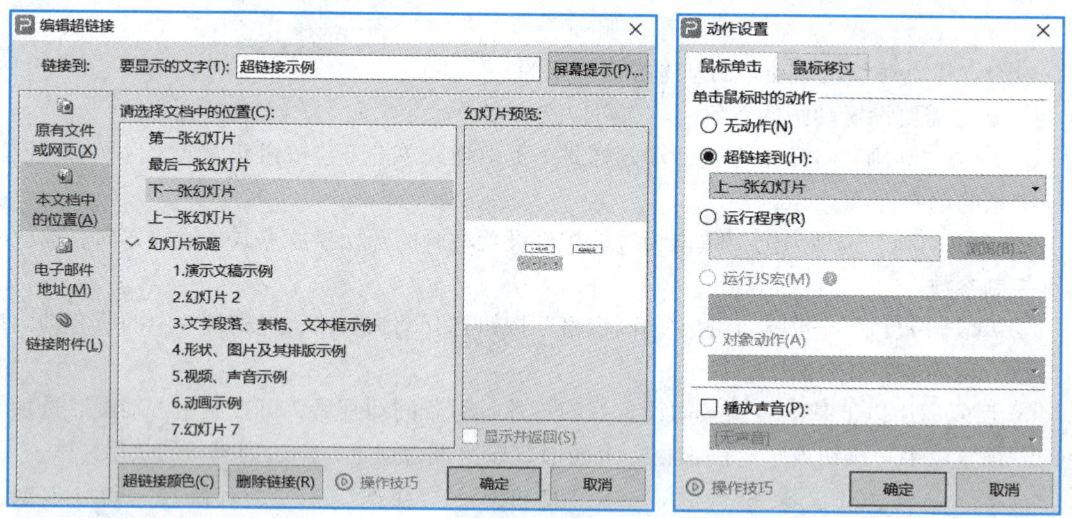

图 8-22　设置超链接和动作按钮的对话框

9. 幻灯片放映与输出

演示文稿制作完毕后，可以用于户外展示或演讲时放映，可以打印为纸质材料，可以打包为文件夹或压缩文件，可以输出为PDF文件或图片文件，也可以另存为视频、图片格式PPT等。如图8-23所示，对演示文稿进行打包或输出可通过“文件”菜单下的相应命令进行，操作过程简单，不再赘述。下面简要说明放映和打印有关的设置事项。

（1）放映设置

幻灯片放映有手动放映和自动放映两种类型可以选择。手动放映下由操作者单击鼠标或终端控制器，按进度需要控制幻灯片的切换，一般适用于演讲；自动放映是按照设定的换片时间或排练时间由软件自动切换幻灯片，可循环不断放映，适用于展台展示。放映设置主要在“放映”选项卡上完成。

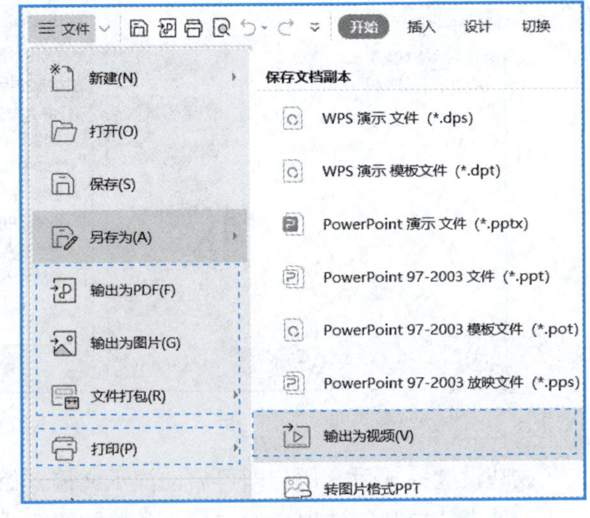

图 8-23　“文件”菜单下输出演示文稿相关命令

放映前的具体设置项目有放映类型、放映选项、放映幻灯片范围、换片方式、多显示器设置等，如图8-24所示。可通过单击“放映”选项卡上的“放映设置”下拉列表中的“放映设置”命令打开“设置放映方式”对话框。注意：理解“设置放映方式”对话框上的放映类型，演讲者放映即手动放映，展台自动循环放映也即自动放映。仅当软件检测到多个显示器可用时，多显示器选项才有效，其中包含了是否“显示操作者视图”的选项。

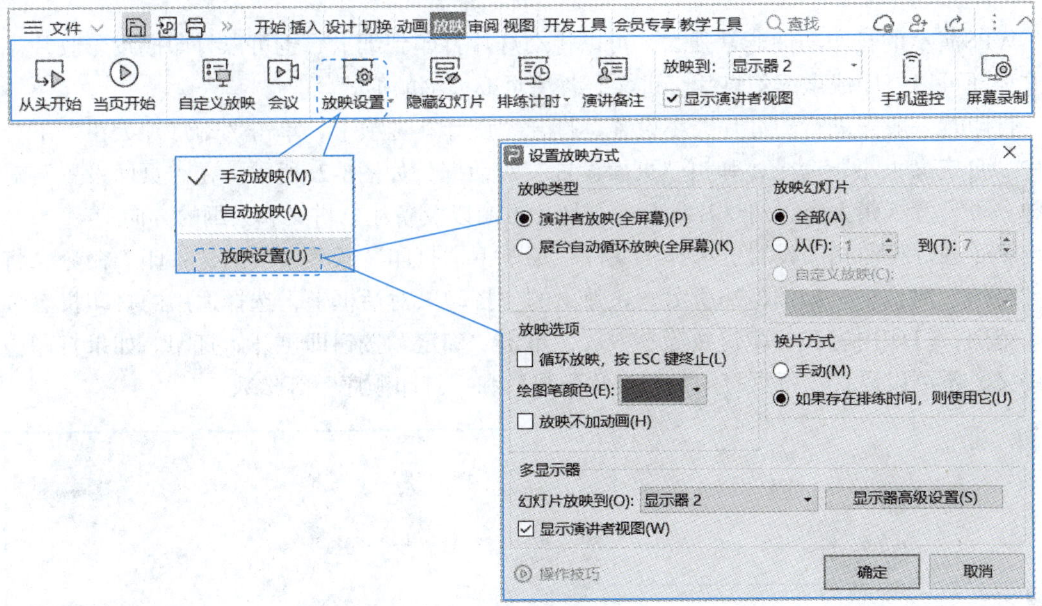

图 8-24　放映设置相关操作界面

自动放映模式下，幻灯片之间的切片时间默认都自动设置为3秒，用户可在“切换”选项卡下“自动切片”选项框中为每张幻灯片设定具体的切换等待时间。

自定义放映是指限定在放映过程中被展示的具体幻灯片，通过单击“放映”选项卡上的“自定义放映”按钮进行设置，相关设置对话框如图8-25所示。

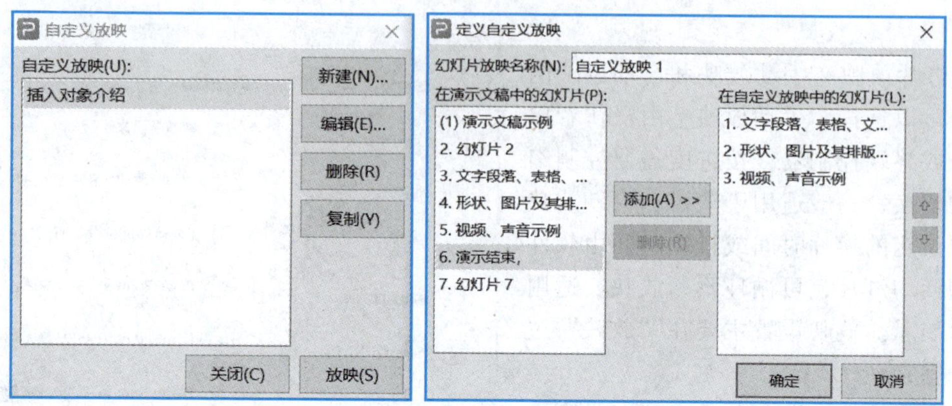

图 8-25 “自定义放映”设置对话框

放映设置完成后，用户即可启动演示文稿开始放映，启动方法主要有以下3种：

- 单击“放映”选项卡上“从头开始”按钮或“当页开始”按钮。
- 单击WPS演示窗口底部状态栏上的“幻灯片放映”按钮。
- 按【F5】快捷键。

如果用户将演示文稿用于户外等场合进行自动播放，事前可通过“放映”选项卡上的“排练计时”按钮提前设置好每张幻灯片的自动换片时间。

（2）打印设置

WPS演示的打印功能非常强大，可以将幻灯片打印到纸上，也可以打印成投影胶片。演示文稿还可以打印成微缩幻灯片、讲义、备注页或大纲的形式。

打印时一般先进行幻灯片大小设置。打开“设计”选项卡，单击“幻灯片大小”下拉列表中“自定义大小”命令，弹出“页面设置”对话框，如图8-26所示。在“页面设置”对话框中，可设置纸张大小、幻灯片大小、幻灯片方向以及备注、讲义和大纲的方向。

然后进行打印相关设置。选择“文件”菜单下“打印”子菜单中的“打印”命令，将弹出“打印”对话框，如图8-26所示。在弹出的“打印”对话框上，选择适用的打印机名称，打印范围、打印内容和打印份数等参数后，单击“确定”按钮即可开始打印。如果打印内容为讲义，还可以设置“每页打印的幻灯片张数”和“打印顺序”等参数。

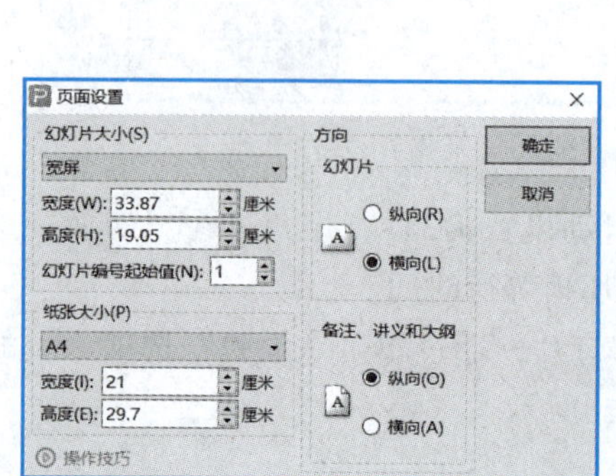

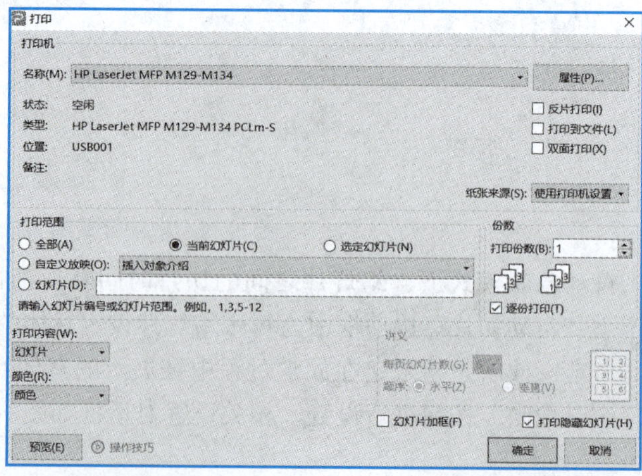

图 8-26 打印设置有关对话框

WPS演示也提供了打印预览功能，便于开始打印之前直观了解打印结果。用户选择“文件”|“打印”菜单下的“打印预览”命令，即可进入打印预览视图，在此视图下同样可完成打印相关的设置操作。

8.2.4　WPS演示设计注意事项

在使用WPS演示进行设计时，应当注意一些基本原则，以确保演示文稿的专业性、有效性和视觉吸引力。在设计中遵循这些基本准则和注意事项，用户设计的WPS演示文稿将更有可能成功吸引听众，并完成信息的高效传达。

1. 对齐性原则

在幻灯片中，一般会插入多个图文对象，如文本框、图片、形状、图标等，通过对齐，可以让页面更加整齐，更加美观。要实现对齐，可以用WPS演示“绘图工具”中的“对齐”下拉列表中“对齐工具”进行快速排版，如图8-27所示。

在图8-27中左右两侧各有一个示例，每个示例分为上下两部分，上方是没有对齐之前的式样，下方是对齐后的式样，通过上下对比可以体会到对齐排版带来的整洁和美观。

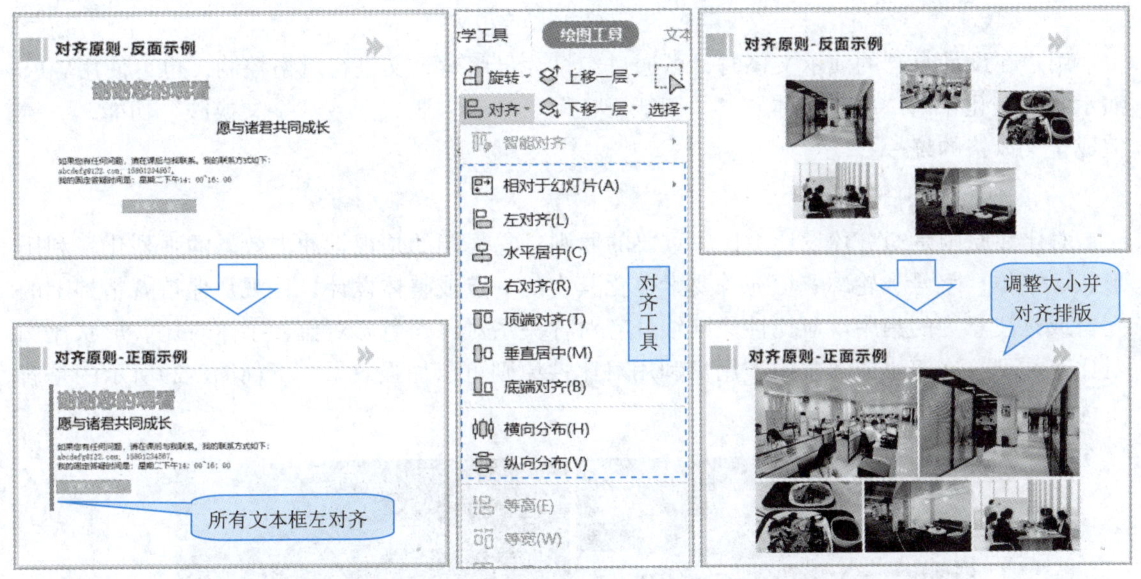

图 8-27　对齐原则应用示例

2. 重复性原则

重复性原则是指相同的图形元素在不同幻灯片中重复出现，以体现幻灯片的风格和主题，彰显整体的统一性，可以让页面在视觉上的显得更具一致性。如果每张幻灯片都是不同的配色方案或背景图案，整体就会显得格调不统一。

重复性原则关注的是演示文稿整体的和谐性与统一性。WPS演示中可用的各类模板就是利用重复性原则设计而成的。图8-28所示的是一模板中选出的几张幻灯片，可以观察到几张幻灯片之间的重复性所在。

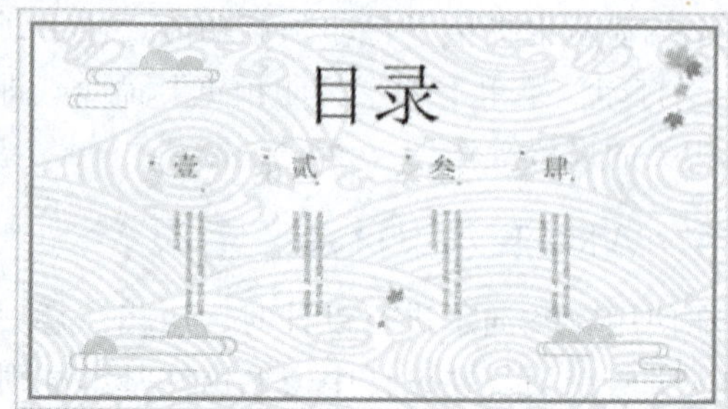

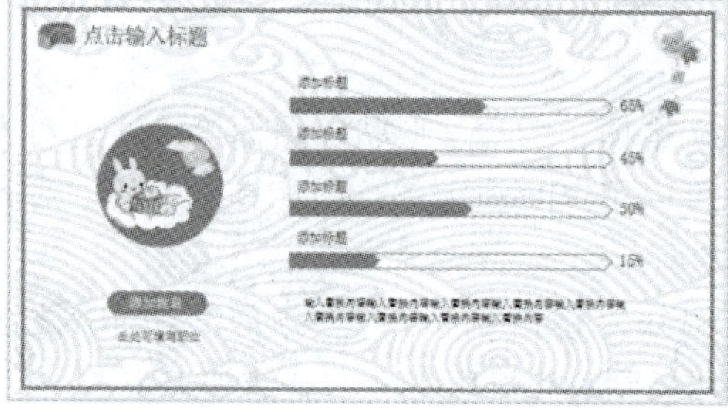

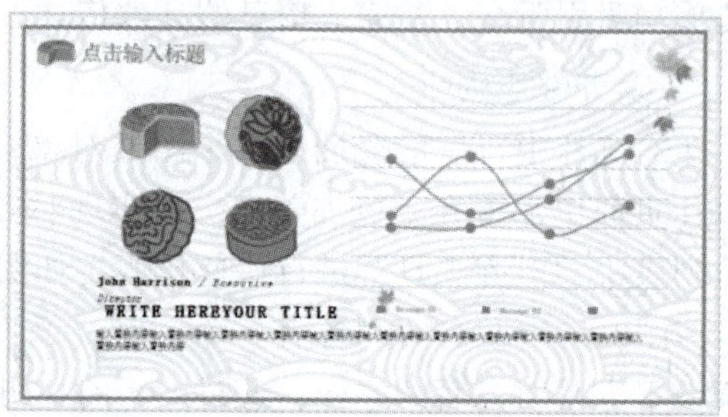

图 8-28　重复原则应用示例

用户在设计自己的演示文稿时，可通过幻灯片母版对全文进行风格控制；也可使用WPS演示智能美化中的“统一字体”、“智能配色”、“统一版式”或“全文换肤”功能，一键完成全文风格的统一。

3. 对比性原则

对比性原则是幻灯片设计中比较重要的原则，它强调的是视觉冲击效果的强烈化。利用形状、字体、字号、轮廓、填充等要素美化其中的一点或整体设计，让观众保持着精神上的亢奋或是注意力的集中。对比性原则细分有对称关系对比、色彩对比、字体对比、形状比例对比等类型。在演讲或教学中，用户利用对比性原则可以加强效果。下面图8-29所示的是若干优秀的对比性幻灯片示例。

图 8-29　对比原则优秀案例

4. 亲密性原则

亲密性原则又可称为“就近性原则”，顾名思义，就是将相同逻辑关系的相关元素紧密结合设计。在制作幻灯片时，如果将文字、图片等散乱分布，会显得页面杂乱，比如图8-30（a）。亲密原则就是要求围绕主题和目标把有关联的文字和图片内容放置在一块，增强幻灯片的逻辑性与结构性。

如果说对齐性原则是视觉手动整理，那么亲密性原则就是大脑深层的分析性整理。对幻灯片中拟呈现的各项信息进行分析，把有关联性的内容靠近、归组在一起，用视觉增加各内容之间的联系，以增强幻灯片的逻辑性与结构性，调整后的结果如图8-30（b）所示。

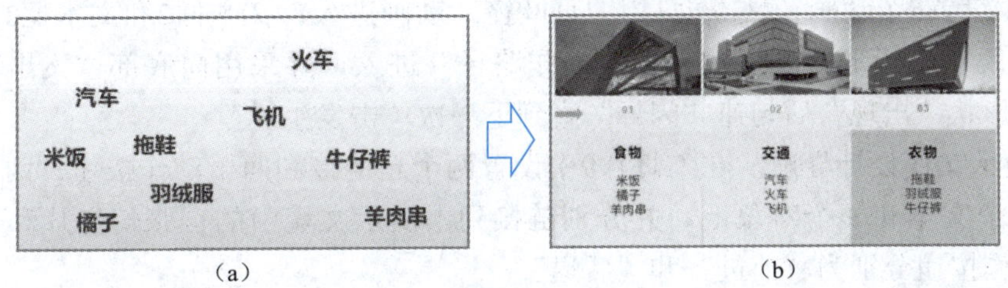

（a） （b）

图 8-30 亲密性原则应用示例

5. 其他注意事项

① 明确主题和目标：在开始设计之前，明确演示文稿的主题和目标，这将帮助用户在设计时保持焦点，避免无关内容的干扰。

② 简洁性：避免在每张幻灯片中放入过多的信息。每张幻灯片应该只包含一个主要观点，并辅以几张相关的图片或图表，确保图像和图表是清晰的，易于理解的。

③ 色彩使用：选择一个主题需要的配色方案，并贯彻使用，保持一致性；避免使用过多的颜色，以免分散观众的注意力或降低可读性。

④ 文字数量和大小合适：尽量不要在幻灯片中放入大量的文字；非必要的详细信息，可以使用讲义或附加文档提供；字体大小合适，以保证信息的有效传达。

⑤ 动画和过渡效果：适度使用动画和过渡效果。过多的动画可能会分散观众的注意力，适得其反。

⑥ 排练：在实际演示之前进行多次排练，以确保演示流畅，时间控制得当。

⑦ 适应听众：根据听众特点调整演示的内容和风格。确保演示内容与听众的知识水平、兴趣和期望相匹配。

8.3 实验任务

采用WPS演示，设计图8-31所示的演示文稿，该演示文稿综合了WPS演示中的典型操作，但由于演示文稿本身包含的动画效果无法在图中展示出来，因此在实际实验教学中，可以参照本书配套的实验素材。

具体任务要求如下：

① 创建空白演示文稿，保存为文档“实验8—演示文稿编辑与设计v1.pptx”。

② 创建并编辑各张幻灯片的内容。首张幻灯片使用“标题幻灯片”版式，幻灯片4使用“仅标题”版式，其余幻灯片使用“标题+内容”版式；参照所给的任务示意图，利用实验素材编辑各张幻灯片上的内容。

③ 为演示文稿设计外观。编辑演示文稿当前在用的母版，使每张幻灯片右上角出现代表WPS的Logo图片；在“标题+应用”版式上增大文本占位符中各级段落字号，并在标题占位符下插入粗实体水平横线。保存当前演示文稿内容后，将其另存为“实验8—演示文稿编辑与设计v2.pptx”，读者可对新文档试着应用模板进行全文美化，并将美化效果与母版编辑的效果进行对比。

④ 为演示文稿设计动画。继续打开演示文稿“实验8—演示文稿编辑与设计v1.pptx”，在幻灯片8中设置5个动画：文本框1用“百叶窗”动画进入；文本框2和文本框3用“切入”动画同时出现；心形形状要通过某种“动作路径”进入，并采用向底部“飞出”的形式退出；十字星形状“出现”后匀速“闪烁”直到下一次单击发生。

⑤ 为演示文稿设计导航。在幻灯片9中设置两个超链接和两个动作按钮；两个超链接分别设置在一个文本和一个对象上，并分别链接到本演示文稿中的首张幻灯片和百度网站首页；两个动作按钮分别为“前进”和“后退”。

⑥ 为演示文稿添加背景音乐。要求背景音乐随演示文稿放映同步播放，直到幻灯片播放结束；如果音乐文件时间不够长，采用循环播放。

⑦ 为演示文稿设置页眉页脚。除首页外，在每张幻灯片页脚处添加页码、文本信息、日期等信息。

⑧ 对演示文稿进行排练计时并按计时自动播放全部幻灯片。要求每张幻灯片自动切换时间为5秒。

⑨ 打印演示文稿讲义。设置打印机为“导出为WPS PDF”，每页纸上纵向按水平顺序打印6张幻灯片，幻灯片加框，单面打印1份，将打印出的PDF文档保存到桌面上。

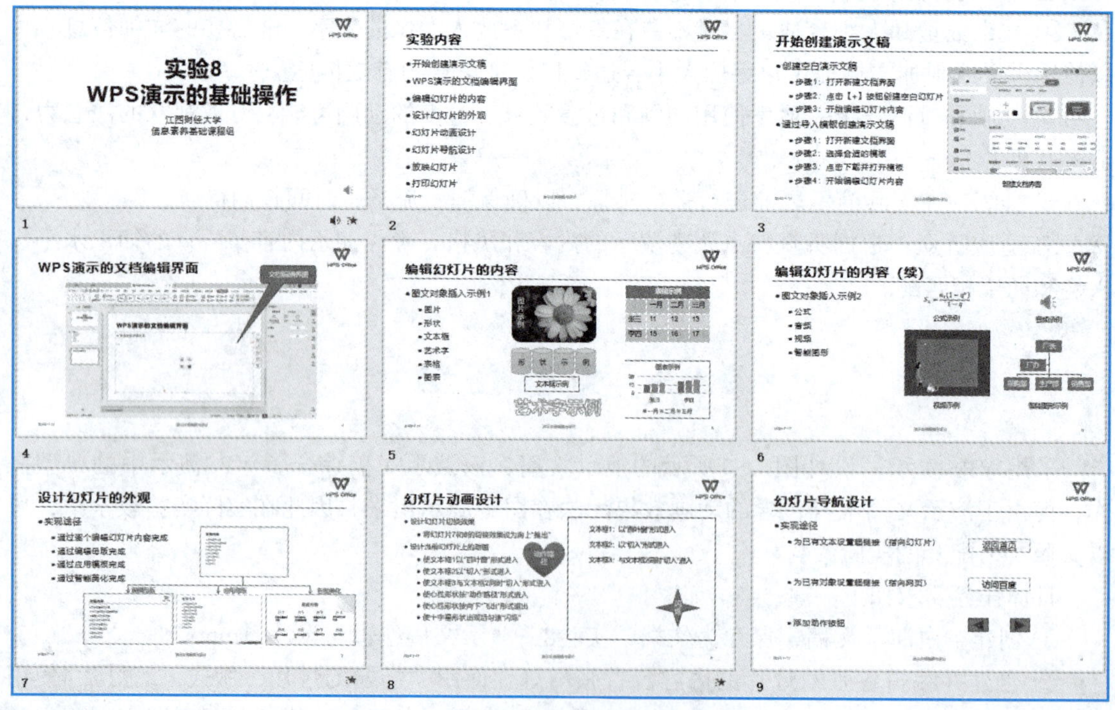

图 8-31　实验任务中的演示文稿示意图

8.4　实验指导

8.4.1　创建空白演示文稿

为了尽可能充分地练习基本操作，本小节是从一个空白演示文稿开始。实际工作中，在新建演示文稿时就可以选择从模板开始创建演示文稿。按以下操作提示，创建初始空白演示文稿。

① 启动WPS后，打开WPS演示的新建文档界面。

② 在新建文档界面上，单击“+”按钮完成初始空白幻灯片的创建。

空白演示文稿创建后，初始首张幻灯片默认为“标题幻灯片”版式。上述操作完成后，将当前演示文稿保存为“实验8—演示文稿编辑与设计v1.pptx”。在文稿编辑和创作过程中，请注意及时保存操作结果，以免异常退出导致文档内容丢失。

8.4.2　编辑演示文稿

1.新建幻灯片

在第1张幻灯片的标题占位符中输入相应内容后，继续在“开始”选项卡中单击“新建幻灯片”创建第2张幻灯片。设定幻灯片2版式为“标题+内容”，在标题和内容占位符中输入相应文本，得到图8-32所示的两张幻灯片。

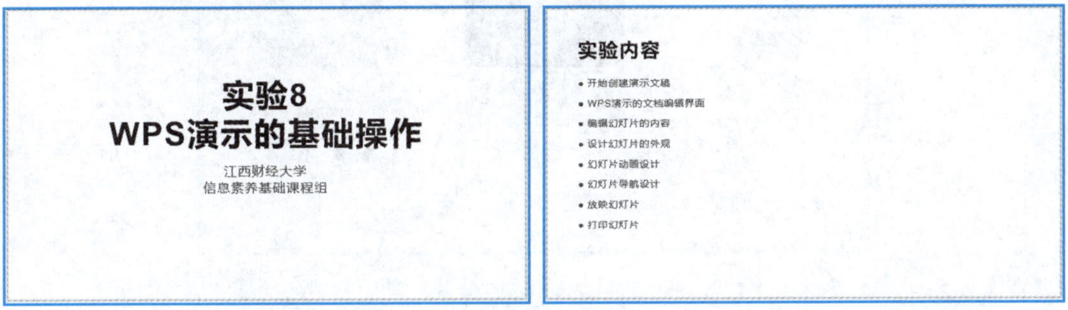

图 8-32　幻灯片 1 和幻灯片 2

2. 插入图片和注释框

新建幻灯片3，版式设为“标题+内容”，在占位符中输入相应文字内容，并插入图片“新建文档界面.png”，在图片下方插入文本框，框中输入文字“新建文档界面”，结果如图8-33所示。

新建幻灯片4，版式设为“仅标题”，在占位符中输入相应文字内容后，按功能键【PrtScr】对当前WPS窗口进行截屏，并将截图粘贴到幻灯片3中的内容区，适当调节图片的位置和大小。

单击“插入”选项卡中“形状”按钮，从弹出的菜单中选择“圆角矩形标注”，作为注释框插入到幻灯片4中，并在该形状中添加说明文字“文档编辑界面”，并移动形状到恰当的位置，结果如图8-33所示。

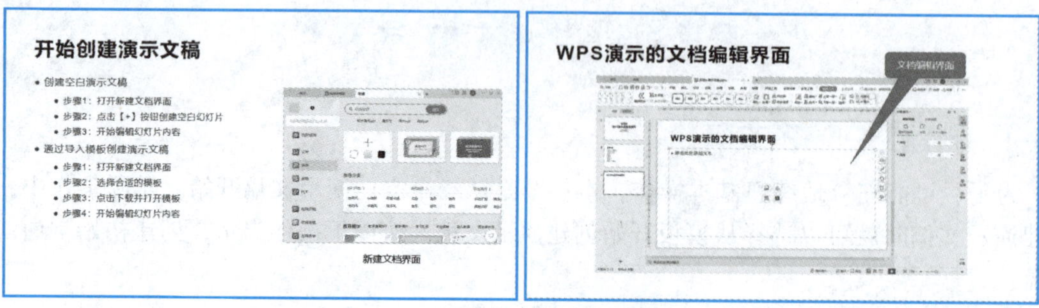

图 8-33　幻灯片 3 和幻灯片 4

3. 插入文本框、艺术字更多对象

新建幻灯片5，版式设为“标题+内容”，在占位符中输入相应的文字内容；通过“插入”选项卡，插入图8-34所示的各种对象，包括图片、形状、文本框、艺术字、表格、图表。如果要在对象上编辑文字，可双击对象直接输入，或右击，选择快捷菜单上的“编辑文字”命令。如果要设置对象的背景、边框、文本框选项等属性，通常是右击对象，从弹出的快捷菜单上选择“设置对象格式”命令来完成。

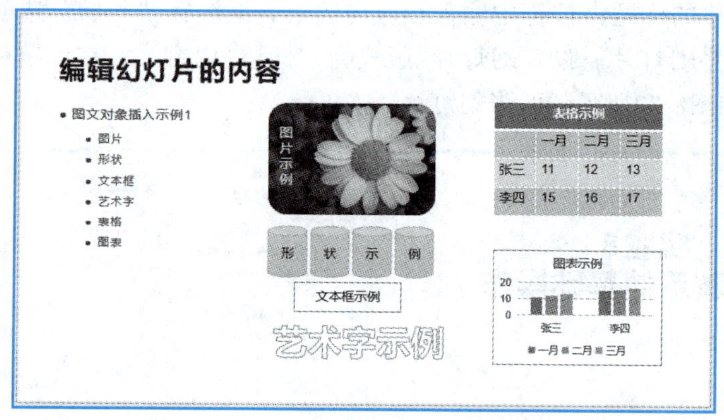

图 8-34　幻灯片 5

以同样的方式新建幻灯片6，插入图8-35所示的各种对象，包括公式、声音、视频、智能图形等。创建对象所需的音频、视频资源可从配套的实验素材中获取。

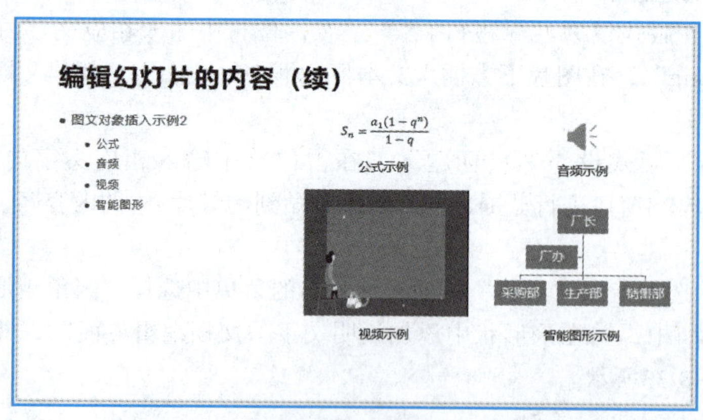

图 8-35　幻灯片 6

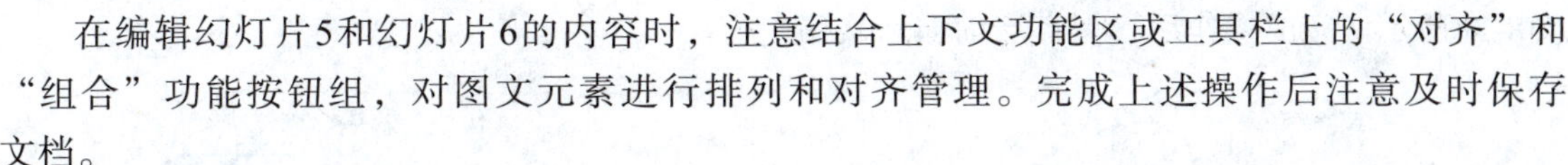

在编辑幻灯片5和幻灯片6的内容时，注意结合上下文功能区或工具栏上的“对齐”和“组合”功能按钮组，对图文元素进行排列和对齐管理。完成上述操作后注意及时保存文档。

8.4.3　幻灯片外观设计

首先根据实验任务示意图，利用实验素材中的文本和插图创建幻灯片7，为幻灯片7应用“标题+内容”版式。

1. 通过编辑母版进行外观设计

实验要求在所有幻灯片页面上添加主题Logo，可通过在幻灯片母版上插入Logo图片实现，以下是主要操作步骤：

① 切换到母版编辑视图。

② 在导航窗格中选择在使用中的“Office主题母版”，在母版幻灯片右上角插入图片“主题logo.png”。

③ 适当调整Logo图片的位置和大小。

实验要求适当增大幻灯片中文本段落的字号大小，可通过编辑对应版式上文本占位符的字体格式批量实现，主要操作步骤如下：

① 切换到母版编辑视图。

② 在导航窗格中选择在使用中的“标题+内容”版式。

③ 依次选中文本占位符中的各级段落，将字号大小分别设为22、20、18、16、14。

注意上述设置字号的操作只影响应用了“标题+内容”版式的幻灯片，改变的是这些幻灯片上文本占位符中文本的默认格式。用户在编辑幻灯片的内容时设置的文本格式具有优先权，会覆盖掉母版版式中的默认格式。

实验要求所有非“标题”幻灯片的标题框下添加蓝色长条形实线，通过母版编辑在对应的版式上插入即可实现，不再赘述。

图8-36显示了母版编辑完成后部分幻灯片的效果。

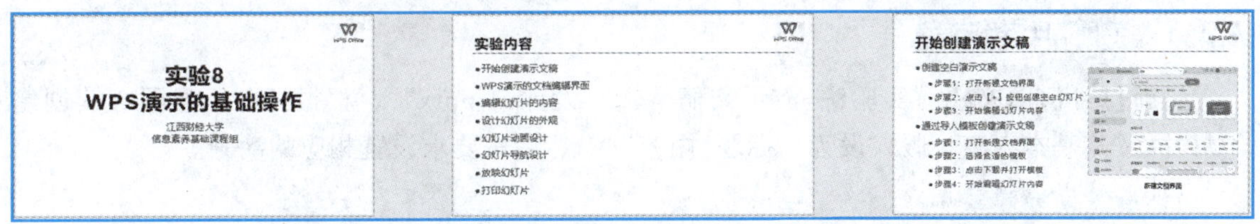

图 8-36　母版编辑后部分幻灯片效果

上述操作完成后，将当前演示文稿内容保存到“实验8—演示文稿编辑与设计v1.pptx”

2. 通过应用模板实现全文美化

先将当前演示文稿另存为“实验8—演示文稿编辑与设计v2.pptx”，之后应用“中国风”风格的模板对演示文稿进行全文美化。

单击“设计”选项卡上的“更多设计”按钮，在打开的“全文美化”对话框上找到免费的模板“蓝色中国古韵文化通用”（读者也可选用其他模板），单击“预览应用效果”按钮，选中全部幻灯片后单击“应用美化”按钮即可完成。主要操作如图8-37所示，结果如

图8-38所示。完成操作后，保存当前演示文稿内容。

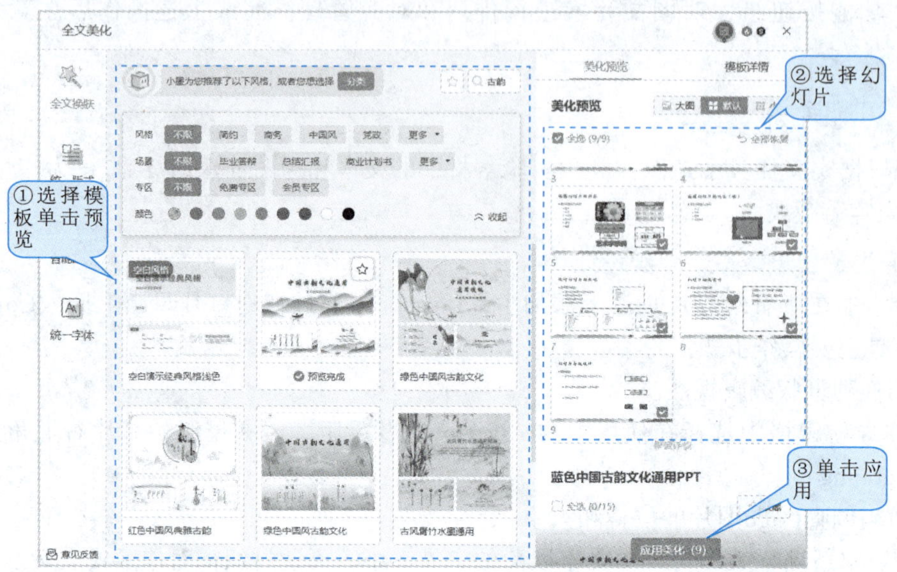

图 8-37　全文美化对话框

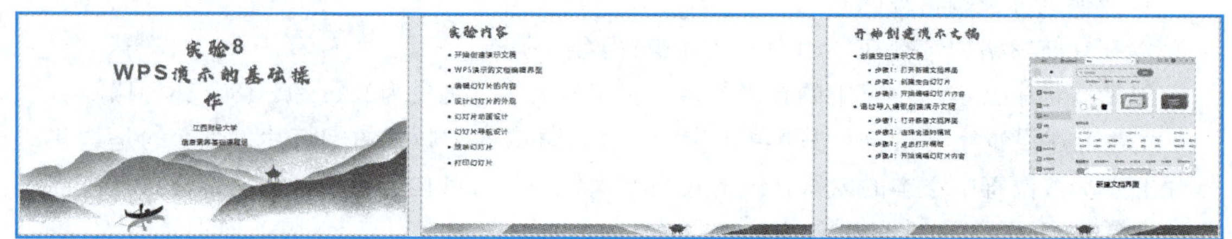

图 8-38　应用模板后部分幻灯片效果

注意应用模板之后，模板中所包含的母版及其版式将成为当前演示文稿在用的母版，可切换至母版编辑状态下查看。

8.4.4　幻灯片动画设计

重新打开演示文稿“实验8—演示文稿编辑与设计v1.pptx”，根据任务示意图继续创建幻灯片8及其基本内容，版式设为“标题+内容”，然后按要求设置相应的动画。

1. 设置切换效果

在“导航窗格”上同时选中幻灯片7和幻灯片8，单击“切换”选项卡上效果列表框中的“推出”效果，并设置效果选项为“向上”，其他选项根据需要设置即可。

2. 添加动画

动画设计时常用的窗格和选项卡如图8-20所示。如果动画窗格没出现，可以通过单击“动画”选项卡上的“动画窗格”按钮打开。

设计动画1：文本框1以百叶窗形式进入。

切换到幻灯片8，选定文本框1，单击“动画窗格”中的“添加效果”按钮，选择“进入”类型中的“百叶窗”效果添加动画1。根据需要设置“开始”、“方向”和“速度”选项。这里将“开始”选项设置为“单击时”。添加了一个动画后，可在动画窗格列表中看到

该动画出现的序号

设计动画2：文本框3与文本框2同时以切入形式进入。

选定文本框2，单击“动画窗格”中的“添加效果”按钮，选择“进入”类型中的“切入”效果添加动画2，并将“开始”选项设置为“单击时”。

继续选定文本框3，单击“动画窗格”中的“添加效果”按钮，选择“进入”类型中的“切入”效果添加动画，并将“开始”选项设置为“与上一动画同时”。

设计动画3：设定心形形状的动作路径。

选定心形形状，单击“动画窗格”中的“添加效果”按钮，选择“动作路径”类型中的“向右弹跳”添加动画3，并将“开始”选项设置为“单击时”。

设计动画4：设定心形形状的退出形式。

再次选定心形形状，单击“动画窗格”中的“添加效果”按钮，选择“退出”类型中的“飞出”效果添加动画4，并将“开始”选项设置为“单击时”，将“方向”选项设为“到底部”。动画3和动画4说明在同一个对象上可以添加多个动画。

设计动画5：十字星形状出现后匀速“闪烁”。

先选定十字星形状，单击“动画窗格”中的“添加效果”按钮，选择“进入”类型下的“出现”效果添加动画5。

要让图案“闪烁”，需要用到强调类型的动画。再次选定十字星形状，单击“动画窗格”中的“添加效果”按钮，选择“强调”类型中“华丽型”子类下的“闪烁”效果添加强调动画，并将“开始”选项设置为“与上一动画同时”，将“速度”选项设为“1秒（快速）”，最后在动画窗格中找到十字星对应的强调动画列表的下拉列表，选择下拉列表中的“效果选项”命令，打开闪烁的“效果选项”对话框（见图8-39），在“计时”选项卡中将“重复”选项设为“直到下一次单击”。

动画1到动画5设计完毕后的效果如图8-39所示。各动画的播放顺序可根据需要在动画窗格下方用“重新排序”按钮进行再次调整。

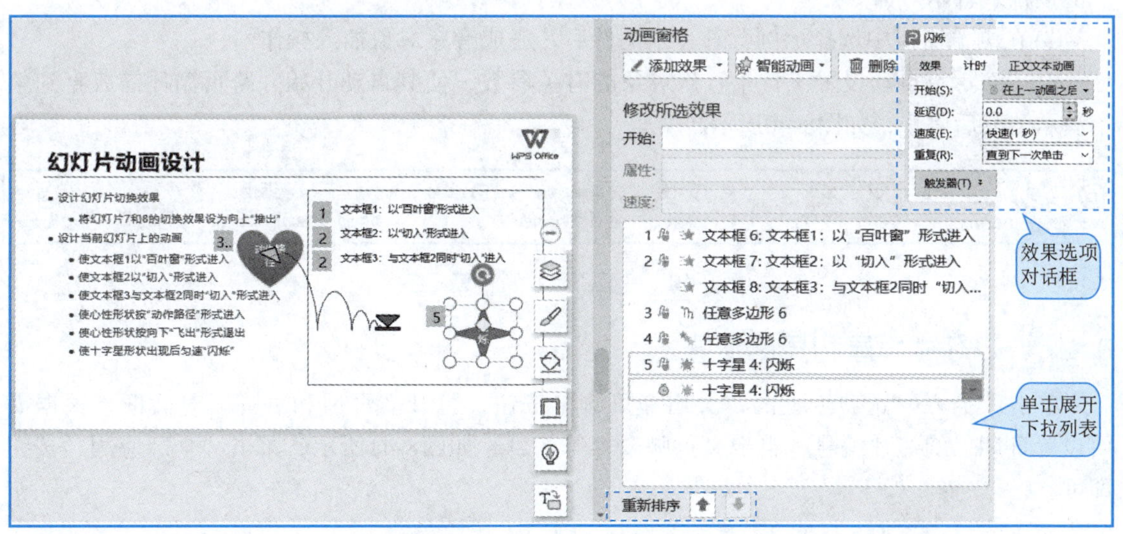

图 8-39　动画设计最终效果

8.4.5 幻灯片导航设计

根据实验任务示意图，创建幻灯片9，添加必要的文字和形状。下面按要求对指定文本或图文对象设置超链接或动作。

1. 基于文本创建指向幻灯片的超链接

选中“返回首页”文本框中的文本，单击“插入”选项卡上的“超链接”拆分按钮上端打开“编辑超链接”对话框（见图8-22），将“链接到”设为“本文档中的位置”，将链接的位置设为“第一张幻灯片”，单击“确定”按钮完成。

2. 基于对象创建指向网页的超链接

选中“访问百度”文本框，单击“插入”选项卡上的“超链接”按钮，打开“编辑超链接”对话框，将“链接到”设为“原有文件或网页”，“地址”栏设为“https://www.baidu.com/”，单击“确定”按钮完成。

3. 添加动作按钮

单击“插入”选项卡上的“形状”按钮，分别从下拉列表中选择“动作按钮”中的“前进”动作按钮，在幻灯片9上画出对应的按钮，在弹出的“动作设置”对话框（见图8-22）上将单击时的“超链接到”选项设为“上一张幻灯片”，适当调整位置和大小。用类似的过程创建“后退”动作按钮，将“超链接到”选项设为“上一张幻灯片”即可。

8.4.6 添加背景音乐

音频可以作为内容编辑到幻灯片中用于传达信息，也可以作为演示文稿的背景音乐用于烘托氛围。一般背景音乐设置为在演示开始时自动循环播放，直到演示文稿展示结束。

添加背景音乐的操作如下：

① 选定首页幻灯片。

② 单击“插入”选项卡中的“音频”下拉按钮，在下拉列表中选择“嵌入背景音乐”或“链接背景音乐”命令。

③ 在浏览窗格中选择示例背景音乐文件后，完成音频对象插入操作。

WPS演示将自动设置该背景音乐对象的有关参数，使其自动开始并跨页循环播放直到整个演示结束后停止，如图8-40所示。

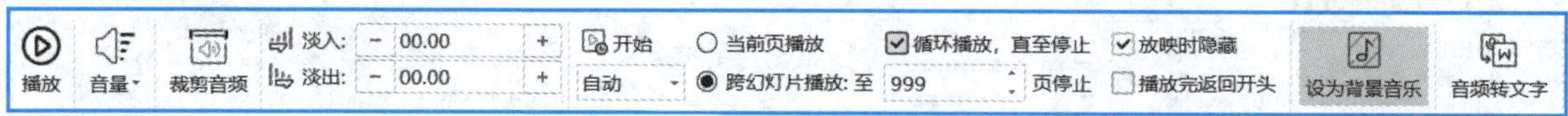

图 8-40 音频工具栏背景音乐参数

8.4.7 幻灯片页眉和页脚设置

单击“插入”选项卡上的“页眉和页脚”按钮，打开“页眉和页脚”对话框，根据需要设置日期、幻灯片编号、自定义页脚内容等信息，如图8-41所示，单击“全部应用”按钮即可。

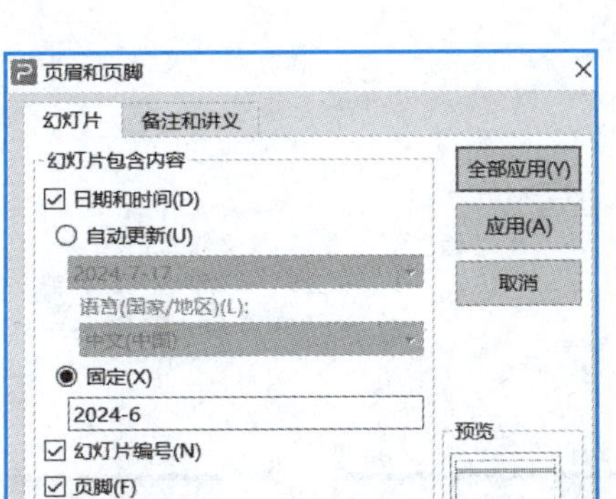

图 8-41　“页眉和页脚”对话框

8.4.8　幻灯片放映和打印

与幻灯片打印和放映等相关的操作，请读者参照8.2.3节相关知识，自行实践。

注意排练计时后，在“放映”选项卡上设置手动放映参数时，要将换片方式设为“使用排练计时”。

8.5　课后任务

在所给实验素材的基础上设计图8-42所示的演示文稿，设计过程中要尽量满足一般幻灯片设计的基本原则和注意事项。

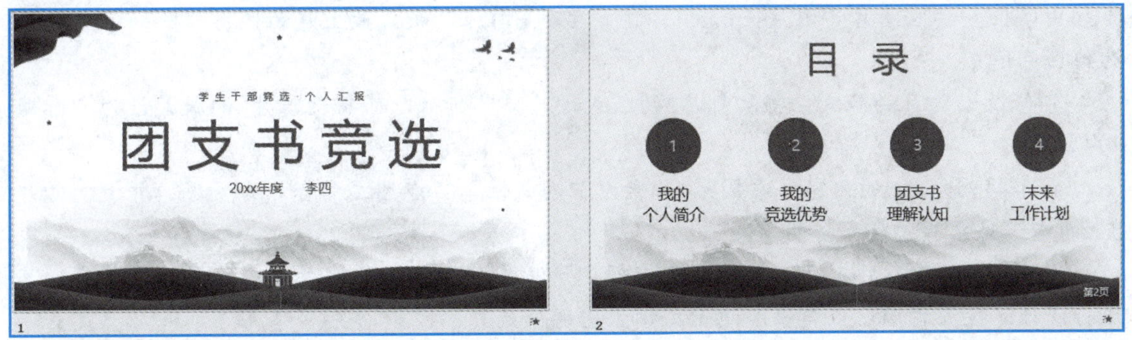

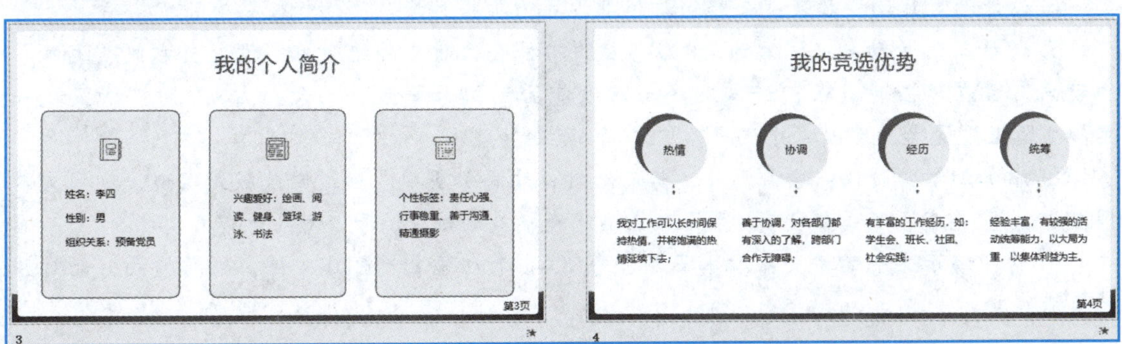

图 8-42　课后任务完成稿效果图

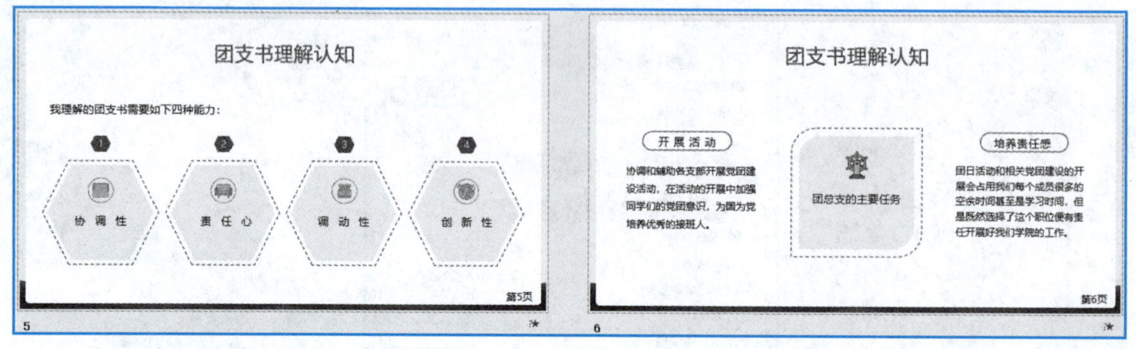

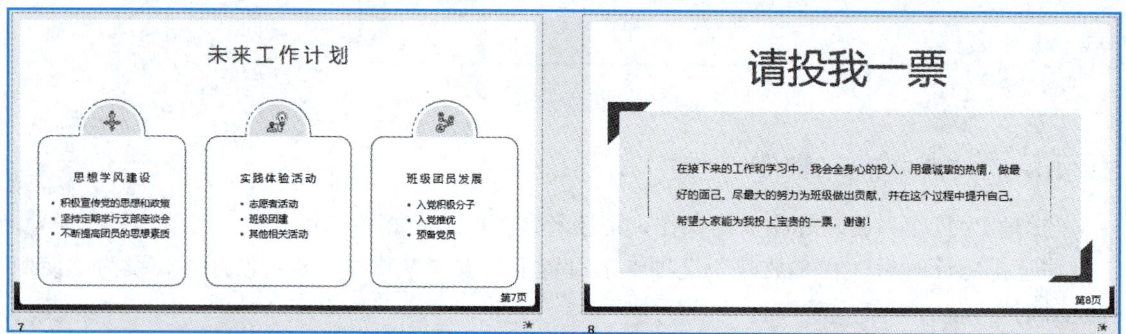

图 8-42　课后任务完成稿效果图（续）

基本要求：

① 设置幻灯片大小：设为16∶9的宽屏，宽度为34.00厘米，高度为19.13厘米。

② 编辑母版：将“Office主题”母版的背景设为纯色填充方式，颜色为“金色，着色4，浅色80%”，透明度为50%；将“主题幻灯片”版式中的长城图片的透明度设为75%，并在下方中间位置插入图片“图片1.png”；将“主题+内容”版式最上层的矩形形状的填充色设为纯白色填充。

③ 修改幻灯片的版式：将幻灯片2的版式设为“节标题”，将幻灯片8的版式设为“标题+内容”。

④ 编辑幻灯片5的内容：添加第4种能力“创新性”，以图文结合方式呈现，并使幻灯片5上的四组对象有序整齐排列。

⑤ 编辑幻灯片8的内容：设置醒目标题“请投我一票”，并添加相应的图形对文字段落进行修饰，设置的颜色应与整个演示文稿主色调一致。

⑥ 设计幻灯片切换效果：全部幻灯片都设置为单击时换片，切换效果为随机。

⑦ 设计幻灯片动画：依次为幻灯片5上的四种能力对应的组对象，设置自右侧“飞入”的动画，且在单击时进入，进入顺序与四种能力的编号一致；为幻灯片8上的“请投我一票”主题框设置单击后出现并“闪烁”3次的动画。

⑧ 添加幻灯片页码：除首页外，其余幻灯片均添加页码。通过修改版式实现，利用文本框在“标题+内容”版式和“节标题”版式右下角插入幻灯片编号，形式为“第×页”。

⑨ 打印演示文稿的讲义：按水平顺序每页4张打印输出为PDF文件，纸质横向，幻灯片加边框。

⑩ 试应用该演示文稿进行演讲。

实验9 信息检索工具

9.1 实验目的

- 了解信息检索的概念、过程和方法。
- 能基于搜索引擎和AI搜索引擎完成公开信息检索，包括史实、数据、文献等信息和指定文档的搜索。
- 能基于数据库资源完成专业文献和专业数据的检索，包括期刊论文、会议论文、学位论文、专利和标准文档、报纸全文等文献材料和经济管理领域的专业数据。
- 能用“与、或、非”等逻辑运算符完成检索表达式的构建，能设计多检索条件完成复杂检索，并能利用控制选项筛选结果。
- 能够对检索结果进行分析、组织和整理形成检索报告。

9.2 预备知识

9.2.1 信息检索基础概念

信息检索是根据用户的特定需求，运用某种工具，按照一定的过程，选择合适的方法和技术，从各种各样的信息资源中查出所需的信息，以形成用户所需信息资源的过程。

1. 信息检索的分类

按检索内容，信息检索可以分为数据信息检索、事实信息检索和文献信息检索。

① 数据信息检索是将经过选择、整理、鉴定的数值数据存入数据库中，根据需要查出可回答某一问题的数据的检索。例如：“2023年中国经济增长率是多少?”

② 事实信息检索是将存储于数据库中的关于某一事件发生的时间、地点、经过等情况查找出来的检索。例如：“会计学专业的李明学过‘大学信息素养导论’课程吗?”

③ 文献信息检索是指从各种文献资源（如图书馆、数据库、期刊、书籍、论文等）中查找特定信息的过程。这种检索通常涉及使用关键词、作者名、标题、出版年份、主题分类等作为检索条件，以找到相关的文献线索或全文。例如：“最近三年针对人工智能大语言

模型研究进行综述的重要期刊文献有哪些？”“中国明朝时期对外贸易相关的研究论文有哪些？”

按组织方式，信息检索可以分为全文检索、超文本检索和超媒体检索。

① 全文检索是将存储于数据库中整本书、整篇文章中的任意指定的内容查找出来的检索。它可以根据需要获得全文中有关章、节、段、句、词等信息，也可进行各种统计和分析。例如：“寻找有关知识产权法的特定法律条款或案例。”

② 超文本检索是一种基于超文本链接的信息检索技术，它允许用户通过超链接在不同的文档或信息资源之间进行导航。超文本检索的特点在于其非线性的信息组织方式，用户可以通过单击超链接跳转到相关的文档或网页，从而探索和发现信息。例如，基于百度搜索引擎学习“什么是量子计算机及其工作原理”。

③ 超媒体检索是一种扩展了超文本检索的信息检索方法，它不仅包含文本信息，还包括图形、声音、视频等多种媒体类型。用户可以通过超链接在不同的媒体内容之间进行交互和导航，以检索和浏览相关信息。例如，通过携程旅游平台综合图、文、像多种资料“规划一趟假期旅行”。

2. 信息检索方法

信息检索的方法多种多样，分别适用于不同的检索目的和检索要求。在信息检索过程中，具体选用哪种检索方法，由于客观情况和条件的限制而不尽相同。常用的信息检索方法有常规检索法、回溯检索法和循环检索法。

（1）常规检索法

常规检索法是以信息的外部特征（如篇名、刊名、作者、出版机构、出版时间等）或内容特征（如分类、主题、摘要等）为检索点，利用检索工具获得信息资源的方法。基于文献外部特征的检索，比较机械、单纯，不易检错或漏检，适用于查找部分外部特征确切已知的文献。文献的内容特征是文献所载的知识信息中隐含的、潜在的特征，适用于检索未知线索的文献。

根据检索要求，常规检索法又分为顺查法、倒查法和抽查法。顺查法是一种根据检索信息的起始年代，利用所选定的检索工具，按照从旧到新、由远及近、由过去到现在的顺时序逐年查找，直至满足信息检索要求为止的信息检索方法；倒查法则是在时序上与顺查法相反；抽查法则是在检索时根据目标信息的时间特征进行重点抽查检索的方法。

（2）回溯检索法

回溯检索法又称追溯法、引文法、引证法，是一种跟踪查找的方式，即以文献后面所附的参考文献为线索，逐一追溯查找相关文献的方法。通过回溯法所获得的文献，有助于对研究的主题背景和立论依据等内容有更深的理解。

（3）循环检索法

循环检索法又称交替法、综合法、分段法，即交替使用回溯法和常规法来进行文献检索的综合检索方法。检索时，先利用常规检索法查找出相关的文献，然后精选出与用户信息需求针对性较强的文献，再按其后所附的参考文献回溯查找，不断扩大检索线索，如此交替进行，循环下去，直到满足检索要求为止。

在实际检索中，究竟采用哪种方法检索最合适，应根据检索条件、检索要求和检索背景等因素确定。

3. 信息检索系统和工具

信息检索系统和工具是指用于帮助用户查找、定位和获取信息资源的工具书、软件、联机系统或服务平台。随着信息技术的发展，信息检索已由传统的纸质工具书（如百科全书、字典和词典、年鉴和统计手册等）为主，过渡到了面向计算机与网络的现代信息检索系统为主。信息检索系统和工具的选择取决于用户的需求、检索目标和可用资源。现代的信息检索系统主要有三种类型：搜索引擎、数据库资源和AI搜索引擎。

（1）搜索引擎

搜索引擎是指根据一定的策略、运用特定的计算机程序从互联网上采集信息，对信息进行组织和处理后，为用户提供检索服务，将检索的相关信息以网页形式展示给用户的系统。主要的搜索引擎有：

① 通用搜索引擎：如百度、必应等，提供文本、图片、视频等各类内容所在网页的搜索服务。

② 垂直搜索引擎：如百度的学术搜索、百度图片搜索、百度视频搜索、慢慢买—购物比价网、owllook—网络小说搜索、搜狗微信搜索等，专门提供某一方面、某一行业或某一主题的信息查询服务。

③ 元搜索引擎：如360搜索、搜狗搜索、Dogpile等，本身不采集信息，而依赖多个其他搜索引擎完成搜索任务。

④ 站内搜索引擎：如微博、小红书、知乎、雪球、CSDN、经管之家等社交平台和京东、淘宝等电商平台。

（2）数据库资源

与搜索引擎主要返回信息所在的网页不同，数据库中的资源都是自有资源，更为专业。在数据库中搜索直接返回的是目标资源本身。主要的数据库资源有：

① 学术数据库：如中国知网、维普资讯网、ACM DL、IEEE Xplore、JSTOR，专注于学术文献和研究资料的检索。

② 专业数据库：特定领域的数据库，如法律数据库、专利数据库、市场研究报告、企业信息数据库等。

③ 图书数据库：电子图书数据库，如超星电子图书、畅想之星电子书。

④ 馆藏图书在线检索系统：只提供馆内自身藏书和电子资源的查询服务。

（3）AI搜索引擎

AI搜索是一种基于人工智能技术的搜索引擎，它利用机器学习和自然语言处理等技术，为用户提供智能和个性化的搜索体验。与传统的搜索引擎返回网页或网址不同，AI搜索通过上下文理解用户查询意图，直接提供整理好的答案或信息摘要。目前的AI搜索主要基于生成式人工智能（generative AI）技术。下面列举一些AI搜索引擎：

① 文心一言：百度推出的人工智能自然语言处理平台，其核心功能是理解和生成自然语言文本，通过结合百度搜索引擎以及其自身强大的处理能力，可辅助用户更好地进行信息搜索和理解搜索结果。

② Perplexity AI：将传统搜索引擎的海量信息检索能力与对话式AI助手进行了完美结

合，能快速定位到问题最相关的网页内容，支持自然语言对话方式，能深入理解用户的真正需求，给出简明扼要的答案。国内的秘塔AI搜索也提供了类似的功能。

③ 通义千问：阿里云推出的超大规模大语言模型，支持多路对话、多模态理解、知识问答、信息检索、创作创新等。

④ 讯飞星火：科大讯飞推出的新一代认知智能大模型，拥有跨领域的知识和语言理解能力，能够基于自然对话方式理解与执行任务，提供语言理解、知识问答、逻辑推理、数学题解答、代码理解与编写等多种能力。

⑤ 其他AI搜索引擎：百小应、智谱清言、Kimi、豆包等。

目前，生成式人工智能技术还面临着一些问题和挑战。生成式AI输出的内容质量仍然存在改进空间，有时给出的答案会不完整或出现偏差甚至完全错误，因此使用AI搜索引擎的用户有责任验证结果的完整性、真实性和有效性。另外，生成式AI应用中还面临着信息安全和隐私保护的问题，模型可能会泄露用户的隐私信息。总之，AI搜索引擎还有待完善。

4. 信息检索的过程

信息检索的过程就是根据用户对信息的需求，确定检索工具和方法，查找有关信息资料的具体过程，包括分析用户信息需求、选择检索系统和工具、确定检索方法、实施检索策略、评价检索结果和其他后续工作等六个步骤，如图9-1所示。

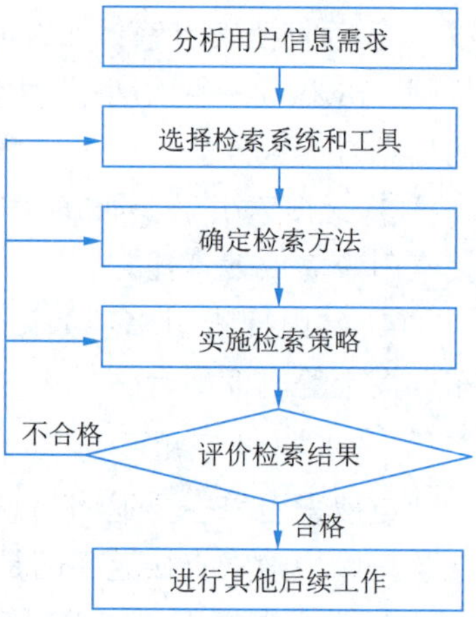

分析用户信息需求
选择检索系统和工具
确定检索方法
实施检索策略
不合格
评价检索结果
合格
进行其他后续工作

图 9-1　信息检索过程示意

（1）明确信息需求

在进行信息检索之前要分析用户的信息需求，明确以下四个方面的检索需求：确定信息检索的服务对象；确定信息检索的内容；确定信息资源采集的范围和数量；确定信息资源的类型（如信息资源的语种要求、时间要求、著者要求等）和查全率等其他要求。

（2）选择检索系统和工具

根据用户信息需求分析的结果，选择合适的信息检索工具。信息检索工具很多，不可能也没有必要使用所有的检索工具，只需要选择在可访问性、覆盖范围、功能以及信息质量上符合要求的检索工具。

（3）确定检索方法

根据信息检索需求和检索工具的不同，在常规检索、回溯检索和循环检索三种方法中进行选择；常规检索时需进一步确定基于外部特征还是内容特征，基于时间进行顺查、倒查还是抽查等。

（4）实施检索策略

在实施的过程中，最重要的就是要确定检索策略。检索策略就是具体的执行方案。对于基于计算机的信息检索，检索策略具体表现为构造能代表用户需求的检索表达式，也即：

① 确定关键词和短语：选择能够准确反映信息需求的词汇。

② 选择适当的字段：根据检索工具的特点和检索需求选择相应的检索字段。

③ 进行高级检索设置：决定是否进行布尔检索、模糊检索、限制检索并设置参数。

（5）评价检索结果

对于检索得到的结果要仔细阅读，判断所检索出的信息是否符合检索的要求。如果检索的结果符合要求，则进入下一阶段；如果不符合要求，则要重新设计检索策略，必要时要重新选择检索方法和检索工具。这一过程不断循环，直到得到满意的检索结果为止。

（6）进行其他后续工作

得到满意的检索结果之后，进行信息的整理（对获取的信息进行整理、归纳和总结，形成规范的信息检索报告或结构化的文档）、信息利用（将检索到的信息用于解决实际问题或支持决策，应用信息到具体的工作或学习中）等必要的后续工作。

9.2.2 使用信息检索系统

互联网已成为人类历史上最大的信息资源和网络系统，基于互联网的检索工具已成为主流。今天，绝大多数信息要么直接发布在互联网中供人们浏览、搜索，要么依托互联网为人们提供检索、浏览或下载服务。下面以百度、中国知网和文心一言为代表介绍现代常用信息检索系统的基本操作。

1. 百度

百度创建于2000年，是目前全球最大的中文通用搜索引擎。百度可提供新闻、数据、图片、地图、音乐、视频、文档等各类信息资源的搜索服务，搜索的结果全部是与目标信息相关的网页地址，由使用者按需选择浏览。在用户界面上百度提供了初级检索和高级检索两种模式。

（1）初级检索

打开百度网站首页，即可看到百度的初级检索界面，如图9-2所示，基本用法是在百度首页的搜索框内输入代表用户信息需求的关键词、短语或图片，然后单击“百度一下”按钮即可。

图 9-2 百度提供的初级检索界面

默认返回与检索关键词相关的网页列表，如图9-3所示，用户可自行浏览并进行下一步的处理。

（2）高级检索

除了可以在首页搜索框中直接输入描述查询需求的一般性短语外，百度还支持在构造检索表达式时使用以下高级检索语法：

①“与”运算：增加搜索结果需要满足的条件，缩小范围，提高精准度。运算符为“空格”或“+”，语法是“A + B”或“A B”。

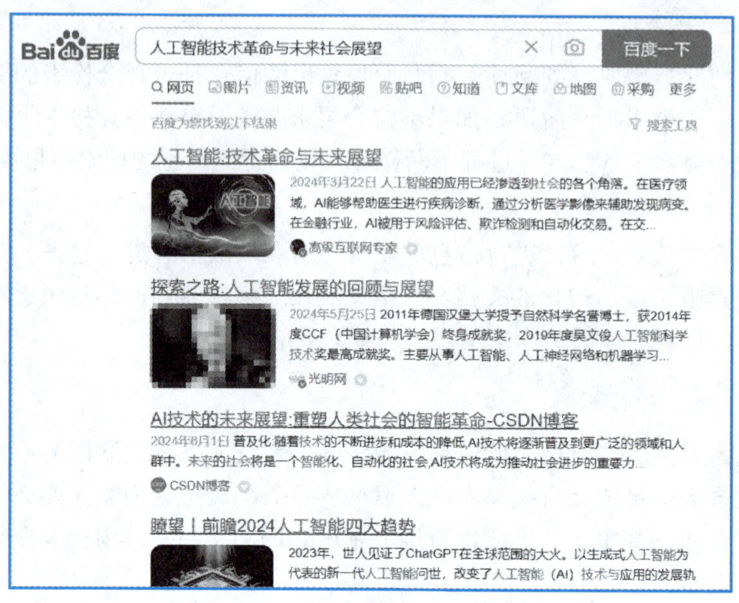

图 9-3 百度搜索返回结果示意

②“或”运算：并行搜索，扩大搜索范围。运算符为“|”，语法是“A | B”，其含义是搜索“或者包含关键词A，或者包括关键词B，或者包含关键词A、B”的网页。

③“非”运算：排除无关资料，缩小范围，提高精准度。运算符为“-”，减号前后必须留一空格，语法是“A - B”。

④ intitle：通过网页标题（title）限定搜索范围，例如“比亚迪 intitle:中级车”将限定只在标题中包含了关键词“中级车”的网页中寻找“比亚迪”相关的信息。

⑤ site：限定在特定的站点中搜索，例如“消费税 site:gov.cn”，只在域名后缀为“gov.cn”的站点页面中查找“消费税”相关信息。

⑥ filetype：将搜索范围限定在特定的文件格式中，例如“商铺租赁合同 filetype:pdf”只返回与商铺租赁合同相关的PDF类型文件信息。

⑦ inurl：限定在url链接必须出现的关键字，例如“WPS演示 inurl:jiqiao”限定返回与“WPS演示”有关的网页时其网址中必须含有“jiqiao”串。

⑧ 精确搜索：用英文双引号表示，限定搜索结果返回的页面中包含双引号中出现的词，顺序也必须一致。例如，检索式“"WPS演示技巧"”表示“WPS”“演示”“技巧”在网页中必须依次出现。

用户可使用上述高级语法在首页搜索框中构建检索表达式，以更精确描述检索需求，提高检索效率。

另外，百度搜索引擎在其网站页面右上角提供了“设置”上下文按钮，可用于实现高级搜索。用户单击其“设置”按钮上下文菜单中的“高级搜索”命令，将打开高级搜索设置和执行界面，如图9-4所示。

2. 中国知网

国家知识基础设施（national knowledge infrastructure，NKI）的概念是由世界银行于1998年提出。始建于1999年6月的中国知网（CNKI）是中国的国家知识基础设施工程，以实现全社会知识资源传播共享与增值利用为目标。经过多年建设，CNKI已成为世界上全文信息量规模最大的CNKI数字图书馆、中国知识资源总库及CNKI网格资源共享平台，能为国内外用户提供网络出版、中国知识全文收藏和检索下载、文献统计与评价、个性化和主题化数字学习以及查重服务等。

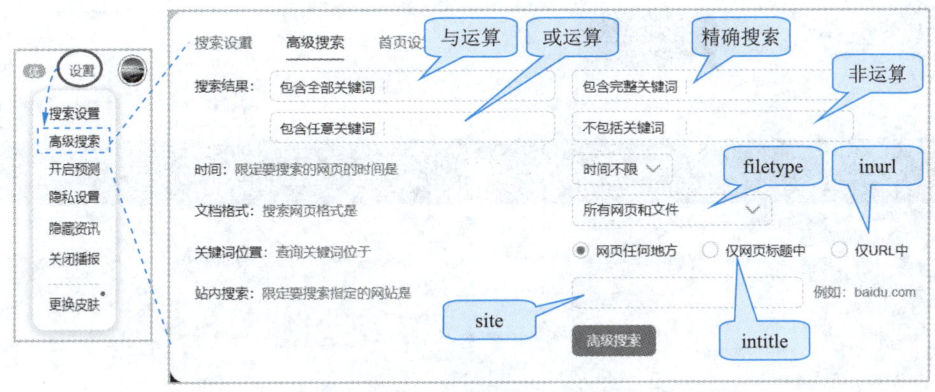

图 9-4　百度高级搜索界面

（1）检索服务简介

CNKI的中国知识资源库提供了学术期刊全文数据库、（中国博士硕士）学位论文数据库、中国重要报纸全文数据库和中国重要会议论文全文数据库等。中国知网数据库的用户可以是注册用户或者是中国知网的包库用户。对于未注册用户可以免费检索，免费浏览题录、摘要和知网节，但不能下载全文。进入中国知网的方式：一是经过各图书馆主页上的中国知网栏目链接到中国知网；二是直接输入https://www.cnki.net/进入中国知网主页。

中国知网提供初级检索、高级检索、专业检索等多种方式，其中以高级检索功能最为常用。系统默认为跨库检索方式，如需使用单库检索方式，可以单击选择相应的数据库名称打开单库检索界面。

（2）初级检索

打开中国知网首页，默认即为初级检索界面，如图9-5所示。中国知网的初级检索又称为一框式检索，将检索功能浓缩至“一个框”中，根据不同检索项的需求特点采用不同的检索机制和匹配方式，体现智能检索优势，操作便捷，检索结果兼顾检全和检准。

图 9-5　中国知网初级检索界面

用户在平台首页选择检索范围，下拉选择检索项，在检索框内输入此检索项的检索表达式（关键词、短语或运算符组成），单击“检索”按钮或按回车键执行检索，获得检索结果页面（见图9-6）。用户不做选择时，默认执行基于主题的、中文和外文均包括在内的跨库检索。

如图9-6所示，对检索结果，可通过选择“主题”“来源类别”“学科”“年度”等参数或进行“检索设置”以进一步筛选压缩检索结果；也可单击“结果中检索”进行二次检索。

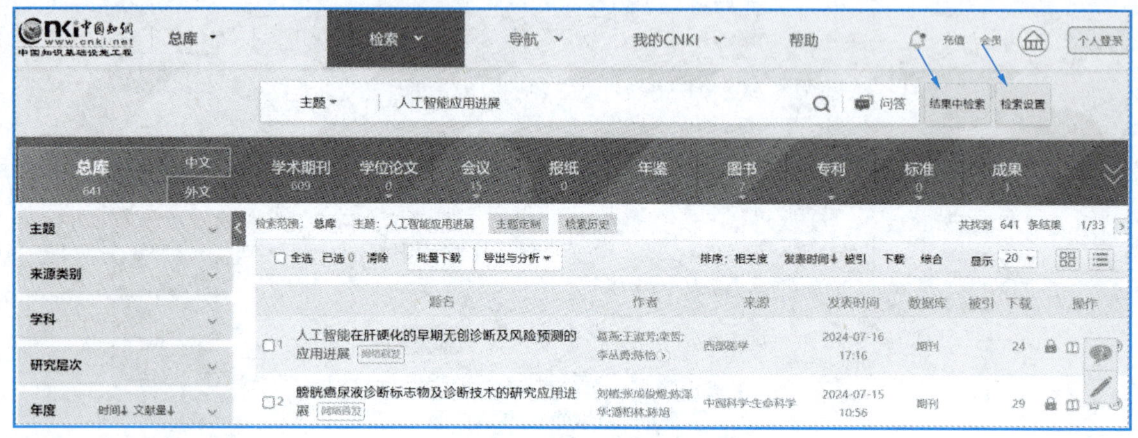

图 9-6　中国知网检索结果页面示意

在初级检索界面上，单击搜索框左边下拉按钮可改变检索项，默认为“主题”检索，其他可选的还有“篇关摘”检索、“关键词”检索、“篇名”检索、“全文”检索、“作者”检索、“作者单位”检索等。在搜索框下面一行中，可选择检索范围，如学术期刊数据库、学位论文数据库、会议数据库等，默认是跨库检索。用户直接单击某一数据库，将打开单一专门数据库的检索界面。图9-7所示的是单击“学术期刊”数据库后打开的检索界面。

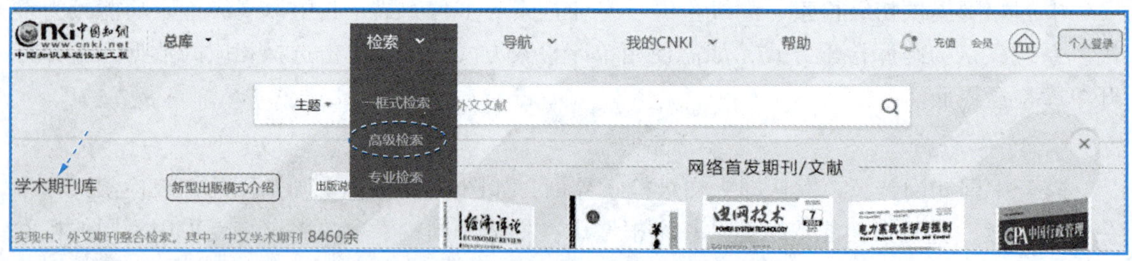

图 9-7　学术期刊库单库检索界面

（3）高级检索

中国知网的高级检索支持多条件逻辑组合，并可通过控制匹配方式（精确或模糊）、时间年限、出版模式等选项完成较复杂的检索，得到更精准的检索结果。多条件组合检索的运算优先级，按检索框中出现的顺序从上到下依次进行。

打开高级检索界面的操作方法有：

① 在跨库初级检索界面上单击“高级检索”（见图9-5）。

② 在单库检索界面顶端“检索”下拉列表中单击“高级检索”项（见图9-7）。

如图9-8所示，高级检索操作界面主要分为四个区域：

- 中间左侧为文献学科分类。
- 中间右侧区域的上半部分为检索条件输入区。

• 中间右侧区域的下半部分为控制设置区。
• 下方为切库区，用于总库和单库之间切换。

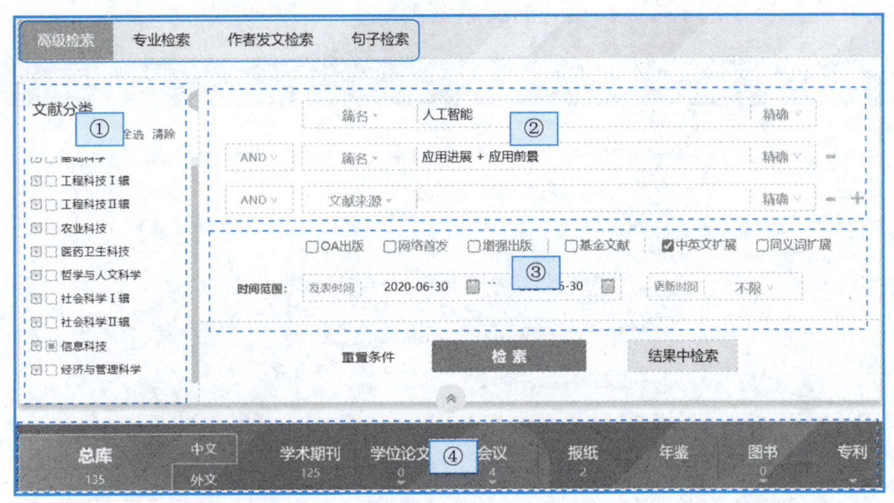

图 9-8　中国知网跨库高级检索界面

检索条件输入区由用户自由选择检索项、检索项间的逻辑关系、检索词匹配方式等完成检索式的构造；单击检索框后的+、 - 按钮可添加或删除检索项；一次检索中最多支持10个检索项的组合检索。

根据中国知网提供的帮助指南，为了更精准表达检索需求，在初级检索或高级检索下设置检索条件时同一检索项内支持使用运算符*、+、-、''、""、()进行多个检索词的组合，检索框内输入的内容不得超过120个字符。输入运算符*（与）、+（或）、-（非）时，前后要空一个字节，优先级需用英文半角括号确定。若检索词本身含空格或*、+、-、()、/、%、=等特殊符号，进行多词组合运算时，为避免歧义，须将检索词用英文半角单引号或英文半角双引号引起来。例如：

① 篇名检索项后输入：“人工智能*应用前景”，可以检索到篇名包含“人工智能”及“应用前景”的文献。

② 主题检索项后输入：“人工智能 * (应用进展+应用前景)”，可以检索到主题为“人工智能”，且有关“应用进展”或“应用前景”的文献。

③ 需检索篇名包含“artificial intelligence”和“application progress”的文献时，可在篇名检索项后可输入：'artificial intelligence' * 'application progress。

检索控制区的主要作用是通过设置控制选项，对检索结果进行筛选。具体控制选项包括出版模式、时间范围、检索扩展方式、是否基金文献等。一般高级检索时默认进行中英文扩展，如果不需要中英文扩展，则手动取消勾选。

在高级检索页面上，可用的检索项和控制选项具体视所用的数据库而定。

图9-9所示的是在总库中文献分类“信息科技”下检索发表时间在近5年（2020.7—2024.6）篇名包含“人工智能”且篇名包含“应用进展”或“应用前景”的文献结果。

在检索结果页面上单击某一文献的篇名，将打开该论文的知网节，提供有论文的详细信息（包括论文的中英文篇名、作者中英文名、作者单位、文献出处、中英文关键词、中英文摘要、DOI、共引文献、相似文献及文献分类导航等）及CAJ和PDF格式的全文下载链接（需要登录有相应权限的账号）。用户可以通过知网下载全文，还可以进一步通过共引文献、相似文献及文献分类导航查找相关的文献资料。

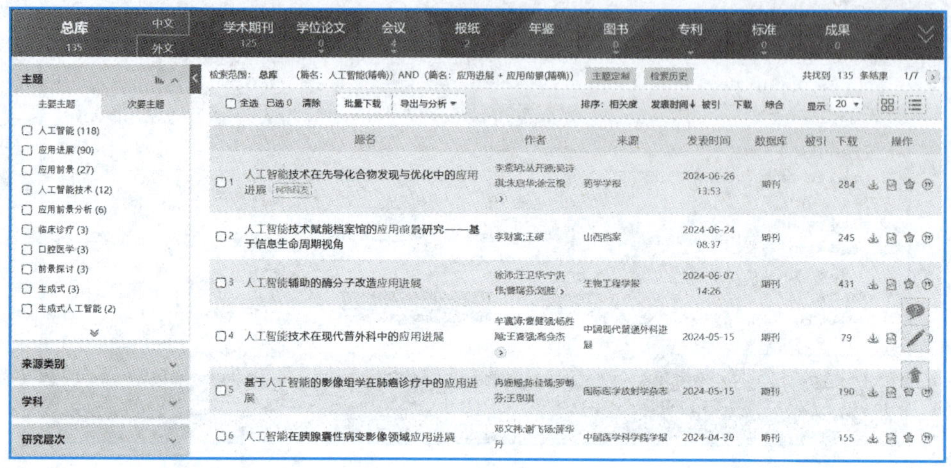

图 9-9　中国知网检索结果示例

（4）其他检索方式

在高级检索界面左上角位置，单击相应标签可在高级检索、专业检索、作者发文检索、句子检索之间自由切换。专业检索用于专业的图书情报专业人员查新、信息分析等工作，需要熟悉检索运算符。作者发文检索通过输入作者姓名及其单位信息，检索某作者发表的文献，操作上与高级检索基本相同。句子检索是通过输入的两个检索词，在全文范围内查找同时包含这两个词的句子，找到有关事实的问题答案。对这三种检索方式感兴趣的读者可自行参考中国知网提供的线上帮助文档。

3. 文心一言

文心一言是百度自主研发的知识增强大语言模型，具备跨模态、跨语言的深度语义理解与生成能力。用户可以通过文字输入的指令来执行各种任务，包括信息检索、写文章、作诗、生成图片等。

文心一言如同其他AI搜索引擎一样，仅向用户提供“一框式”的简单操作界面（见图9-10），通过对话上下文获取用户的需求并提供对应的答案。

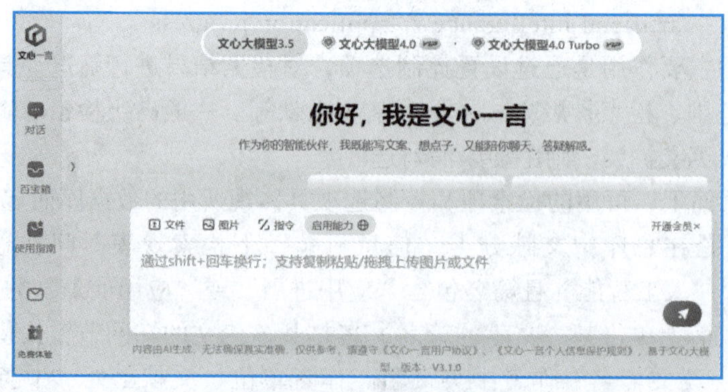

图 9-10　文心一言对话界面

用户用文心一言进行AI搜索时，直接在对话框中输入描述信息需求的语句即可。图9-11显示的是向文心一言提问“请推荐3篇关于生成式人工智能和信息检索相结合的代表性文献”后，由文心一言基于文心大模型4.0 Turbo版返回的结果。文心一言对返回结果中每篇文献进行了概述，而且如图中框所示，还给出了参考信息来源。

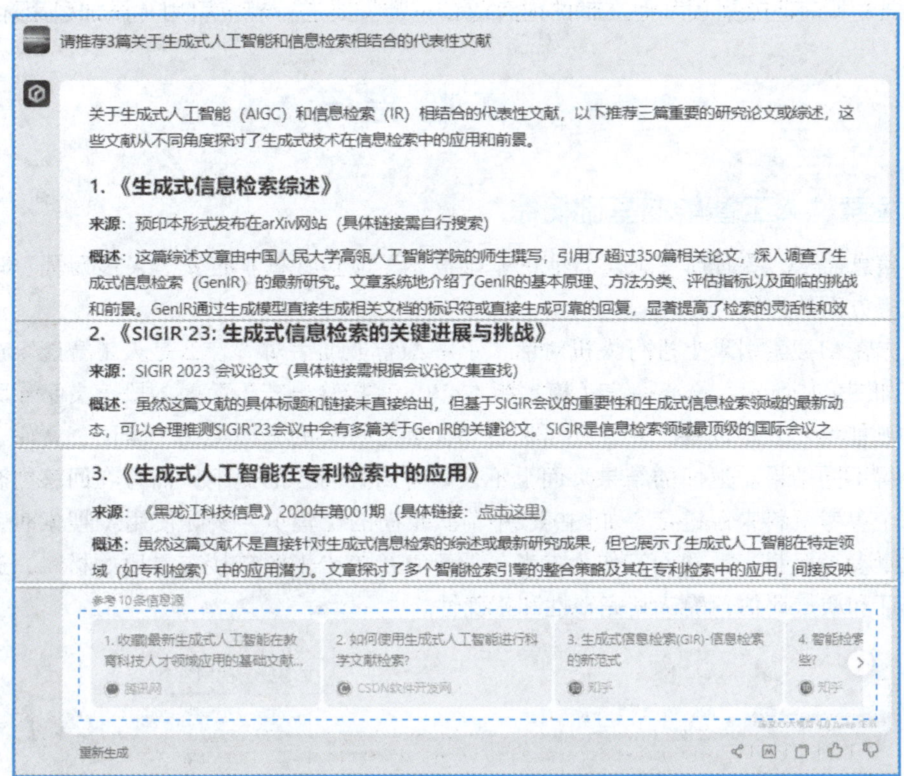

图 9-11　应用文心一言的示例

9.3　实验任务

当今社会已是一个人工智能技术为主导推动社会经济各领域智能化转型和升级的新时代，请利用信息检索工具搜索相关资料和文献，撰写以“人工智能时代与我”为主题的报告。具体要求如下：

① 报告主体内容应覆盖以下几个方面：

- 什么是人工智能？人工智能的基本定义、发展历程、现状、应用前景等。
- 它对于我国发展的意义是什么？促进人工智能发展的主要国家政策和战略举措有哪些？
- 与自己的日常生活有什么关系？
- 与自己的专业有哪些联系？对所在专业未来发展带来什么影响？
- 人工智能存在什么样的挑战？解决这些挑战可能的途径或方法有哪些？

② 报告末尾需要列入相应的参考文献：

- 列举适当数量的学术期刊文献作为相应内容的佐证，要求文献的来源类别为CSSCI核心库、CSCD核心库或较为权威的省国家级报纸杂志。

- 报告末尾列举参考文献的基本信息时，撰写格式应符合一般参考文献国家标准。（提示：通常包括作者、标题、文献类型、出版物或出版机构名称、出版年份、第几卷第几期和页码范围等信息。）
- 报告中所有直接引用其他文献的内容或结论都需要进行规范引用（添加引用标记）。

9.4 实验指导

9.4.1 检索“人工智能的基础概念”

分析信息需求，要理解“人工智能的基础概念”应包含基本定义、发展历程、现状及其应用领域等方面的内容。

建议先在AI搜索引擎上进行人机对话，了解AI智能助手对“什么是人工智能”这一问题的答案。如图9-12所示，文心一言（模型版本4.0）直接给出若干简短的段落文字作为答案；而秘塔AI则能给出长篇回答，用户还可通过切换参考资料的来源类别（全网、文库、学术、博客）获得不同结果。返回的结果页面上不仅附有回答内容的提纲，而且在回答内容中直接嵌入了每个参考资料来源链接（如图9-12中箭头指向的位置）。实际使用AI搜索时，推荐选用带有大量参考资料来源的回答作为参考，便于直接单击来源链接查看原始材料，进行信息的溯源查证和质量评估，确认其完整性和正确性。

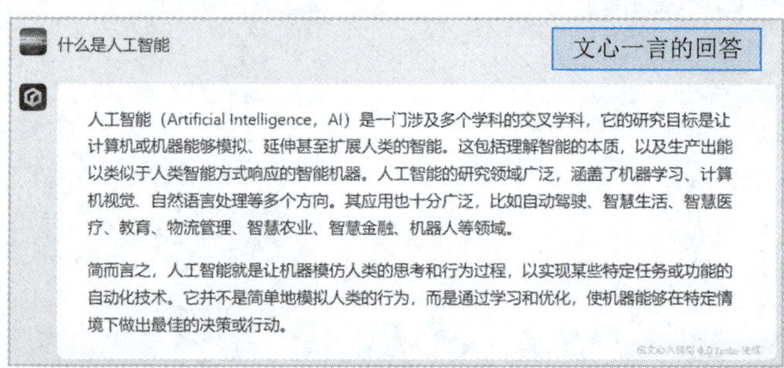

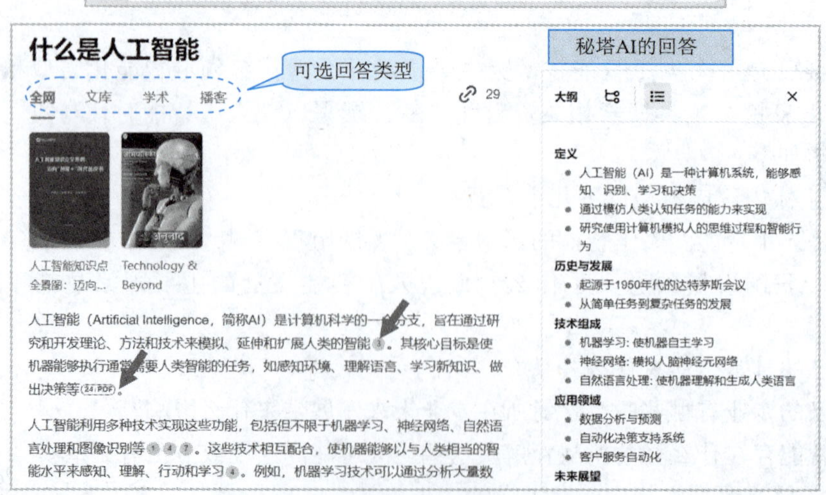

图9-12　AI搜索什么是人工智能结果示例

再利用通用搜索引擎进行相关资料的详细查找、筛选，进一步补充信息内容，增强结构逻辑性。这里直接用百度搜索框输入同样的提问词进行了搜索，结果见图9-13。原则上，百度按相关性对搜索到的结果网页进行排序展示（使用中注意忽略页面中的广告等无关内容）。在百度返回的结果中应尽量选择来源质量高的页面进行下一步的浏览，一直收集到实验任务中要求的可信内容为止。

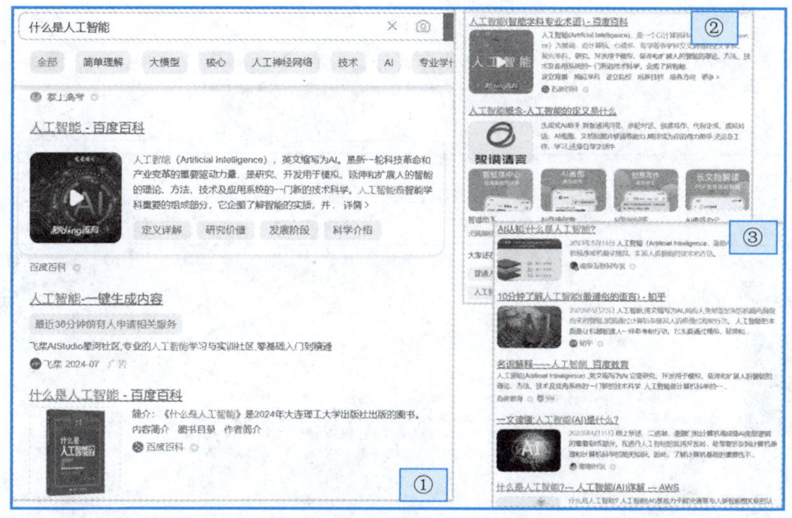

图 9-13　百度搜索什么是人工智能结果

使用通用搜索引擎时，也可应用高级语法或高级检索设置实施高级检索，例如百度页面上构造检索式“人工智能 (定义 | 概念) site:zhihu.com”，将仅搜索知乎站内有关人工智能定义或人工智能概念的信息资料，见图9-14。

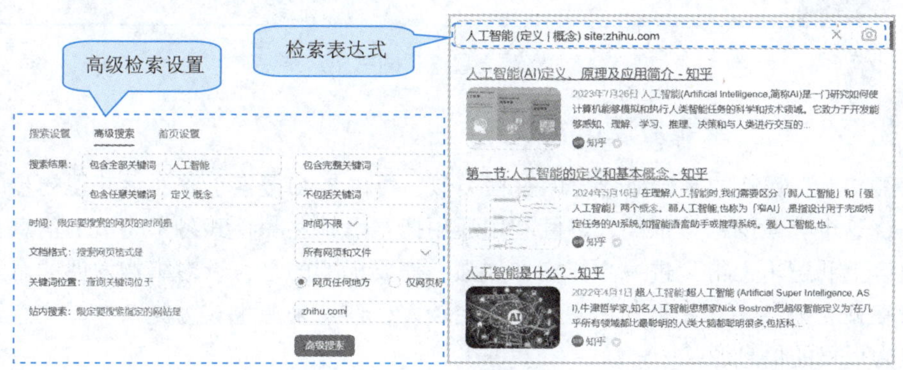

图 9-14　百度上实施高级搜索

还可以搜索相关专业电子书籍，系统地学习和了解人工智能相关基础概念。这里选择畅想之星电子图书进行操作示例。打开网站首页后，单击搜索框右侧的“高级检索”，弹出高级检索界面（见图9-15），设置搜索的书名中需完整包含关键词“人工智能基础”、“人工智能导论”或“人工智能应用”、出版时间为2022年以来的、面对本科对象的电子图书，搜索结果见图9-16。在结果页面上可根据图书的内容摘要，选择合适的图书打开阅读。

图 9-15　畅想之星电子图书搜索设置

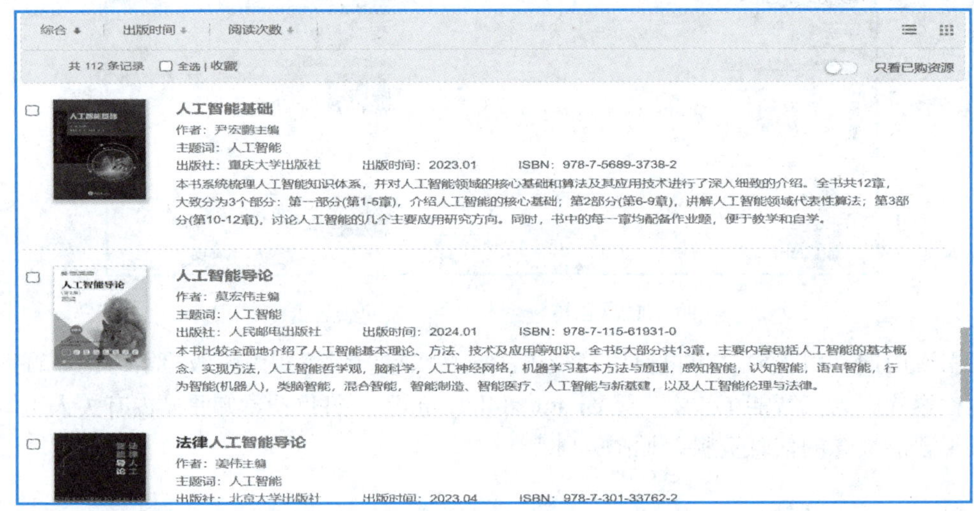

图 9-16　畅想之星电子图书搜索结果

9.4.2　检索“人工智能发展的意义”

同检索“人工智能的基础概念”的过程类似，可以与AI搜索引擎对话获得初步的概括性答案。围绕这个答案的结构框架，继续利用通用搜索引擎逐一检索各个小节的信息，使初始答案在内容上和逻辑上得到进一步充实和加强。需要提醒的是，针对事物发展的意义这类问题，一般在社会公共媒介和报刊杂志上的讨论较多，信息来源也较为庞杂，应注意甄别，尽量选取较为可靠的信息源。

倾向于用数据库资源查找信息的用户，也可以用中国知网等数据库检索系统解决问题。由于学术性期刊主要发表的是技术研究和应用成果，专业性和科学性都比较强，更适合于学术交流，涉及发展意义这个主题的讨论较少。因此打开中国知网首页后，选择了“报纸”库作为检索范围，进入单库检索界面。在“主题”检索项中设置关键词组合“人工智能 意义”，可以得到《人工智能，如何更好地学以致用》《在这里，看未来科技热点》《人工智能：ChatGPT究竟改变了什么》等相关文献。另外，“人工智能”是在近几年得到爆发式发展的，因此可以设置仅检索近6年的相关文献，压缩检索结果数量，具体检索设置见图9-17。

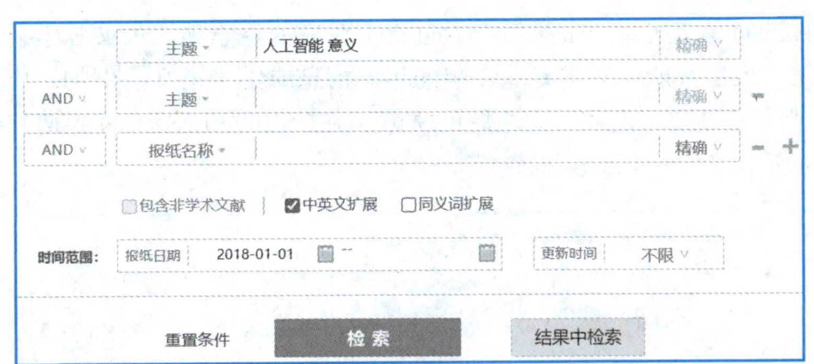

图 9-17　中国知网报纸库中检索设置

对于发展人工智能的国家政策和战略举措方面的信息，建议通过AI搜索引擎或通用搜索引擎从报刊杂志和政府网站上检索更为合适，此处不再赘述。

9.4.3　检索“人工智能与日常生活的关系”

先分析下本题的信息需求。人工智能与日常生活的关系主要体现在人工智能技术应用到社会生活各个方面会带来的积极影响和不利影响。人工智能技术应用领域通常都涉及家居、医疗、交通、教育等日常生活各个方面，相关信息应该比较丰富。在搜索引擎或数据库资源中检索时，应将“人工智能”“应用”等关键词与相关日常生活领域的关键词组合构建检索条件。如果不加生活领域关键词，也可根据检索结果中出现的标题文字观察是否为相关信息。

具体检索过程可参考前面的两个问题的解决思路，这里不再赘述。图9-18所示是在中国知网学术期刊库进行高级检索时的设置，检索项“主题”、关键词“人工智能 应用 家居”、时间范围“近6年”，检索后可得到24条相关的文献。

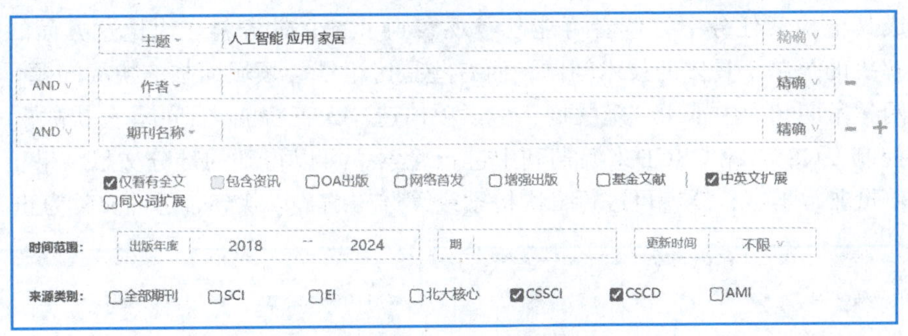

图 9-18　中国知网学术期刊库检索设置

9.4.4　检索“人工智能与专业的关系”

针对本题先分析下信息需求。与对日常生活的影响类似，人工智能时代来临后，人工智能技术将赋能社会各领域，大学教育需要作出相应的改变才能与之适应。人工智能与专业的关系包括正反两方面影响，也即机遇和挑战。

在完成前面的检索任务中，可能发现了某些文献资料已涉及自己专业在“人工智能”爆发的环境下的机遇和挑战。读者还可以通过添加关键词，进一步缩小检索范围。另外，在了解（查询）到自己的专业所属的学科后，通过指定对应的检索项（如文献学科分类），也可以得到那些谈及“人工智能”对本专业影响的相关信息或学术论文。例如，中国知网学术期刊库中检索以“人工智能　艺术”为主题的文献，在CSSCI和CSCD来源期刊中进行检索，可以得到图9-19所示的结果（综合排序）。

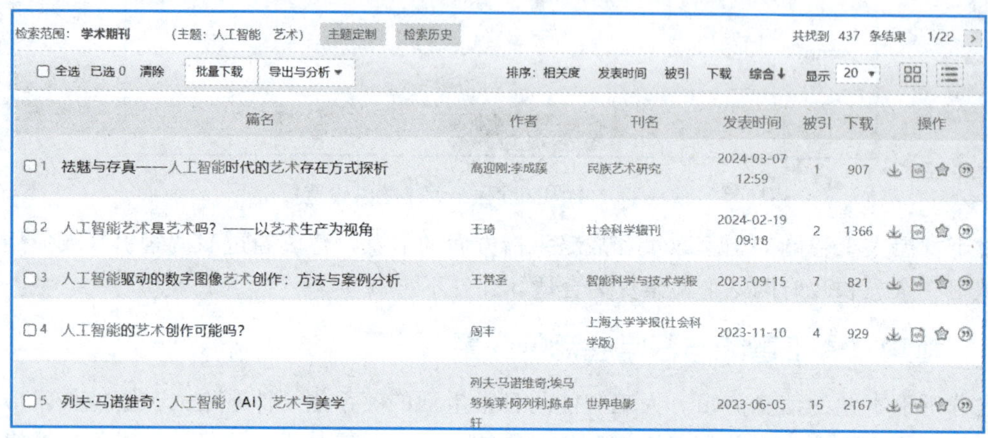

检索范围：学术期刊　（主题：人工智能　艺术）　主题定制　检索历史　共找到 437 条结果　1/22

全选　已选 0　清除　批量下载　导出与分析　排序：相关度　发表时间　被引　下载　综合　显示 20

	篇名	作者	刊名	发表时间	被引	下载
1	祛魅与存真——人工智能时代的艺术存在方式探析	高迎刚;李成蹊	民族艺术研究	2024-03-07 12:59	1	907
2	人工智能艺术是艺术吗？——以艺术生产为视角	王琦	社会科学辑刊	2024-02-19 09:18	2	1366
3	人工智能驱动的数字图像艺术创作：方法与案例分析	王常圣	智能科学与技术学报	2023-09-15	7	821
4	人工智能的艺术创作可能吗？	周丰	上海大学学报(社会科学版)	2023-11-10	4	929
5	列夫·马诺维奇：人工智能（AI）艺术与美学	列夫·马诺维奇;埃马努埃莱·阿列利;陈卓轩	世界电影	2023-06-05	15	2167

图 9-19　人工智能与艺术关系相关文献搜索

9.4.5　检索“人工智能面临的挑战和解决的途径”

针对本题先分析信息需求。“人工智能”面临的挑战可以从两个方面来理解。一是技术层面的挑战，比如如何收集数据而不影响个人隐私、如何提高响应速度、如何解决算力、存储以及能耗问题等。这方面的信息需要检索人工智能技术各分支领域的文献。二是各个应用领域在人工智能时代所面临的挑战。这方面的信息学术性和研究性强，建议以检索各个应用领域所在学科的相关文献为主。

在完成其他检索任务中，读者可能已经观察到了有文献资料在讨论这方面的问题。有些分析和解决的是单个具体的技术问题，而有些是讨论社会领域面临的挑战问题。图9-20是在中国知网学术期刊库中基于“篇关摘”检索项构造“人工智能 * (问题 + 挑战)”检索表达式，然后控制在CSSCI和CSCD来源期刊中进行检索，可以得到的部分文献结果（按相关度排序），数量非常丰富，读者可进行二次检索或筛选压缩，以找到合适的文献为止。

检索范围：学术期刊　（篇关摘：人工智能 * (问题 + 挑战)(精确)）　主题定制　检索历史　共找到 9,066 条结果　1/300

全选　已选 0　清除　批量下载　导出与分析　排序：相关度　发表时间　被引　下载　综合　显示 20

	篇名	作者	刊名	发表时间	被引	下载
1	生成式人工智能与银行业变革:典型事实、实践问题与破局之策——以ChatGPT为例	申么;申明浩;丁子家;吴非	南方金融	2024-02-22 17:46	2	1676
2	生成式人工智能赋能思想政治教育的价值、问题与对策	燕连福;秦涌峰	广西社会科学	2024-02-20 09:47	4	4333
3	从“人工智能”到“人文智能”——论科技与人文融合的问题与前景	吴攸	上海交通大学学报(哲学社会科学版)	2023-12-26	7	1333
4	人工智能在介入放射学中的运用前景及挑战	何梓君;孔健	介入放射学杂志	2023-12-25		164
5	美国对华人工智能发展的认知偏差、威胁放大与政策选择——基于折中主义分析方法	崔铮;尹金灿	当代亚太	2023-12-20	1	820

图 9-20　人工智能面临的挑战相关文献搜索

9.4.6　文献下载与追溯

读者在数据库资源中检索相关信息时，获得的是专业性较强的文献材料。在中国知网数据库中搜索到目标文献后，可直接下载所选中的文献的引用信息，多种引用格式可选，包括GB/T 7714—2015格式，见图9-21；如需深入阅读，可单击篇名打开文献详细页，进行在线阅读或全文下载。

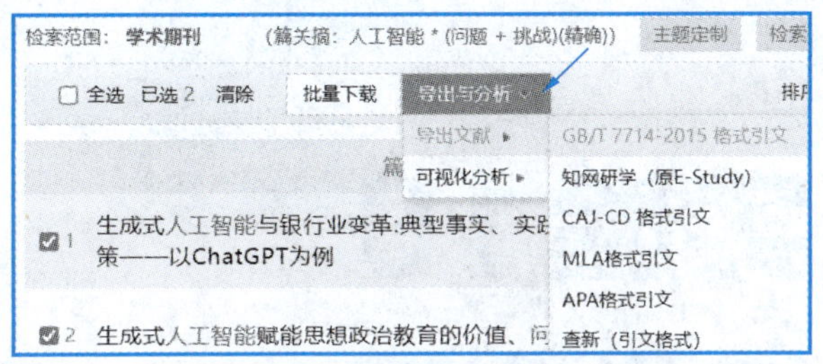

图 9-21　导出文献引用信息

规范的文献都会提供参考文献列表，读者可根据参考文献进行信息追溯；在中国知网线上阅读时，平台会提供参考文献的相关链接，读者单击即可立即追溯，非常方便。

9.5　课后实验

以下两项信息检索任务，任选一项完成。

可选任务一

本科毕业后继续攻读研究生是很多同学的心愿，而选择合适的院校和导师非常重要。本次实验中，某同学想将自己的专业和“人工智能”结合起来，通过信息检索来了解国内哪些学校院系或科研机构、哪些硕士生导师或博士生导师在做这方面的交叉研究，近几年的研究成果集中在哪些具体的方向上，完成的论文或研究成果档次怎么样，所在科研院所有什么平台优势，从而为自己的报考提供必要的参考信息。具体要求如下：

① 检索要集中在自己的专业与“人工智能”技术和应用有相互交叉的领域上。

② 选定自己感兴趣的主题（或研究方向），并对比几个比较相近的主题，简要描述这些主题。

③ 尽量多地收集和总结各所院校和科研机构以及相应学者在该主题上所做的研究情况（研究方向、代表性的研究成果、研究平台以及其他研究条件）。

④ 综合上述信息，给出5~10个报考院校以及相应导师的建议。

⑤ 将上述信息有序、有逻辑地整理好，并撰写一份检索报告。

可选任务二

江西财经大学建校以来，为社会培养了大批优秀人才，他们活跃在教育、科研、管理、商业等各个领域。本任务是检索其中的5~10位杰出校友，并撰写检索报告。具体要求如下：

① 检索的杰出校友要尽量均匀分布在商界、学界。其中学界的杰出校友要求是985、211或双一流高校的教授、博导、研究员；商界要求是上市公司的高管。

② 检索出各个校友的毕业届别、所修专业、在校修完的最高学历学位。

③ 检索出各个校友的工作履历、主要业绩或代表性学术成果。

④ 检索出各个校友的目前所在单位基本信息、本人在单位的岗位、所任职务和技术职称等。

⑤ 检索出与各个校友相关的最近或最新的新闻报道一篇。

实验10 综合应用

10.1 实验目的

- 能根据任务需要进行信息检索，对检索结果进行整理、分析和归纳总结。
- 能根据任务需要使用WPS文字对文档进行编辑和排版。
- 能根据任务需要使用WPS表格对数据进行编辑、处理和分析。
- 能根据任务需要使用WPS演示制作演示文稿，并能利用演示文稿进行演讲。

10.2 实验任务

由任课教师根据学生的专业特点来设计一项或多项有针对性的综合实验，要求实验内容能达到10.1节的实验目的。

以下是适合各专业学生的综合实验内容。任课教师可以此为参考，根据所授班级学生类别设计实验内容。

10.2.1 总体要求

某旅游公司为了拓展新客户，准备为江西财经大学在校学生策划一个有吸引力的假期旅游项目。要求学生以个人或小组为单位，代表某旅游公司（公司名称自拟）策划一个假期旅游方案。

10.2.2 实验形式

辅导、讨论、演示、答辩。

10.2.3 实验组织

1. 任务布置

实验人员按多人一组划分为多个小组，每组独立扮演成策划人，代表旅游公司展开策划工作。策划人需设计具体的旅游行程（含路线规划、景点信息、住宿安排、交通方式等），撰写完整的策划项目文档、详细的预算费用表；为了向在校大学生进行宣讲，策划人还需要准备一份演示文稿，面向在校大学生进行宣传促销。

策划人需要充分利用各类资源，如互联网、专业老师等了解策划方案的内容结构和格式规范；整个过程中遇到的问题、需要的素材，需要通过信息检索寻求答案。策划人要能围绕所给主题和具体要求对相关信息进行分类、整理与汇总，从而形成需要的文档。

2. 文档要求

撰写一份项目策划书（docx文档），内容至少明确以下几个方面：

① 项目背景（立项动机或可行性分析，旅游公司基本信息，策划人信息）。

② 线路特色概括与介绍。

③ 详细日程安排和路线规划。

④ 各景点介绍。

⑤ 给出费用预算概要，明确是否有额外自费项目。

撰写一份费用预算表（WPS表格文档），至少要明确以下收费信息：

① 具体到每一天的收费信息。

② 吃住行玩等各类项目的收费信息。

③ 其他必须收费的项目信息。

④ 对预算表各项收费按类别或时间进行汇总。

以在校大学生为对象设计一份WPS演示文稿，包含以下各项内容：

① 项目公司和策划人信息。

② 项目特色介绍。

③ 具体行程安排。

④ 主要景点介绍。

⑤ 预算费用。

⑥ 宣传促销信息。

设计其他可选文档，例如展板海报或宣传视频。

3. 答辩

各组结合演示文稿进行答辩，展示项目的策划内容和所设计的各种文档、视频等。

10.3 案例展示

以下是从学生作业中选取的并进行了修改完善后的案例展示，仅供参考。

10.3.1 项目策划书

该旅行项目策划书主要内容如图10-1~图10-5所示。

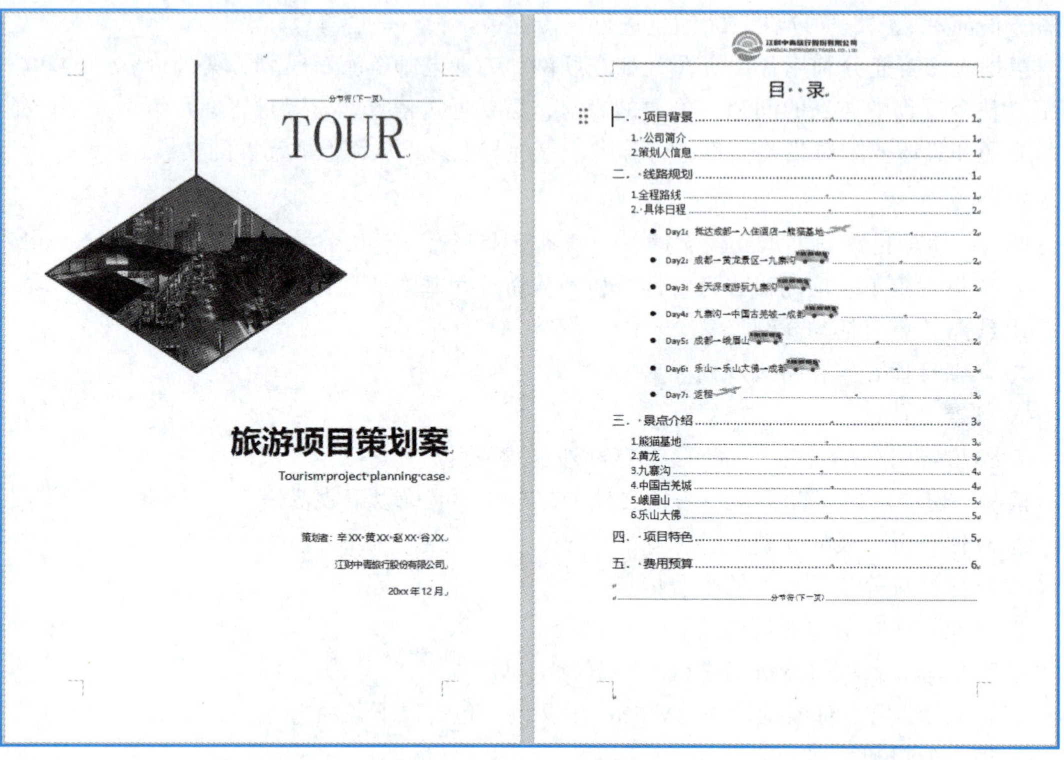

分节符(下一页)

TOUR

旅游项目策划案

Tourism project planning case

策划者：辛XX 黄XX 赵XX 谷XX

江财中青旅行股份有限公司

20xx年12月

江财中青旅行股份有限公司

目 录

一、项目背景 …… 1
1. 公司简介 …… 1
2.策划人信息 …… 1
二、线路规划 …… 1
1.全程路线 …… 1
2. 具体日程 …… 2
- Day1：抵达成都→入住酒店→熊猫基地 …… 2
- Day2：成都→黄龙景区→九寨沟 …… 2
- Day3：全天深度游玩九寨沟 …… 2
- Day4：九寨沟→中国古羌城→成都 …… 2
- Day5：成都→峨眉山 …… 2
- Day6：乐山→乐山大佛→成都 …… 3
- Day7：返程 …… 3
三、景点介绍 …… 3
1.熊猫基地 …… 3
2.黄龙 …… 3
3.九寨沟 …… 4
4.中国古羌城 …… 4
5.峨眉山 …… 5
6.乐山大佛 …… 5
四、项目特色 …… 5
五、费用预算 …… 6

分节符(下一页)

图 10-1　旅游项目策划书示意图 1

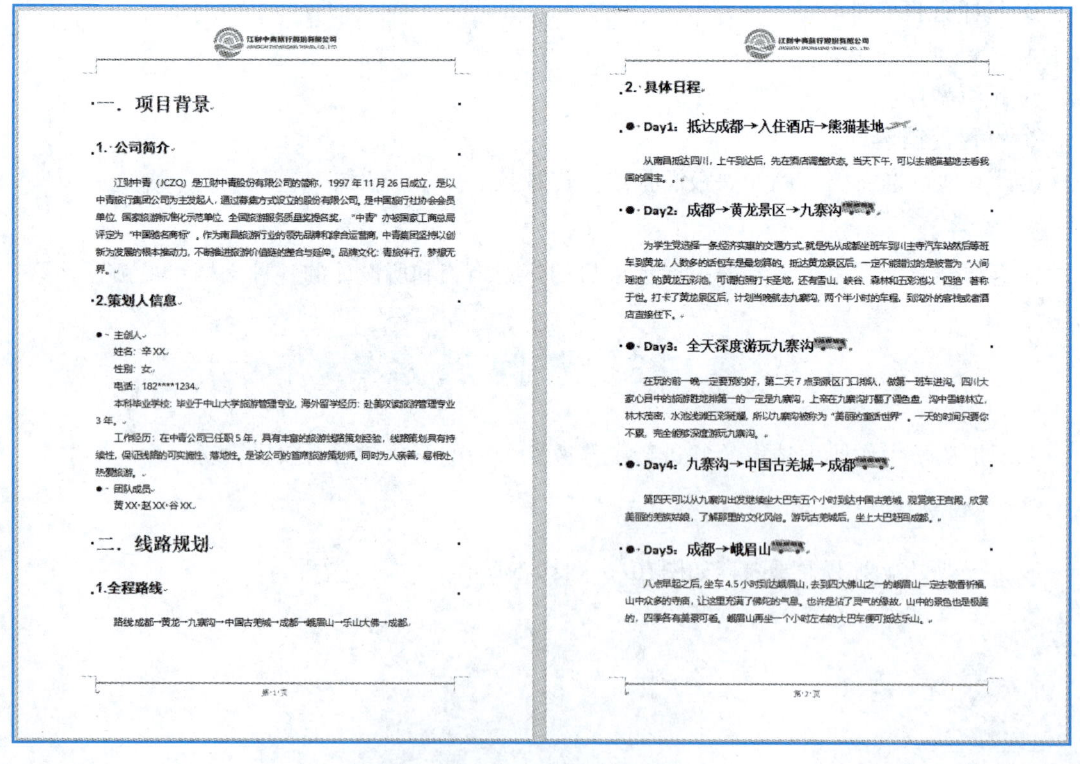

江财中青旅行股份有限公司

一、项目背景

1. 公司简介

江财中青（JCZQ）是江财中青股份有限公司的简称，1997年11月26日成立，是以中青旅行集团公司为主发起人，通过募集方式设立的股份有限公司，是中国旅行社协会会员单位、国家旅游标准化示范单位、全国旅游服务质量奖提名奖，"中青"亦被国家工商总局评定为"中国驰名商标"。作为南昌旅游行业的领先品牌和综合运营商，中青集团坚持以创新为发展的根本推动力，不断推进旅游价值链的整合与延伸。品牌文化：青旅伴行，梦想无界。

2.策划人信息

- 主创人
  姓名：辛XX
  性别：女
  电话：182****1234
  本科毕业学校：毕业于中山大学旅游管理专业，海外留学经历：赴美攻读旅游管理专业3年。
  工作经历：在中青公司已任职5年，具有丰富的旅游线路策划经验，线路策划具有持续性，保证线路的可实施性、落地性。是该公司的首席旅游策划师，同时为人亲善，易相处，热爱旅游。
- 团队成员
  黄XX 赵XX 谷XX

二、线路规划

1.全程路线

路线成都→黄龙→九寨沟→中国古羌城→成都→峨眉山→乐山大佛→成都。

第 1 页

江财中青旅行股份有限公司

2. 具体日程

- Day1：抵达成都→入住酒店→熊猫基地

从南昌抵达四川，上午到达后，先在酒店调整状态。当天下午，可以去熊猫基地去看我国的国宝。

- Day2：成都→黄龙景区→九寨沟

为学生党选择一条经济实惠的交通方式，就是先从成都坐班车到川主寺汽车站然后等班车到黄龙，人数多的话包车是最划算的。抵达黄龙景区后，一定不能错过的是被誉为"人间瑶池"的黄龙五彩池，可谓拍照打卡圣地，还有雪山、峡谷、森林和五彩池以"四绝"著称于世。打卡了黄龙景区后，计划当晚就去九寨沟，两个半小时的车程，到沟外的客栈或者酒店直接住下。

- Day3：全天深度游玩九寨沟

在玩的前一晚一定要预约好，第二天7点到景区门口排队，做第一班车进沟。四川大家心目中的旅游胜地排第一的一定是九寨沟，上帝在九寨沟打翻了调色盘，沟中雪峰林立，林木茂密，水池浅滩五彩斑斓，所以九寨沟被称为"美丽的童话世界"。一天的时间只要你不累，完全能够深度游玩九寨沟。

- Day4：九寨沟→中国古羌城→成都

第四天可以从九寨沟出发继续坐大巴车五个小时到达中国古羌城，观赏羌王宫殿，欣赏美丽的羌族姑娘，了解那里的文化风俗。游玩古羌城后，坐上大巴赶回成都。

- Day5：成都→峨眉山

八点早起之后，坐车4.5小时到达峨眉山，去到四大佛山之一的峨眉山一定去敬香祈福，山中众多的寺庙，让这里充满了佛陀的气息。也许是沾了灵气的缘故，山中的景色也是极美的，四季各有美景可看。峨眉山再坐一个小时左右的大巴车便可抵达乐山。

第 2 页

图 10-2　旅游项目策划书示意图 2

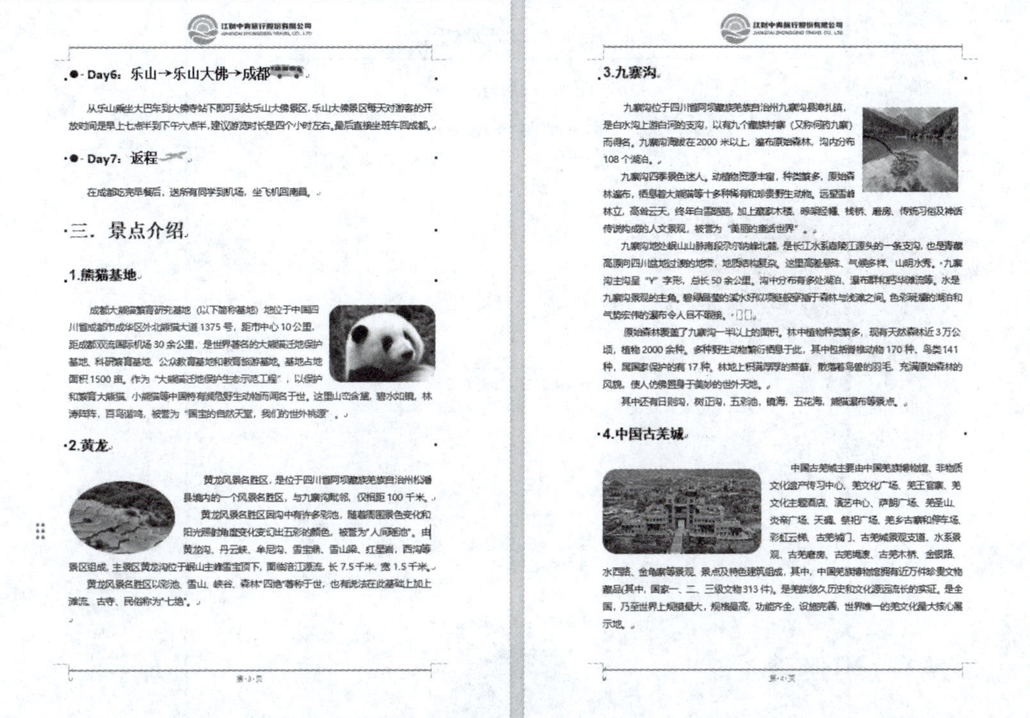
江财中典旅行股份有限公司

● Day6：乐山→乐山大佛→成都

从乐山乘坐大巴车到大佛寺站下即可到达乐山大佛景区，乐山大佛景区每天对游客的开放时间是早上七点半到下午六点半，建议游览时长是四个小时左右，最后直接坐班车回成都。

● Day7：返程

在成都吃完早餐后，送所有同学到机场，坐飞机回南昌。

三、景点介绍

1.熊猫基地

成都大熊猫繁育研究基地（以下简称基地）地位于中国四川省成都市成华区外北熊猫大道1375号，距市中心10公里，距成都双流国际机场30余公里，是世界著名的大熊猫迁地保护基地、科研繁育基地、公众教育基地和教育旅游基地。基地占地面积1500亩，作为“大熊猫迁地保护生态示范工程”，以保护和繁育大熊猫、小熊猫等中国特有濒危野生动物而闻名于世。这里山峦含黛，碧水如镜，林涛阵阵，百鸟谐鸣，被誉为“国宝的自然天堂，我们的世外桃源”。

2.黄龙

黄龙风景名胜区，是位于四川省阿坝藏族羌族自治州松潘县境内的一个风景名胜区，与九寨沟毗邻，仅相距100千米。

黄龙风景名胜区因沟中有许多彩池，随着周围景色变化和阳光照射角度变化变幻出五彩的颜色，被誉为“人间瑶池”。由黄龙沟、丹云峡、牟尼沟、雪宝鼎、雪山梁、红星岩，西沟等景区组成，主景区黄龙沟位于岷山主峰雪宝顶下，面临涪江源流，长7.5千米，宽1.5千米。

黄龙风景名胜区以彩池、雪山、峡谷、森林“四绝”著称于世，也有说法在此基础上加上滩流、古寺、民俗称为“七绝”。

第3页

江财中典旅行股份有限公司

3.九寨沟

九寨沟位于四川省阿坝藏族羌族自治州九寨沟县漳扎镇，是白水沟上游白河的支沟，以有九个藏族村寨（又称何药九寨）而得名。九寨沟海拔在2000米以上，遍布原始森林，沟内分布108个湖泊。

九寨沟四季景色迷人。动植物资源丰富，种类繁多，原始森林遍布，栖息着大熊猫等十多种稀有和珍贵野生动物。远望雪峰林立，高耸云天，终年白雪皑皑，加上藏家木楼、晾架经幡、栈桥、磨房、传统习俗及神话传说构成的人文景观，被誉为“美丽的童话世界”。

九寨沟地处岷山山脉南段尕尔纳峰北麓，是长江水系嘉陵江源头的一条支沟，也是青藏高原向四川盆地过渡的地带，地质结构复杂。这里高差悬殊、气候多样、山明水秀。九寨沟主沟呈“Y”字形，总长50余公里。沟中分布有多处湖泊、瀑布群和钙华滩流等。水是九寨沟景观的主角。碧绿晶莹的溪水好似项链般穿插于森林与浅滩之间。色彩斑斓的湖泊和气势宏伟的瀑布令人目不暇接。

原始森林覆盖了九寨沟一半以上的面积。林中植物种类繁多，现有天然森林近3万公顷，植物2000余种。多种野生动物繁衍栖息于此，其中包括脊椎动物170种、鸟类141种，属国家保护的有17种。林地上积满厚厚的苔藓，散落着鸟兽的羽毛，充满原始森林的风貌，使人仿佛置身于美妙的世外天地。

其中还有日则沟，树正沟，五彩池，镜海，五花海，熊猫瀑布等景点。

4.中国古羌城

中国古羌城主要由中国羌族博物馆、非物质文化遗产传习中心、羌文化广场、羌王官寨、羌文化主题酒店、演艺中心、萨朗广场、羌圣山、炎帝广场、天碉、祭祀广场、羌乡古寨和停车场、彩虹云梯、古羌城门、古羌城景观支道、水系景观、古羌碉房、古羌绳索、古羌木桥、金银路、水西路、金龟索等景观、景点及特色建筑组成，其中，中国羌族博物馆拥有近万件珍贵文物藏品(其中，国家一、二、三级文物313件)，是羌族悠久历史和文化源远流长的实证，是全国，乃至世界上规模最大，规格最高，功能齐全，设施完善，世界唯一的羌文化最大核心展示地。

第4页

图 10-3　旅游项目策划书示意图 3

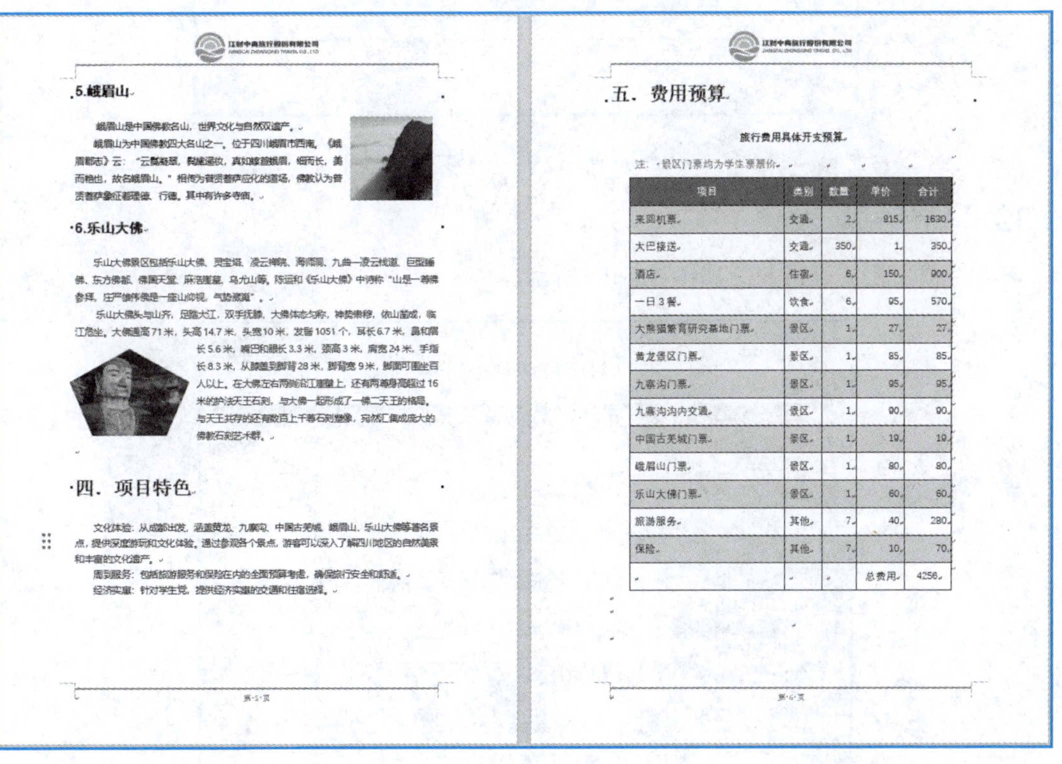
江财中典旅行股份有限公司

5.峨眉山

峨眉山是中国佛教名山，世界文化与自然双遗产。

峨眉山为中国佛教四大名山之一，位于四川峨眉市西南。《峨眉郡志》云：“云鬘凝翠，鬒黛遥妆，真如螓首蛾眉，细而长，美而艳也，故名峨眉山。”相传为普贤菩萨应化的道场，佛教认为普贤菩萨象征着理德、行德。其中有许多寺庙。

6.乐山大佛

乐山大佛景区包括乐山大佛、灵宝塔、凌云禅院、海师洞、九曲一凌云栈道、巨型睡佛、东方佛都、佛国天堂、麻浩崖墓、乌尤山等。陈运和《乐山大佛》中诗称“山是一尊佛参拜，庄严雄伟佛是一座山仰视，气势巍巍”。

乐山大佛头与山齐，足踏大江，双手抚膝，大佛体态匀称，神势肃穆，依山凿成，临江危坐。大佛通高71米，头高14.7米，头宽10米，发髻1051个，耳长6.7米，鼻和眉长5.6米，嘴巴和眼长3.3米，颈高3米，肩宽24米，手指长8.3米，从膝盖到脚背28米，脚背宽9米，脚面可围坐百人以上。在大佛左右两侧沿江崖壁上，还有两尊身高超过16米的护法天王石刻，与大佛一起形成了一佛二天王的格局。与天王共存的还有数百上千尊石刻造像，宛然汇集成庞大的佛教石刻艺术群。

四、项目特色

文化体验：从成都出发，涵盖黄龙、九寨沟、中国古羌城、峨眉山、乐山大佛等著名景点，提供深度游玩和文化体验。通过参观各个景点，游客可以深入了解四川地区的自然美景和丰富的文化遗产。

周到服务：包括旅游服务和保险在内的全面预算考虑，确保旅行安全和舒适。

经济实惠：针对学生党，提供经济实惠的交通和住宿选择。

第5页

江财中典旅行股份有限公司

五、费用预算

旅行费用具体开支预算

注：景区门票均为学生票票价。

项目	类别	数量	单价	合计
来回机票	交通	2	815	1630
大巴接送	交通	350	1	350
酒店	住宿	6	150	900
一日3餐	饮食	6	95	570
大熊猫繁育研究基地门票	景区	1	27	27
黄龙景区门票	景区	1	85	85
九寨沟门票	景区	1	95	95
九寨沟沟内交通	景区	1	90	90
中国古羌城门票	景区	1	19	19
峨眉山门票	景区	1	80	80
乐山大佛门票	景区	1	60	60
旅游服务	其他	7	40	280
保险	其他	7	10	70
			总费用	4256

第6页

图 10-4　旅游项目策划书示意图 4

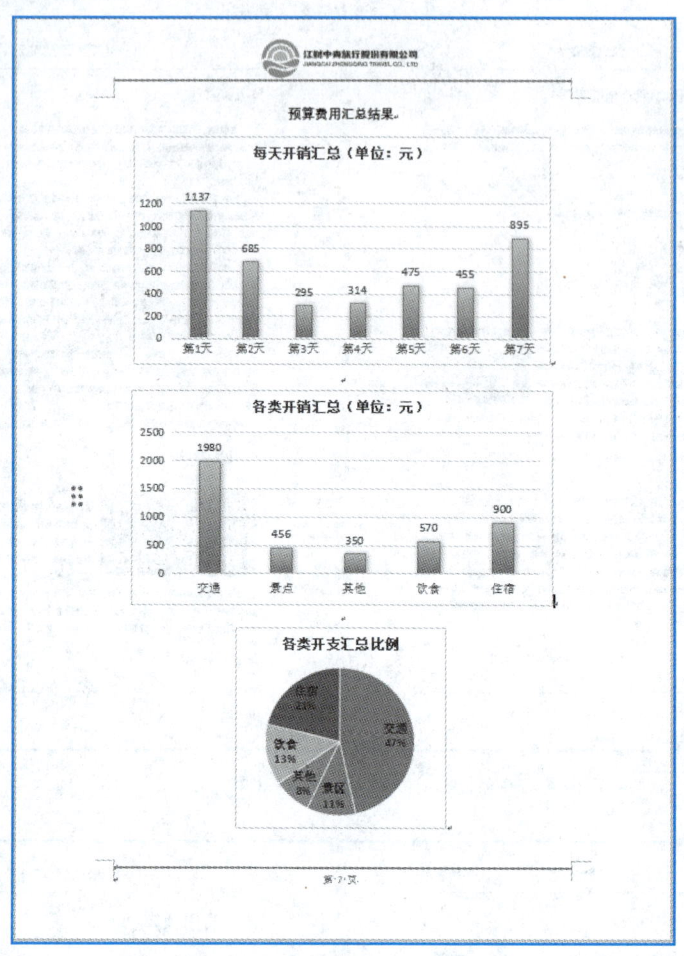

图 10-5　旅游项目策划书示意图 5

10.3.2　费用预算表

该项目费用相关表格如图10-6~图10-8所示。

	A	B	C	D	E
1	旅行费用具体开支预算				
2	注：景区门票均为学生票票价				
3	项目	类别	数量	单价	合计
4	来回机票	交通	2	815	1630
5	大巴接送	交通	350	1	350
6	酒店	住宿	6	150	900
7	一日3餐	饮食	6	95	570
8	大熊猫繁育研究基地门票	景区	1	27	27
9	黄龙景区门票	景区	1	85	85
10	九寨沟门票	景区	1	95	95
11	九寨沟沟内交通	景区	1	90	90
12	中国古羌城门票	景区	1	19	19
13	峨眉山门票	景区	1	80	80
14	乐山大佛门票	景区	1	60	60
15	旅游服务	其他	7	40	280
16	保险	其他	7	10	70
17				总费用	4256
18					

图 10-6　旅游项目费用明细表结构 1

	A	B	C	D
1	旅行费用具体开支预算			
2				
3	日期	类别	费用（元）	备注
4	第1天	交通	815	南昌飞成都
5	第1天	交通	15	接送机场
6	第1天	饮食	80	午晚团餐
7	第1天	景点	27	大熊猫繁育研究基地门票
8	第1天	住宿	150	经济连锁酒店
9	第1天	其他	50	保险和导游服务
10	第2天	饮食	95	早中晚团餐
11	第2天	交通	120	大巴车前往黄龙九寨沟
12	第2天	景点	85	黄龙门票
13	第2天	景点	95	九寨沟门票
14	第2天	景点	90	沟内交通
15	第2天	住宿	150	沟边经济连锁酒店
16	第2天	其他	50	保险和导游服务
17	第3天	饮食	95	早中晚团餐
18	第3天	住宿	150	沟边经济连锁酒店
19	第3天	其他	50	保险和导游服务
20	第4天	饮食	95	早中晚团餐
21	第4天	住宿	150	经济连锁酒店
22	第4天	景点	19	中国古羌城门票
23	第4天	其他	50	保险和导游服务
24	第5天	饮食	95	早中晚团餐
25	第5天	交通	100	大巴前往峨眉山-乐山
26	第5天	住宿	150	经济连锁酒店

图 10-7　旅游项目费用明细表结构 2

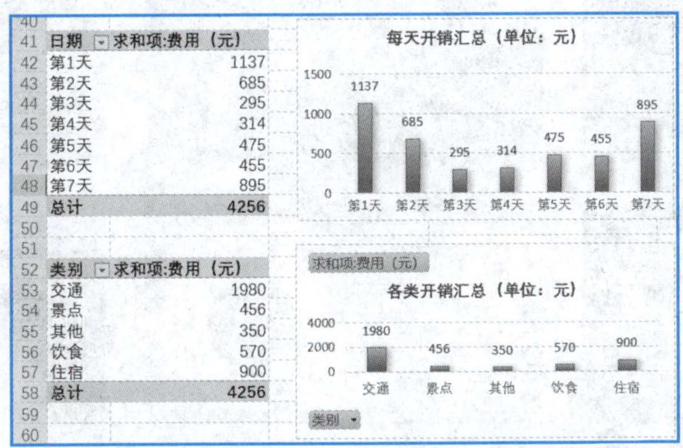

日期	求和项:费用（元）
第1天	1137
第2天	685
第3天	295
第4天	314
第5天	475
第6天	455
第7天	895
总计	4256

类别	求和项:费用（元）
交通	1980
景点	456
其他	350
饮食	570
住宿	900
总计	4256

图 10-8　旅游项目各项费用汇总表

10.3.3　项目演示文稿

该项目用于宣传的演示文稿内容如图10-9~图10-11所示。

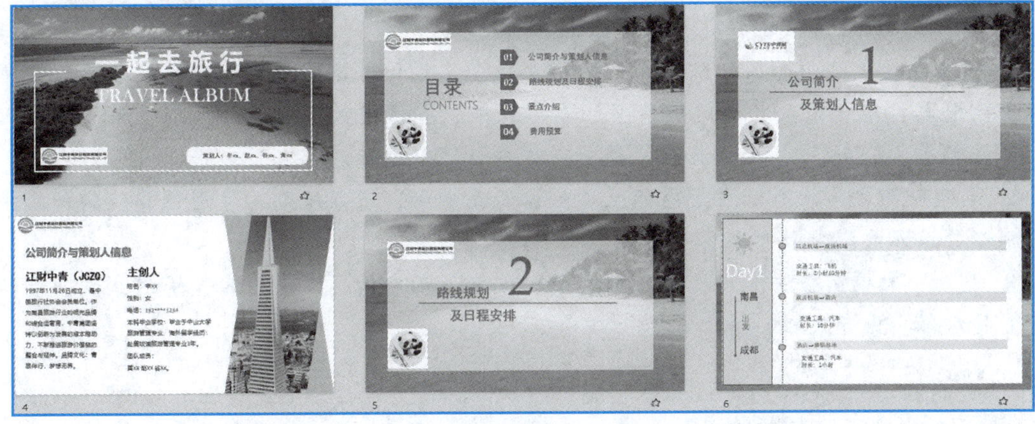

图 10-9　旅游项目宣讲演示文稿示意 1

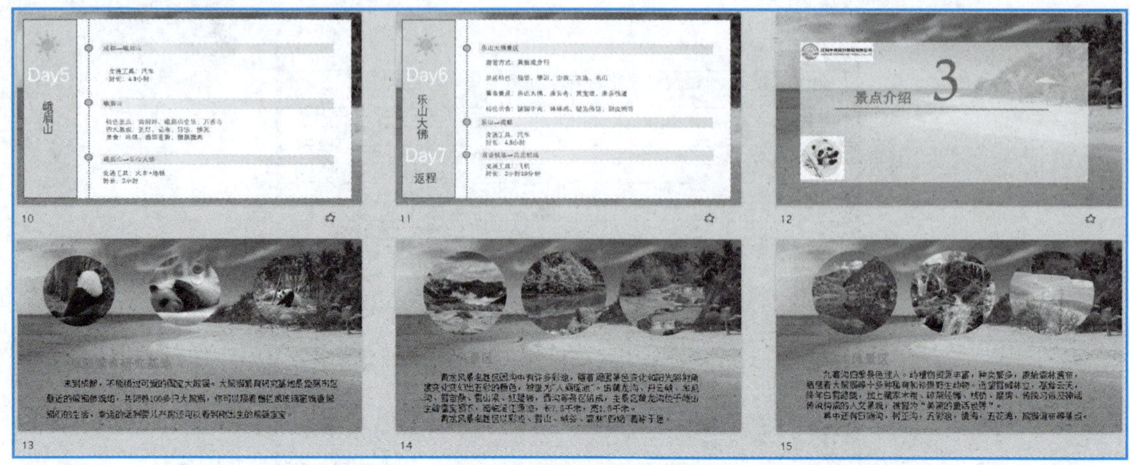

图 10-10　旅游项目宣讲演示文稿示意 2

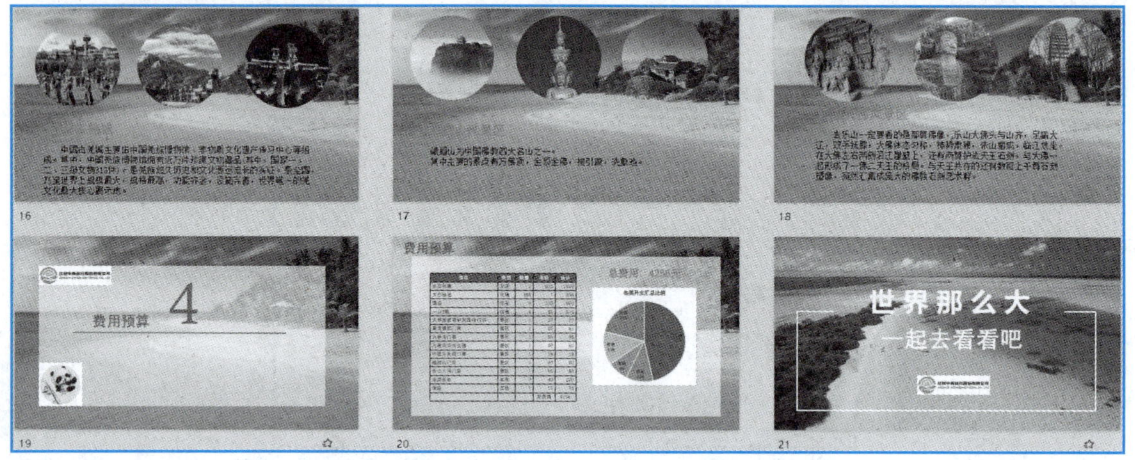

图 10-11　旅游项目宣讲演示文稿示意 3

10.4　参考任务

本节给出几个参考实验任务，供师生选择使用。

① 模拟某文化公司为某学院策划一场毕业晚会，设计并撰写详细完整的实施方案，方案内容至少包括：申请报告、场地申请书、宣传海报、宣传视频、邀请函、节目单、主持人稿件、费用预算（Excel）、工作流程（图），并参与答辩投标。

② 策划一场文体比赛。方案内容至少包括活动申请、赛事规则、费用预算、宣传海报、宣传视频、演示文稿，并参与答辩演示。

③ 策划一次校园普法活动。方案内容至少包括活动申请、活动内容、费用预算、宣传海报、宣传视频、演示文稿，并参与答辩演示。

参 考 文 献

[1] 骆斯文, 万齐智. 大学信息素养导论[M]. 北京：中国铁道出版社有限公司，2024.

[2] 教育部高等学校大学计算机课程教学指导委员会. 新时代大学计算机基础课程教学基本要求[M]. 北京：高等教育出版社，2023.

[3] 李志鹏. 精解Windows 10[M]. 北京：人民邮电出版社，2021.

[4] 牛莉，刘卫国. WPS Office高级应用教程[M]. 北京：中国水利水电出版社，2022.

[5] 刘平. WPS Office办公软件实例教程：微课版[M]. 北京：清华大学出版社，2023.

[6] 肖丽. WPS Office 2019应用及计算机基础[M]. 北京：清华大学出版社，2023.

[7] 文杰书院. WPS Office高效办公入门与应用：微课版[M]. 北京：清华大学出版社，2022.

[8] 黄春风. WPS Office办公软件应用标准教程：实战微课版[M]. 北京：清华大学出版社，2024.

[9] 王代勇. WPS Office办公应用案例教程[M]. 北京：清华大学出版社，2024.

[10] 邓发云. 信息检索与利用 [M] .4版. 北京：科学出版社，2022.